ENTRE VALES, MONTANHAS E BARES: SENTIDOS EXPANSIVOS NO PENSAMENTO DE

LUIZ BICCA

orgs.:
Charles Feitosa
Rafael Haddock-Lobo
Rosana Suarez

CIRCUITO

2020

EDITOR
Renato Rezende

PROJETO GRÁFICO
Tiago Gonçalves

IMAGEM DA CAPA
Foto de Rômulo Martins Pereira do quadro de Raul Haddock Lobo (Sem título, 1990).

DADOS INTERNACIONAIS DE CATALOGAÇÃO NA PUBLICAÇÃO – CIP
F311
Feitosa, Charles, Org.; Haddock-Lobo, Rafael, Org.; Suarez, Rosana, Org.
Entre vales, montanhas e bares: sentidos expansivos no pensamento de Luiz Bicca / Organização de Charles Feitosa, Rafael Haddock-Lobo e Rosana Suarez. – Rio de Janeiro: Circuito, 2020.
290 p.

ISBN: **978-65-86974-11-9**

1. Bicca, Luiz (1951-). 2. Filosofia. 3. Análise do Discurso. 4. História de Vida. 5. Afinidades Eletivas. 6. Amizade. 7. Cartas. 8. Memória Histórica. 9. Bicca, Luiz Eduardo. 10. Bicca, Luiz Eduardo de Oliveira. 11. Política. 12. Ontologia. 13. Ecologia. 13. Ceticismo. 15 .Dialética. 16. Biografia. 17. Cultura brasileira
I. Título. II. Sentidos expansivos no pensamento de Luiz Bicca. III. Feitosa, Charles, Organizador. IV. Haddock-Lobo, Rafael, Organizador. V. Suarez, Rosana, Organizadora. VI. Carta ao Magister-Vater: os usos do termo 'Historicidade' em Hegel. VII. A persistente amizade. VIII. Já não se fazem mais faraós como antigamente: homenagem a Luiz Eduardo Bicca.

CDU 101 **CDD 100**

EDITORA CIRCUITO
www.editoracircuito.com.br

Sumário

Apresentação

CHARLES FEITOSA, RAFAEL HADDOCK-LOBO
E ROSANA SUAREZ

Este livro é dedicado ao filósofo, professor e amigo Luiz Bicca. A ideia de organizar um livro em sua homenagem nasceu em mesas de bar, germinou nos corredores das universidades e ganhou forma nos vales e montanhas virtuais das redes sociais da internet, em um período de gravíssima emergência sanitária, existencial e política. A diversidade de formatos e conteúdos expostos no presente volume confirma a riqueza de sua influência nas trajetórias intelectuais e afetivas de uma geração inteira de professores e pesquisadores no Brasil

Os que colaboram neste livro – e tantos outros, que participam de várias maneiras desta celebração – testemunham, cada um à sua maneira, acerca do modo como foram transformados; os seus caminhos ampliados, as suas vidas impulsionadas, redirecionadas nos encontros com Luiz Bicca. A potência desses encontros se revela nitidamente através das suas aulas, palestras, orientações, dos artigos e livros que escreve e, principalmente, das conversas marcadas tantas vezes pelo humor sagaz e iconoclasta típico dos grandes pensadores.

Nós nos acostumamos a procurá-lo em busca de sugestões e provocações. A ser por ele presenteados com leituras atuais dos clássicos, as quais se revelam admiravelmente compatíveis com os projetos que mal apenas esboçamos – mas que ele pressente e adivinha. Apreciamos encontrá-lo e ver o tempo correr por entre os assuntos e as risadas.

Da mesma forma, com generosidade e sutileza, a vasta obra de Luiz Bicca nos convida a percorrer criticamente as estradas sinuosas da contemporaneidade. Esperamos com essa publicação não apenas rememorar e comemorar seu pensamento, mas dar continuidade ao seu legado, inspirados por seu estilo preciso e profundo, na tarefa de pensar os rumos do futuro no Brasil e no mundo.

Charles Feitosa, Rafael Haddock-Lobo e Rosana Suarez.
Rio de Janeiro, primavera de 2020.

Carta ao *Magister-Vater*: Os Usos do Termo 'Historicidade' em Hegel

CHARLES FEITOSA

Briefe schreiben aber heißt, sich vor
den Gespenstern entblößen, worauf, sie gierig warten
[Escrever cartas significa se expor diante dos fantasmas,
algo que eles esperam avidamente].
KAFKA, CARTA A MILENA, MARÇO DE 1922.

Magister-Vater –

Caro Bicca, como vai? Já faz tempo que a gente não se fala pessoalmente. A última vez foi em uma livraria de Ipanema já há uns 10 anos. Coincidentemente eu tinha sonhado na noite anterior que a gente iria mesmo se encontrar em breve. Acho foi uma espécie de sincronicidade, pois eu acabara de me tornar pai pela primeira vez e queria compartilhar a boa nova com aquele que durante importante parte da minha vida foi também foi um pai, por afinidade eletiva. Em alemão, a gente costuma chamar informalmente o orientador de *Magister-* ou *Doktorvater*, o pai do mestrado ou do doutorado. Você bem sabe que essa associação entre pai e orientador não tem nada a ver com um lugar de tirano, não se trata aqui portanto em hipótese alguma de uma nova versão da já centenária *Carta ao Pai* (1919), no estilo do Kafka. Você também não foi, ao inverso, um orientador do tipo superprotetor. Daquele período de orientação do meu mestrado, nos idos de 1986 a 1990, no IFCS/UFRJ, lembro-me muito tanto de suas cobranças, assim como dos incentivos e, principalmente, do respeito à minha autonomia na pesquisa. Características que tento reproduzir na minha própria atuação como orientador de pesquisas de mestrado e doutorado no PPGAC da UNIRIO. A parte mais difícil da vida acadêmica é o trabalho de orientação, pois precisamos oferecer aos orientandos um suporte psicológico, que em geral não dispomos, para a realização desses projetos, que os esgotam totalmente. É por isso que costumo fazer uma brincadeira em bancas de encerramento de mestrado e doutorado, dizendo aos familiares presentes que eles nos entregaram seus filhos cheios de vida e energia e nós, os pais-orientadores, os devolvemos ao mundo após 2 ou 4 anos exauridos, pálidos e estressados.

Brincadeiras à parte, meu caro amigo Bicca, se eu faço nessa carta uma associação tênue entre seu papel de orientador e a ideia de um pai por afinidade eletiva, é porque nossa relação na época nunca se restringiu aos limites da academia, mas se expandiu também às montanhas, aos vales e aos bares da vida. Minha transição de um estudante de graduação no Brasil para um doutor em filosofia na Alemanha se deve fundamentalmente ao suporte intelectual e afetivo que você promoveu na época. Essa carta é, portanto, um agradecimento público e uma homenagem movida por profunda admiração, respeito e amizade. É também uma provocação, pois vou aproveitar a oportunidade para rememorar um assunto embolado, cujos fios se perderam nas últimas décadas. Espero transformá-lo, se possível, em outros e melhores assuntos para novas conversas de bar.

Eu escolho o modo carta para essa homenagem por julgar mais adequado um tipo de rememoração que fosse compatível também em termos formais com o clima dos anos 80 e 90. Naquela época ainda escrevíamos cartas para os amigos, familiares e professores. Escrever cartas é hoje um gesto em extinção. Com o advento do correio eletrônico ficou muito mais fácil, rápido e prático transmitir e receber informações. Por outro lado, parece que a atenção entre as pessoas parece ter ficado também um pouco mais diluida, não só em termos de estilo como também de ideias, pois as assim chamadas "mensagens instantâneas" não exigem demasiada seleção e reflexão.

Como você bem sabe, os filósofos vinham se expressando já há séculos através de suas correspondências. As exigências do mercado acadêmico têm eclipsado esse gênero literário e em seu lugar vem se firmando hegemonicamente o estilo padrão ABNT dos artigos para revistas científicas. Algumas das mais famosas cartas de filósofos foram textos publicados à revelia dos autores, como parte de um espólio póstumo. Outras, como a presente missiva, são envios estratégicos, que pretendem explicitamente embaralhar as fronteiras entre o conceitual e o afetivo, entre o público e o privado. Dentro desse contexto, reinvindico o caráter epistolar do presente texto para afirmar logo de saída de que aqui há tanto pensamentos, como sentimentos; tanto aspectos da vida acadêmica, como da vida cotidiana.

Nessa carta relembro uma divergência que ocorreu conosco, entre tantas convergências, sobre os usos do termo "historicidade" [*Geschichtlichkeit*] em Hegel. Essa divergência parece muito séria, mas nem é tanto, funciona apenas como um pretexto para rememorar comemorativamente sua atuação, caro Bicca, como *Magister-Vater* na minha formação acadêmica e existencial e ao mesmo tempo para enfatizar a importância fundamental das cartas na vida e na filosofia.

Breve Memorial afetivo-acadêmico do período de graduação e mestrado em filosofia no IFCS/UFRJ –

Olha aí Bicca, provavelmente você não deve se lembrar que apenas alguns poucos anos antes da gente se conhecer eu chegava do interior para a capital, de Volta Redonda para o Rio de Janeiro, com o fim de estudar filosofia. Ingressei na graduação da UERJ em março de 1982, com apenas 16 anos de idade. Na época meus interesses em filosofia ainda eram muito dispersos e assim procurei tomar contato com a maior variedade possível de linhas de pesquisa através dos diversos cursos de história da filosofia ministrados pelos então professores da UERJ, onde cursei 4 períodos na UERJ. Em março de 1984 me transferi para o IFCS/UFRJ, onde após mais dois anos de curso regulamentar conclui meu curso de bacharelado e de licenciatura.

Durante o período entre 1983 e 1985 no IFCS tive a oportunidade de estudar mais a fundo Platão (com o também saudoso Prof. José Américo Pessanha); Aristóteles (com a Profª. Creusa Capalbo); Francis Bacon (com o profº. Alberto Oliva); Kant (com o prof. Guido de Almeida) e Hegel (com o Profº. Franklin Trein), entre outros. Foi nessa época também que tive meu primeiro contato, através das aulas dos professores Gerd Bornheim e Gilvan Fogel, com a obra de Martin Heidegger. O trabalho lento e meticuloso de leitura e interpretação de textos, ministrado por esses e outros professores teve uma influência decisiva na definição das orientações dadas às minhas pesquisas posteriores e no modo como as venho desenvolvendo desde então. Durante o último ano do curso terminei a Licenciatura em Filosofia, me habilitando a lecionar no ensino médio.

Logo após a colação de grau em janeiro de 1985 iniciei os preparativos para a prova de ingresso no Mestrado em Filosofia do IFCS / UFRJ. Para isso me inscrevi no curso de Aperfeiçoamento em Filosofia, uma espécie de pósgraduação *lato sensu* oferecida pelo Departamento de Filosofia na época. Foi justamente durante esse curso que vim a te conhecer, o então recém-doutor Luiz Bicca, um jovem alto, magro e um pouco pálido, retornado há pouquíssimo tempo do inverno germânico, que mais tarde se tornaria meu orientador na tese de mestrado. Que eu me lembre acho até que fui o primeiro de seus muitos orientandos. Prezado Luiz, você contribuiu decisivamente, através do rigor e da profundidade de seus cursos, para o desenvolvimento da minha investigação filosófica. Seu seminário de leitura e interpretação dos três primeiros capítulos da *Fenomenologia do Espírito* despertou em mim o interesse em escrever um anteprojeto de dissertação de mestrado acerca do problema da historicidade do pensamento em Hegel. Meu olhar na época se concentrou em examinar os pressupostos conceituais dessa revolução do pensamento.

Você não deve se lembrar das datas, mas eu concluí com êxito o curso de Aperfeiçoamento e me inscrevi para o Mestrado, tendo sido aprovado em 3º lugar na prova de admissão. Durante o curso de mestrado (bolsa CAPES), iniciado em setembro de 1987, tive a oportunidade de dar continuidade ao trabalho de discussão da *Fenomenologia do Espírito* de Hegel, cuja leitura lenta e pormenorizada sob sua orientação consumiu ainda dois anos para ser completada. Além da *Fenomenologia*, participei também de outro seminário de longa duração, também sob sua tutela, de leitura e interpretação do primeiro volume da *Ciência da Lógica*, considerado um dos textos mais difíceis da tradição.

A leitura da *Fenomenologia* e da *Lógica* me ajudou a ver que havia um conceito básico que permitia Hegel pensar a verdade historicamente. Minha tese de mestrado intitulada "Infinidade e Historicidade em Hegel" teve o propósito de mostrar que o conceito de "infinidade" *(Unendlichkeit)* é o fundamento da noção hegeliana de História. Por "infinidade" Hegel entende as diversas formas possíveis de equacionar o finito (dimensão temporal) e o infinito (dimensão supratemporal), sendo que há uma importante distinção a ser feita entre a chamada "máinfinidade" e a "verdadeira infinidade". A "má infinidade" resulta basicamente na separação de finito e infinito como se fossem dimensões estanques e independentes entre si; ao passo que a "verdadeira infinidade" emerge no reconhecimento da unidade originária que lhes é própria. No primeiro capítulo da dissertação procurei mostrar que as principais concepções de História atribuídas tradicionalmente a Hegel, tais como: (a) a idéia de um "progresso sem fim", (b) a tese do "fim da história" e ainda (c) a tese da "circularidade infinita", tomadas isoladamente, não apenas eram contraditórias entre si, como também foram rechaçadas pelo próprio Hegel como formas dissimuladas da máinfinidade. No segundo capítulo defendi a ideia de que a "verdadeira Infinidade", enquanto unidade originária de progresso, circularidade e fim, é a chave de compreensão do modo como Hegel resolve a questão da historicidade, ou seja, entendendo aí o termo não apenas no seu sentido técnico, ou seja, uma comprovação empírica de algum acontecimento ou personagem, mas no seu sentido ontológico, ao saber, o modo como a história se dá. Minha tese era que, em Hegel, o modo de ser da história está estruturalmente ligado ao modo de ser do próprio espírito humano. Foi nesse período de elaboração da dissertação de mestrado que algumas divergências e muitas convergências acerca da dialética hegeliana se manifestaram.

Divergências e Convergências entre os conceitos de Infinidade e Historicidade em Hegel –

A dissertação de mestrado foi defendida na primeira semana de abril de 1990 e obteve a nota "9,5". Participaram da banca, além de você, os professores Gilvan Fogel e Gerd Bornheim. A principal provocação dessa carta rememorativa, caro Bicca, diz respeito justamente a esse "meio ponto a menos" na nota da dissertação. Imagino que você não se recorde, mas durante a qualificação, realizada alguns meses antes da defesa, o Prof. Bornheim elogiou o texto e fez várias sugestões, entre elas, retirar o termo "historicidade" do título da tese. Seu argumento era de que o termo jamais fora usado por Hegel, constituindo, portanto, um anacronismo. Para o saudoso Gerd o termo "historicidade" teria sido cunhado apenas no século XX, na leitura ontológica e fenomenológica de que Heidegger faz no §77 de *Ser e Tempo* (1927) da correspondência entre Dilthey e o conde de Yorck. Wilhelm Dilthey (1833-1911) conheceu em 1871 o advogado e filósofo Paul Yorck von Wartenburg (1835-1897). A partir deste encontro surgiu uma amizade de longa data e uma animada troca de cartas. Um dos focos das cartas entre os dois amigos era a distinção entre o sentido ôntico e ontológico de história, mediada pelos conceitos de vida e experiência.

Heidegger se sentia unido a Dilthey e Yorck pelo interesse comum em compreender ontologicamente a historicidade: "Na correspondência com seu amigo o Conde Yorck, a tendência filosófica mais própria de Dilthey se explicita, inequivocadamente, quando se refere ao '*interesse que nos é comum de compreender a historicidade*'" (*Ser e Tempo*, §77 p. 206), ou seja, não pela história como objeto de uma ciência ou menos ainda como uma das ditas ciências humanas, mas como um modo fundamental de desvelamento do Ser. Heidegger cita em *Ser e Tempo* uma outra passagem da correspondência, uma carta de Yorck a Dilthey de 04.01.1888 onde é apontado o "ponto nevrálgico da historicidade", a saber, que "assim como sou natureza, sou também história" [*Gerade so wie Natur bin ich Geschichte*] (Dilthey/Yorck, 2014, p. 71). Minha intenção aqui não é reconstituir a intricada repercussão da publicação póstuma - pela primeira vez em 1923 - da correspondência entre Dilthey e Yorck nos anos 1880 e 1890 sobre a cena filosófica alemã da época, em especial nas obras de Heidegger e Gadamer. Eu quero apenas reacender o debate se o uso do termo historicidade em sentido ontológico é adequado ao contexto hegeliano. Naquela época eu não dispunha de recursos bibliográficos para contra-argumentar, mas minha intuição me dizia que mesmo que Hegel não tivesse usado o termo, o conceito de infinidade contemplava e inaugurava a uma versão prévia da noção de historicidade, tal como Dilthey e Heidegger viriam a desenvolver mais tarde.

Eu insisti em manter o título, pois eu acreditava que havia "uma noção de historicidade implícita no texto fenomenológico" (Feitosa, 1990, p.6). Não seria a primeira vez em filosofia que um fenômeno seja tematizado mesmo sem a direta menção do termo, o próprio Herbert Marcuse escreveu sua tese de doutorado sobre a questão da historicidade em Hegel, baseando-se principalmente na *Ciência da Lógica*, sem fazer nenhuma citação de Hegel onde o termo aparecesse explicitamente[1]. Agradeço a você, Bicca, mais uma vez, por ter me respeitado e me apoiado nessa decisão, independentemente de estar correta ou não. É verdade que essa minha teimosia, ainda mais sem argumentos satisfatórios, me custou o tal meio ponto na nota, pois o Gerd continuou vendo como uma imprecisão o uso de um termo, que supostamente não aparecia na obra de Hegel.

O Carteiro dos Afetos -

A nota da dissertação obviamente é o menos importante nessa recordação, não há nenhuma mágoa da minha parte em relação a isso, ao contrário,

1 Ver Herbert Marcuse, Hegels Ontologie Und Die Grundlegung Einer Theorie der Geschichtlichkeit, Suhrkamp, Frankfurt, 1968.

sempre pensei nesse episódio como um lembrete de que quanto ousamos pensar autonomamente, mais domínio da história da filosofia nos é exigido, muito mais do que com aqueles que se contentam em apenas comentar a obra dos autores. Mesmo assim carreguei comigo a sensação de que minha hipótese ficou como uma questão em aberto. Meu plano era à época retomar e aprofundar o tema na minha então futura tese de doutorado na Alemanha, mas minha convivência com Ute Guzzoni, minha Doktor-Mutter (mãe-orientadora de doutorado) em Freiburg i.B./Alemanha, acabou atraindo meu interesse por aspectos mais existenciais da filosofia hegeliana, tais como as questões do amor e da morte (Feitosa, 1995) e acabei indo em outras direções.

Não sei se você se lembra, mas quando voltei do meu doutorado na Alemanha em 1996, após 6 longos anos, com atrasos e reviravoltas na pesquisa, tivemos oportunidade de colocar as conversas em dia com alguns chops no Bar Lagoa. Na ocasião você me perguntou para onde estava se movimentando o meu trabalho em filosofia. Você bem sabe o quanto o período de doutoramento na Alemanha é fundamental para o amadurecimento acadêmico, mas também muito duro em termos existenciais. Lembro-me bem de diversas histórias de encontros e desencontros do seu próprio período de doutoramento em Tüebingen, de 1979 a 1984. No meu caso específico, tive oportunidade de conhecer pessoalmente diversos autores, que só admirava à distância, tais como Gadamer, Derrida, Nancy e Lacoue-Labarthe. Tive colegas de doutorado que só viriam a se destacar 20 anos depois como o sul-coreano Byung-Chul Han. Vi também dezenas de shows, óperas, peças de teatro e exposições de arte. Naquela época minhas experiências culturais e minhas atividades de pesquisa ainda não se contaminavam reciprocamente tal como agora, mas eram como duas formações [*Bildungen*] em paralelo, uma em filosofia, outra em cultura pop. Presenciei o entusiasmo cultural do período de reunificação da Alemanha, mas também passei por muitos momentos de insegurança, angústia e solidão. Em uma época em que não havia internet, minha força de vontade dependia fundamentalmente da chegada do carteiro, trazendo os afetos e os pensamentos da minha família, dos meus amigos, mas também de você, Bicca, além de outros ex-professores, tais como Gilvan (Fogel) e o próprio Gerd (Bornheim). Mesmo de longe, vocês continuaram me apoiando e orientando durantes muitos anos. Também mantive uma enriquecedora correspondência com alguns mestres que nunca tive oportunidade de conhecer pessoalmente, tais como o Pe. Henrique de Lima Vaz (1921-2002) da UFMG e Benedito Nunes (1929-2011) da UFPA.

Minha intenção ao chegar em Freiburg era demonstrar na tese de doutorado a importância fundamental que o pensamento de Hegel teve para a elaboração da "Destruição da Ontologia Tradicional" em Heidegger. Eu pretendia mostrar que a noção heideggeriana de historicidade da filosofia só era possibilitada e fundamentada pela noção de historicidade em Hegel e que essa "filiação" deveria ser interpretada como uma prova da importância e atualidade da obra hegeliana. Esse projeto sofreu diversas crises e reviravoltas. Através das pesquisas e de diversas conversas com a minha orientadora, cheguei à conclusão que seria necessário deslocar o foco para o conceito de finitude, como o ponto de encruzilhada, onde as concepções de Hegel e Heidegger acêrca da historicidade convergiam e divergiam. O tema da tese passou a ser então "A Questão da finitude em Hegel e Heidegger"[2].

Uma primeira crise, menor, aconteceu quando no início de 1991 descobri que já havia um livro de um filósofo norte-americano, o Prof. Dennis J. Schmidt (Western Sidney University) com o mesmo assunto[3]. Na minha ingenuidade de 25 anos de idade fiquei desesperado ante a possibilidade de ter que mudar de tema e escrevi para você, Gerd e Gilvan pedindo conselhos. Ainda guardo até hoje na memória as cartas que vocês me enviaram de volta, me abrindo os olhos para o óbvio que não conseguia enxergar na época, ou seja, o fato de que a coincidência do tema não era um obstáculo, mas sim um indício da sua importância. Filosofia não é ciência, as repetições não produzem o mesmo, mas sim diferenças férteis.

Um pouco mais tarde aconteceu uma reviravolta mais importante. Descobri em um aviso de mural que o tal Prof. Dennis Schmidt iria parti-

2 Vale ressaltar que a influência da Profa. Dra. Guzzoni sobre a minha trajetória transcende também à orientação da tese, pois também devo a ela a inspiração por ter sempre sido um modelo de rigor, criatividade e coerência na prática filosófica. Aproveitei uma das minhas colunas de Filosofia do Jornal O Povo, de Fortaleza, durante o ano de 2014, para fazer uma pequena homenagem aos 80 anos da Frau Ute Guzzoni. O texto se chama Filosofia com Cinema, de 03.11.2014 e está acessível no link: http://www.opovo.com.br/app/colunas/filosofiapop/.

3 Dennis J. Schmidt: The Ubiquity of the Finite: Hegel, Heidegger and the Entitlements of Philosophy, MIT Press: Cambridge, Massachusetts, 1988.

cipar de um evento dali a alguns meses na Itália e que estava ainda aberta a chamada para comunicações. Tive a felicidade de ter sido selecionado para participar do *Collegium phaenomenologicum*, em Perugia (Itália), de 15.07 a 10.08 de 1991, acêrca do tema: "On the Tragic: Hegel, Nietzsche, Heidegger, Hölderlin". Durante cerca de um mês estive em diálogo intenso com diversos especialistas em Hegel, Nietzsche e Heidegger tais como H.G. Gadamer, John Sallis, David Krell, Michel Haar, Jacques Taminiaux, Dominique Janicaud, Françoise Dastur e outros, do café da manhã à última taça de vinho na madrugada. O contato com esses professores e seus respectivos orientandos contato este que não se limitou ao congresso, mas que se estendeu por todo o período de doutoramento e dura até hoje foi fundamental para que eu ganhasse uma nova perspectiva do meu trabalho. A partir daí passei a assumir uma postura mais crítica tanto em relação a Hegel e Heidegger, no que diz respeito à questão da historicidade, quanto a minha própria maneira de fazer filosofia.

Seguindo minha memória afetiva considero que nesse evento aconteceu um dispositivo catalisador do meu futuro projeto de uma filosofia pop, que só comecei a realizar nos anos 2000. Presenciei nesse *Collegium* de 1991 uma palestra impactante do professor norte-americano David Farrel Krell (DePaul University), sobre o famoso fragmento de duas páginas conhecido como "O Mais Antigo Programa de Sistema do Idealismo Alemão" [*Das* älteste *Systemprogramm des deustchen Idealismus*], disponível tanto nas obras completas de Hegel, como de Schellling e até de Hölderlin. Eu estava ciente, desde seus cursos sobre Hegel, caro Bicca, das controvérsias e disputas eruditas acerca da suposta "verdadeira" autoria desse texto, provavelmente de 1796, cujo manuscrito tinha a caligrafia de Hegel, mas que apresentavas ideias de Schelling e Hölderlin, todos amigos muito próximos nessa época. Pois o professor David Krell, após apresentar uma interpretação muito técnica, com uma leitura imanente linha por linha do fragmento, concluiu sua apresentação lançando a hipótese que o verdadeiro detentor dos direitos autorais do texto era Nietzsche, que nem tinha nascido ainda[4]. Confesso

4 Descobri mais tarde que o texto da apresentação em Perugia tinha sido publicado por Krell na revista The Owl of Minerva, volume 17, Issue 1, Fall 1985, pp. 5-19, sob o título: The Oldest Program towards a System in German Idealism.

que eu fiquei em estado de choque: então era possível unir rigor e densidade com criatividade e até humor, na atividade filosófica? Eu não sabia ainda como, mas já percebia naquele momento que era assim que eu queria fazer filosofia daí em diante. Ora, o que eu não sabia na época, era que estava germinando em mim as bases para o meu futuro projeto de filosofia pop.

Nota sobre os usos do termo "historicidade" em Hegel

Ao voltar ao Brasil no início dos anos 90 deixei aos poucos de fazer filosofia apenas em torno de autores, passei a trabalhar temas e questões oriundas do campo da estética e finalmente iniciei meu projeto, já nos anos 2000, de estabelecimento desse novo campo, que eu chamo de filosofia pop no Brasil, onde me encontro até hoje. Agora, cerca de 30 anos depois, mantendo a escrita da minha notória teimosia aproveito então essa carta para retomar o tema e compartilhar algumas descobertas que fiz no período posterior ao mestrado e ao doutorado e que nunca mais tive oportunidade, nem com você e infelizmente também não mais com o já falecido Gerd, sobre o lugar do conceito de historicidade na obra de Hegel, mesmo que isso soe hoje talvez como uma tecnicalidade sem importância.

Quando resolvi efetivamente retomar o tema para a escritura dessa missiva, foi uma agradável surpresa descobrir que talvez tenha sido justamente Hegel o primeiro a usar o termo historicidade, talvez ainda não da mesma maneira que mais tarde Heidegger viria a consagrar em *Ser e Tempo*, mas já em sentido filosófico. Conforme o historiador alemão Leonhard von Renthe-Fink demonstra, em seu livro *Geschichtlichkeit: Ihr terminologischer und begrifflicher Ursprung bei Hegel, Haym, Dilthey und Yorck* [Historicidade: Sua origem terminológica e conceitual em Hegel, Haym, Dilthey e Yorck](1963), há pelo menos duas passagens emblemáticas nas *Lições da História da Filosofia*, um curso que Hegel começou a oferecer em 1816 e repetiu várias vezes até 1830. Na primeira passagem Hegel fala da livre e bela historicidade da filosofia grega nos seus primórdios: "é nesse caráter de livre e bela historicidade [*Geschichtlichkeit*], da Mnemosyne (ou seja, o que eles são, o são também enquanto Mnemosyne como parte deles), é nesse caráter que se funda o germe da liberdade pensante, a partir do qual a filosofia surgiu" (Hegel, *Werke*, bd. 18, p. 175). Historicidade aqui parece indicar a interdependência entre o passado, o presente e o futuro da filosofia em torno desse germe originário que foi o pensamento helênico.

A outra passagem, também das *Lições da História da Filosofia*, encontra-se no contexto de uma análise da patrística e fala do momento em que o Espírito se realiza na história, encarnado na figura de Cristo, que é "ao mesmo tempo, a verdadeira ideia do Espírito na forma determinada da historicidade" [Es ist also die wahrhafte Idee des Geistes in der bestimmten Form der Geschichtlichkeit zugleich] (Hegel, *Werke*, bd. 20, p. 530). Embora o tema da historicidade de Jesus seja um lugar comum da cristologia moderna, seu uso costuma se restringir a um sentindo ôntico, enquanto a dimensão de algo que está ou foi jogado na história. Hegel, diferentemente da patrística tradicional, parece dar ao conceito uma dimensão ontológica mais ampla, pois considera que não apenas o Cristo, mas cada um de nós, no nosso modo de ser, é ao mesmo tempo essa unidade entre infinito e finito, entre eternidade e temporalidade, entre pensamento e carne.

O professor von Renthe-Fink foi um dos pesquisadores a defender que a origem do conceito de historicidade está nos escritos de Hegel, ainda que em sentido diverso de Heidegger: "Nós, leitores modernos, devemos tentar esquecer ou eliminar o som específico que o conceito de historicidade possui para nós através de Dilthey e da filosofia da existência" (Renthe-Fink, 1968, p.21). Parte da *Hegel-Forschung* ampliou o debate mostrando que o termo também aparecia em outros autores da cena pós-kantiana, tais como Schleiermacher (por volta de 1820) e seu aluno G.J. Nitzsch (por volta 1829), ambos mais tarde interlocutores do próprio Dilthey[5]. Por outro lado, tudo indica que mesmo que Hegel tenha sido um dos primeiros a usar o termo, parece que não houve repercussão imediata entre seus alunos mais diretos. A despeito dessas importantes nuances, para mim o importante aqui é apenas enfatizar que já fazia parte do vocabulário oral de Hegel e, portanto, não seria completamente anacrônico mencioná-lo no contexto de uma discussão sobre sua filosofia da história.

Então, caro Bicca, parece que tanto eu como Gerd tínhamos ambos alguma razão, ou melhor, ambos estávamos errados, pois mesmo se de

5 Ver o artigo de Gunter Scholtz intitulado Ergänzungen zur Herkunft des Wortes 'Geschichtlichkeit'", in: Archiv für Begriffsgeschichte, Vol. 14 (1970), pp. 112-118.

um lado tenha sido Hegel o primeiro a usar o termo em filosofia, este não era ainda um conceito central na sua dialética e muito menos no sentido contemporâneo. Por outro lado, me sinto apaziguado com a minha intuição de que a problemática da historicidade possa ter sido preconfigurada por Hegel, mesmo sem o uso do termo. Ao meu ver, na afirmação acima mencionada da carta de York à Dilthey de que "não sou só natureza, sou história" ressoa, tematizado ou não, o famoso princípio hegeliano expresso na já mencionada *Introdução às Lições de História da Filosofia*, de que "*Was wir sind, sind wir zugleich geschichtlich*" (O que nós somos, somos sempre ao mesmo tempo historicamente") (Hegel, *Werke*, Bd.18, p. 21).

Afinidades Eletivas

Toda carta trata de distâncias e proximidades; de memórias do passado e projetos para o futuro. Na verdade, todo texto, quer o declare ou não, é de alguma maneira uma carta, pois se endereça a um leitor, conhecido ou desconhecido, que o receberá com alegria ou decepção, mas sempre afetado com as novas que o outro lhe apresenta. Esse leitor não existe previamente à carta; é o envio, a destinação que engendra, ou melhor, performa, o destinatário. O mesmo vale para o signatário. Eu disse no início que não se tratava de uma carta ao pai no estilo kafkiano, a saber, com um projeto parricida. Mesmo que haja um certo consenso que matar simbolicamente os pais seja um passo fundamental para poder crescer. Termino então essa carta endereçada a você, meu caro *Magister-Vater*, mas aberta a quem quiser também recebê-la, manifestando mais uma vez a mais profunda gratidão pela sua contribuição à minha vida afetiva e acadêmica. Celebro assim o espaço de liberdade conquistado nessa parceria, que me permitiu descobrir por mim mesmo que tanto eu, como você, assim como os futuros leitores dessa carta aberta, somos todos órfãos de pai ou mãe definitivos, em um mundo em que tudo que nos resta são essas imprevisíveis e férteis afinidades eletivas.

Um abraço amigo, Charles.

Grajaú, Rio de Janeiro, março de 2020.

Referências Biográficas

FEITOSA, Charles, *Infinidade e Historicidade em Hegel*, tese de mestrado em filosofia, defendida em abril de 1990, IFCS-UFRJ.

FEITOSA, Charles, *Das Denken der Endlichkeit und die Endlichkeit des Denkens*, Berlin, Ducker&Humblot, 1995.

HEGEL, G.F.W.; *Werke in zwanzig Bänden. Vorlesungen über die Geschichte der Philosophie I*, Band 18, Frankfurt, Suhrkamp, 1971.

---------------------; *Werke in zwanzig Bänden. Vorlesungen über die Geschichte der Philosophie III*, Band 20, Frankfurt, Suhrkamp, 1971

HEIDEGGER, Martin, *Sein und Zeit*, Tübingen, Max Niemeyer Verlag, 1991.

RENTHE-FINK, Leonhard, *Geschichtlichkeit: ihr terminologischer und begrifflicher Ursprung bei Hegel, Haym, Dilthey und Yorck*, Göttingen, Vandenhoeck & Ruprecht, 1968.

YORCK, Paul / DILTHEY, Wilhelm, *Briefwechsel 1877-1897*, ed. Erich Rothacker, Berlin, Reclam, 2014.

Luiz Bicca

Racionalidade moderna e subjetividade

Para Don Carlos,
aprendiz de feiticeiro,
com um abraço afetuoso,
do Bicca

Outubro de 97

Edições Loyola

A persistente amizade

NEY COSTA SANTOS

O primeiro disco de Bob Dylan que tive em mãos me foi apresentado pelo Luiz. Era o *Highway 61 Revisited*, importado, que ele deve ter comprado na Modern Sound, na época ainda uma pequena, mas já fundamental loja de discos em Copacabana.

Essas referencias dão uma ideia desde quando somos amigos. O ano era 1966. As peladas dos finais das tardes de sábado, em frente à Rua Aníbal de Mendonça, eram furiosas e resultavam em canelas esfoladas cuidadas por nossas mães com mertiolate e muitos ais. A turma era diversa: o pessoal da Rua Redentor, onde o Luiz morava, a turma que ia à praia em frente ao posto, os salva-vidas Paulo Bagunça e Jamil, e quem mais aparecesse e pedisse vaga. A pelada terminava quando o sol se escondia rente à Avenida Niemayer e o mergulho na água gelada do mar nos deixava novos em folha, descontadas as canelas, um ou outro roxo, e o estoque de palavrões antigos, mas sempre úteis nas peladas. Tempos mais tarde encerramos nossas carreiras futebolísticas nas quadras da PUC na pelada da Filosofia.

Somos compadres. Meus pais, meus irmãos e meus filhos gostam muito dele.

Passamos alguns Natais juntos, rindo dos apelidos implacáveis que ele dava a certos caras de quem não gostava. Calçada de Ouro, Pinicão, Brutus, Cueca de Pipoqueiro, Plaquinha, Caveira e alguns outros impublicáveis.

Luiz é um cinéfilo culto, de gostos variados. Gosta de Bergman, Woody Allen, Clint Eastwood, do cinema americano em geral, de filmes com Juliette Binoche e Marion Cotillard, de comédias e velhos westerns. Ainda hoje vai muito ao cinema e costuma estar em dia com os lançamentos. Naquela fase de jovens querendo ser sérios, íamos ver os filmes de Bergman nas sessões de meia noite no Paissandu e ficávamos depois conversando com nossas namoradas enquanto esperávamos o ônibus circular que demorava, mas, ao contrário de hoje, passava.

Quando voltávamos às nossas idades, ouvíamos Led Zeppelin, Rolling Stones, Crosby, Stills, Nash and Young.

Há uns anos atrás quando estava meio sem rumo, querendo mudar o tema de meu doutoramento tardio, o Luiz, naquele seu jeito preciso, começou a me falar de Stanley Cavell. Estava fazendo uma pesquisa sobre ceticismo e havia encontrado um filosofo americano que escrevia coisas muito originais sobre cinema, assunto que ocupava uma posição importante em sua obra. Aos poucos os livros foram chegando. Primeiro, ele me deu os livros sobre, depois os do próprio Cavell; os mais fáceis, depois os mais densos e difíceis. Aos poucos, a leitura foi me conduzindo a caminhos que não imaginava. Fui fazendo a minha trilha, descobrindo atalhos, cruzando assuntos, referencias, incorporando temas e questões até chegar à minha tese de Doutorado, de nome e inspiração cavelliana. Em Busca da Felicidade: O Cinema e a Utopia do Bom, do Bem e do Melhor.

Em seu brilhante livro *Questões Persistentes*, Luiz conversa conosco sobre a Amizade. De Aristóteles aos difíceis tempos pós- modernos das amizades líquidas que escorrem pelas redes sociais, onde se tem muitos amigos e não se tem nenhum. Em seu estilo erudito e sem pose, discorre sobre as relações entre a amizade e a filosofia.

Mais que historiar, Luiz pensa a amizade em nossos dias inundados de imagens e com nuvens fundamentalistas no horizonte.

> A amizade, então, no conhecimento recíproco e nas virtudes compartilhadas, ajuda a preservar a unidade política contra o espírito de facção ou os sectarismos (BICCA, 2003, p.157).

Com esse comentário Luiz retoma a necessidade da política retornar, de algum modo, ao sentido original que tinha na *polis* grega e nela pensar a amizade. As redes sociais estimulam atitudes que se alimentam do ocultamento e da ilusão para fomentar os tribalismos de todos os tipos. Não somente os políticos e religiosos, talvez os mais visíveis e ruidosos, mas também os comportamentais, os raciais e os de gênero. Muitos são os militantes de si próprios, eles as suas próprias causas. Da aldeia global dos anos 60 fomos direto aos nacionalismos, aos tribalismos restritos e ao espírito de facção que está alheio à conversação que quebra o binarismo e a liquefação das palavras e gestos. Em *Vida Cotidiana e Pensamento Ecológico* Luiz amplia seu pensamento e se aproxima da ecologia profunda. Ele nos propõe a amizade à Terra, como Rilke na Nona Elegia de Duíno, recupera o sentido da *philia* à Terra.

> Terra, não é este o teu desejo: renascer invisível
> em nós? – Não é teu sonho tornar-te
> invisível algum dia? (Rilke, 2004, p. 87).

Na apresentação de *Vida Cotidiana e Pensamento Ecológico*, Rafael Haddock-Lobo observa que não há mudança temática no pensamento do Luiz que partindo da dialética hegeliana passa pelas questões da alteridade, os problemas do ceticismo, e agora chega a um "ápice ou ponto de confluência de tantas e aparentes fontes de pesquisa".

O pensamento ecológico de Luiz não é verde nem vermelho. É generoso, amplo, não foge das questões contemporâneas em seu esforço de compreender o fenômeno humano.

> ... a amizade autêntica não está submetida a nenhuma arbitrariedade de escolha ou cálculo de vantagens. Não a buscamos, ela vem ao nosso encontro, por si mesma, no tempo certo (Bicca, 2003, p.191).

Luiz é o professor Luiz Bicca. É meu amigo há mais de 50 anos e compartilhar essa amizade tem sido fonte de alegria e conhecimento, um presente que a vida me deu.

Bibliografia

BICCA, Luiz. *Questões Persistentes*. Rio de Janeiro: 7 Letras, 2003.

BICCA, Luiz. *Vida Cotidiana e Pensamento Ecológico*. Rio de Janeiro: Ed.PUC-Rio: 7 Letras,2018.

RILKE, Rainer Maria. Elegias de Duíno. São Paulo: Globo, 2001.

Dogma e diaphonia

DANILO MARCONDES

Departamento de Filosofia – PUC-Rio/UFF

O cético dogmatiza?

SEXTO EMPÍRICO,

HIPOTIPOSES PIRRÔNICAS, I. VII

Mais do que uma nova interpretação da influência da retomada do ceticismo antigo no pensamento moderno, Richard Popkin formulou um autêntico programa de pesquisa, mostrando como esse processo foi muito mais complexo do que inicialmente. se supunha com a ênfase tradicional na Revolução Científica, mostrou também que "ceticismo" deveria ser interpretado em diferentes sentidos[1]. Além disso, pode-se considerar que o processo de retomada do ceticismo antigo no período moderno envolve mais intermediações do que o próprio Popkin levou em conta. Ao considerar essas intermediações, pode-se argumentar, contudo, que sua interpretação quanto à centralidade da problemática religiosa nesse processo parece exitosa, contra críticas recentes que alegam que ele teria superdimensionado essa problemática em suas análises (Giocanti, 2013 e Naya, 2008). Esse um dos objetivos primordiais do presente estudo.

Pretendo mostrar assim não só que Popkin parece ter razão quando apresenta a crise intelectual da Reforma (1979, cap.1) como uma das forças propulsoras da Modernidade e como ponto de partida da formulação de um ceticismo moderno, mas também que a problemática religiosa tem outras dimensões, destacando-se a discussão dos primeiros pensadores cristãos com a filosofia grega, incluindo o ceticismo. Esses textos dos primeiros pensadores cristãos também são retomados no Renascimento e trazem com eles uma apropriação da filosofia grega que terá importantes repercussões no contexto da controvérsia religiosa do século XVI.

I. O contexto grego

O contexto de grande difusão do Cristianismo nos dois primeiros séculos pelo Oriente Médio e Norte da África acarretou uma considerável dispersão da doutrina cristã nas diferentes comunidades estabelecidas nessas regiões. Houve com isso o risco de o Cristianismo, pregado por São Paulo como uma religião para todos os povos, ou seja, universal, tornar-se uma religião de diferentes seitas em consequência de seu desenvolvimen-

1 Esse programa tem sua primeira versão em Popkin (1960), The history of scepticism from Erasmus to Descartes. Essa primeira versão é expandida em The history of scepticism from Erasmus to Spinoza publicada em 1979. Uma terceira revisão e expansão foi publicada em 2003, The history of scepticism from Savonarola to Bayle. Isso mostra que segundo Popkin essa história ainda está por construir.

to regional. As múltiplas versões dos evangelhos, algumas mais tarde consideradas apócrifas, são evidência disso (Vermes, 2012).

Para evitar essa dispersão e porque o Cristianismo não era ainda naquele momento religião de nenhum estado ou povo determinado, os pensadores cristãos dos primeiros dois séculos se preocuparam em desenvolver uma doutrina cristã que desse embasamento e unidade à religião nascente. Essa a origem do pensamento cristão, tanto filosófico, quanto teológico. São esses pensadores que percebem a necessidade de se fixar um cânone, estabelecendo quais os textos que devem ter sua autoridade reconhecida. Ao longo desse processo o caráter carismático do Cristianismo em seu início dá lugar a uma religião doutrinária, doutrina essa que será fixada finalmente no concílio de Nicéia (325). Com isso "dogma" vai perdendo seu sentido originário de crença e adquirindo o sentido de base dessa doutrina, do estabelecimento de uma *ortodoxia*, ou seja, de uma "doutrina correta" (Vermes, 2012).

Mas, na medida em que os primeiros pensadores cristãos que defenderam o recurso à filosofia grega como Clemente de Alexandria sofreram uma crítica de que pensadores pagãos estariam contaminando o pensamento cristão com conceitos e argumentos problemáticos para a religião nascente, encontramos um recurso pelos cristãos ao ceticismo antigo para dar conta disso. Paradoxalmente, a resposta a essa objeção da contaminação do Cristianismo pela filosofia grega se encontra em um recurso à própria filosofia grega, no caso, ao ceticismo.

Desse modo, o ceticismo antigo, tanto o pirrônico inaugurado por Enesidemo, quanto o tradicional, da Academia de Arcesilau e Carnéades foi com frequência apropriado pelo Cristianismo dos primeiros séculos, do período conhecido como ante-nicênico, ou seja, anterior ao Concílio de Nicéia (325)[2].

Os chamados apologistas e os pensadores da patrística encontraram nas críticas de ambas as vertentes do ceticismo antigo à filosofia grega doutrinária, aos dogmáticos, portanto, sobretudo estoicismo, epicurismo e aristotelismo, além de algumas formulações ecléticas, um ponto

2 Sobre o ceticismo antigo e a tradição cética ver Danilo Marcondes (2019), caps. 1 a 3.

de partida para a defesa da superioridade do Cristianismo em relação às doutrinas filosóficas constantemente em controvérsia umas com as outras (Chadwick, 1993).

O teor central dessa crítica dos pensadores do início do Cristianismo consiste em apontar a *diaphonia anepikritos*, ou seja, o conflito insuperável porque sem critério de decisão, entre as doutrinas filosóficas, mostrando suas limitações quanto a qualquer argumentação conclusiva assim como a impossibilidade de escolha entre correntes rivais por falta de critério independente. Os céticos teriam mostrado assim as limitações da razão filosófica e sua insuficiência para resolver os problemas a que se propõe. Os pensadores cristãos consideraram, contudo, que a fé superaria esse conflito, e que nesse sentido a religião cristã seria claramente superior ao pensamento filosófico grego.

Essa argumentação por sua vez tem dois sentidos: o primeiro, histórico. O Cristianismo como dissemos anteriormente em algumas de suas vertentes iniciais foi muito dependente da filosofia grega em sua formulação doutrinária. Alguns dos mais importantes dentre os primeiros pensadores cristãos como Justino, Orígenes e Clemente de Alexandria eram profundos conhecedores da filosofia grega a que recorreram, como mencionamos acima, na elaboração doutrinária do Cristianismo. O segundo é conceitual em um sentido ético. A filosofia cética em sua crítica às doutrinas filosóficas gregas deste período como estoicismo e epicurismo compartilha com elas uma preocupação com a filosofia enquanto um saber prático, aplicado, com uma influência direta no modo de vida humano. A filosofia como algo a ser vivido. O que os céticos denominavam de *skeptiké agogé*. Consideravam, contudo, que essa conduta e as escolhas que são necessárias na vida prática não podiam ser fundadas em um saber teórico porque isso levaria ao conflito de teorias insuperável e à impossibilidade de escolha. Diante disso, os pensadores cristãos defendem a superioridade da religião sobre a filosofia na medida em que a fé fornece um critério de certeza e aquele que tem fé na revelação tem sua escolha definida. Portanto a *diaphonia* filosófica estaria assim superada. Esse argumento já é bastante difundido nos primeiros três séculos do Cristianismo e antecede sua formulação mais clássica e influente no Ocidente e na tradição latina no *Contra Acadêmicos* de Santo Agostinho (389).

A principal referência sobre essa discussão é a *Praeparatio Evangelica* (principalmente livro XV) de Eusébio de Cesarea (início do século IV), que se tornou inclusive, por este motivo, uma fonte importante de doxografia de filósofos céticos, destacando-se os tropos de Enesidemo[3]. Em suas três principais obras *Praeparatio Evangelica, Demonstratio Evangelica e Historia Ecclesiae*, Eusébio apresenta sua versão dos dois primeiros séculos do Cristianismo e expõe o pensamento dos apologistas, os primeiros a defenderem a religião nascente (Chadwick, 1993; Vermes, 2012). As obras de Eusébio, destacando-se a *Praeparatio Evangelica,* foram traduzidas no século XV pelo humanista de origem bizantina Gregório de Trebizonda, tornando-se fonte importante sobre o pensamento cético.

O que parece ocorrer é que não encontramos no pensamento religioso a pura e simples experiência da fé sem elaboração doutrinária. E essa elaboração depende essencialmente de conceitos filosóficos. O grande exemplo é a controvérsia em torno do Arianismo do final do século III e início do IV. O Arianismo quase prevaleceu como doutrina cristã majoritária e foi condenado pelos concílios de Nicéia e posteriormente de Constantinopla (381). Na realidade a solução foi mais política do que doutrinária. E a controvérsia sobre a Trindade e a precedência ou não do Pai sobre o Filho se formulou em termos de conceitos gregos como *ousia*. Rejeitado o Arianismo novas "heresias" surgem como Nestorianismo, Donatismo, Maniqueísmo e Pelagianismo, ambos os últimos combatidos por Santo Agostinho e ainda posteriormente os Iconoclastas em Constantinopla e no Ocidente, na Provença, os Cátaros ou Albigenses.

Com isso o argumento da superioridade do Cristianismo sobre a filosofia grega e da fé como critério parece cair por terra por não garantir a ausência de conflito, nesse caso doutrinário, nem sua superação. A *diaphonia* empregada como argumento pelos pensadores cristãos contra a filosofia grega, como incapacidade de estabelecer uma verdade única, se instala ela própria no interior do pensamento cristão. As principais divergências

3Eusébio discute explicitamente a diaphonia e a époche, Barnes 1990:7.

dizem respeito ao estabelecimento do cânone e à exegese dos livros sagrados e é em relação a essas divergências que se dá o apelo a conceitos, métodos e argumentos da filosofia grega, uma vez que o pensamento religioso não conteria ele próprio os instrumentos para resolver essas divergências. O conflito interno seria insuperável sem recurso a instrumentos externos, mas esses instrumentos trazem com eles seus próprios conflitos.

II. A retomada do Ceticismo Antigo no Renascimento.

No capítulo 2 *"The Revival of Greek Scepticism in the Sixteenth Century"* de sua The history of scepticism Richard Popkin identifica três fontes (sigo aqui Giocanti, 2013) segundo as quais se dá a retomada do Ceticismo Antigo no Renascimento: as obras de Sexto Empírico, as obras de Cícero que se referem à Academia e os relatos de Diógenes Laércio sobre o Ceticismo. Sugiro que os primeiros pensadores do Cristianismo retomados no Renascimento e no contexto da Reforma podem ser considerados uma "quarta fonte".

Popkin não explora os pensadores do início do Cristianismo como fonte de preservação do pensamento cético antigo. Tampouco examina o reingresso desses pensadores cristãos no contexto europeu ocidental no período renascentista como uma das vias de acesso ao pensamento cético antigo. Contudo, ambos esses exemplos reforçam seus argumentos quanto à importância da vertente religiosa na formulação do ceticismo moderno contra as objeções de Giocanti (2013) e Naya (2008). Proponho que o exame dessa fonte pode ser um desdobramento importante do programa de pesquisa inaugurado por Popkin (1960, 1979, 2003) que mencionamos acima.

Nesse sentido que deve ser valorizada essa fonte adicional que se encontra na retomada dos pensadores apologistas e da patrística introduzidos no Ocidente sobretudo, via a presença dos bizantinos em Florença no início do século XV, trazendo então obras de cunho filosófico e teológico praticamente desconhecidas no Ocidente. Esses textos de autores que mencionamos acima e de muitos outros ainda pouco estudados possibilitaram a introdução do ceticismo na medida em que fizeram uso desse pensamento. Além disso, tem sua legitimidade aceita por serem autores cristãos e não pagãos. Encontramos, por exemplo, referências a esses autores em filósofos do século XVI, um exemplo notório são as referências de Montaigne a Orígenes na *Apologia de Raimond Sebond*. Esses primeiros pensadores do Cristianismo são retomados também no contexto das controvérsias da Reforma que parece então reviver as disputas em torno das heresias do início do Cristianismo.

Mas, este é o paradoxo. A crítica lançada pelos apologistas referente à controvérsia insolúvel e estéril entre os filósofos gregos afinal pode ser aplicada igualmente às diferentes seitas do Cristianismo dos primeiros séculos, o período ante-nicênico. O Concílio de Nicéia tampouco conseguiu estabelecer a pretendida homogeneidade da doutrina cristã, o que de um ponto de vista histórico jamais foi alcançado. As controvérsias entre as seitas, as heresias, ou diferentes "escolhas" (sentido literal de *hairesis*) não foram menos acirradas do que entre os filósofos gregos, ao contrário, levaram mesmo a perseguições e tentativas de supressão raramente encontradas no contexto filosófico (Mansfeld, 1988).

Apesar de episódios como a condenação de Sócrates, a expulsão de Platão de Siracusa e o suicídio de Sêneca, resultados de confrontos políticos, na Grécia Antiga as controvérsias e as disputas entre os filósofos eram consideradas parte de sua atividade.

Alguns dos apologistas chegaram mesmo a atribuir as controvérsias no âmbito do Cristianismo à permanência da influência da filosofia grega no pensamento religioso, remontando à Fílon de Alexandria, que efetivamente primeiro estabeleceu essa ponte. Isso teria influenciado por sua vez decisivamente o Cristianismo a partir de pensadores como São Justino Mártir, filósofo de formação e também os primeiros representantes da patrística na escola neoplatônica cristã de Alexandria, Clemente e Orígenes. O recurso aos conceitos filosóficos gregos na formulação de teses teológicas teria introduzido inevitavelmente essas controvérsias no próprio Cristianismo.

Questões filosóficas penetraram assim o pensamento religioso que em seu desenvolvimento institucional e no combate às heresias tornou-se altamente dogmático. Ao introduzir a *diaphonia* entre correntes filosóficas para apontar as limitações da razão, a discussão teológica acaba mostrando como essa *diaphonia* ocorre entre as próprias doutrinas religiosas e interpretações concorrentes das Sagradas Escrituras.

Podemos considerar, portanto, que a crise teológica que Popkin identifica no início da modernidade e que exemplifica pela controvérsia entre Erasmo e Lutero e que o grande humanista francês Guillaume Budé vê como uma ameaça ao Cristianismo tem um precedente significativo nas controvérsias dos primeiros séculos do Cristianismo. Tampouco nesse momento houve solução teórica, mas apenas uma solução política através do Concílio de Nicéia, que mesmo assim não produziu o consenso esperado uma vez que muitos líderes cristãos não se submeteram a suas resoluções, foram declarados hereges e lideraram outras vertentes do Cristianismo.

Quando se dá uma transferência cultural, como ocorreu nesse contexto, a cultura de que se apropria nunca é apropriada de forma homogênea, sem conflitos interpretativos e a leitura feita, por mais seletiva que seja, não impede que traços críticos de um pensamento contaminem o outro como efetivamente aconteceu no Cristianismo dos primeiros séculos e no início do Renascimento, mais uma vez com a retomada do pensamento grego, sobretudo da filosofia cética.

Tertuliano (c.155-222), teólogo latino que se contrapõe ao recurso à filosofia grega, empregando inclusive a expressão "*regula fidei*"[4] a que Lutero recorre como tentativa de solução das controvérsias sobre a interpretação das Escrituras (Popkin, 1979, cap.I). Segundo a frequentemente citada fórmula de Tertuliano, "O que tem Atenas a ver com Jerusalém, ou a Academia com a Igreja?" (Chadwick, 1993, p.74, Boehner e Gilson, p.138). Tertuliano é explícito em sua condenação da filosofia grega.

A ambiguidade se encontra portanto no fato de que o pensamento cristão recorre à filosofia grega em suas várias correntes para o estabelecimento da doutrina ortodoxa, e esta a origem da teologia, mas ao mesmo tempo deve reiterar sua superioridade sobre este pensamento de modo a superá-lo, recorrendo para isso à fé e à revelação. De um ponto de vista institucional, contudo, a fé e a revelação são insuficientes enquanto fun-

4P. Boehner e E. Gilson 1970, p.133. A base teológica se encontra em I Coríntios, 15.

damentos da doutrina. Embora a doutrina reafirme essa superioridade, isso deve ser feito recorrendo a conceitos e argumentos tomados de empréstimo aos filósofos gregos em uma defesa argumentativa da religião mais do que a revelação proclama.

Nem o apelo à filosofia grega, nem a rejeição da filosofia grega e o apelo à fé garantiram a almejada unidade doutrinária do Cristianismo nem no Helenismo, nem na Modernidade, talvez porque a principal lição da filosofia cética seja que a experiência humana é plural e diversificada e qualquer tentativa de reduzi-la a uma unidade dará origem a uma *diaphonia anepíkritos.*

Referências Bibliográficas

AGOSTINHO, *Contra Acadêmicos*, São Paulo, Paulus.

BARNES, J. *The toils of scepticism*, Cambridge, Cambridge University Press, 1990.

BOEHNER, P. e E. Gilson, *A filosofia cristã*, Petrópolis, Vozes, 1970.

CHADWICK, H. *The Early Church*, Penguin, Londres, 1993.

EUSEBIUS of CESAREA, *Greek Library*, Harvard, Loeb, 1975.

GIOCANTI, S. "La fecondité des Académiques de Cicéron dans l'histoire du scepticisme", *Asterion*, 11, 2013.

MANSFELD, J. *Heresiography in Context: Hippolytus' Elenchos As a Source for Greek Philosophy*, Leiden& New York, Brill, 1988.

MARCONDES, D. *Raízes da dúvida*, Rio: Zahar, 2019.

MONTAIGNE, *Apologie de Raimond Sebond*, Paris, Gallimard, 1967.

NAYA, E. "Le « coup de talon » sur l'impiété : scepticisme et vérité chrétienne au XVIe siècle", *Les Études philosophiques* 2008/2 (n° 85), p. 141 - 160

POPKIN, R. *The history of scepticism from Erasmus to Descartes*, New York, Humanities Press, 1960.

________. *The history of scepticism from Erasmus to Spinoza*, Berkeley & Los Angeles, University of California Press, 1979.

________. *The history of scepticism from Savonarola to Bayle*, Oxford, Oxford University Press, 2003.

VERMES, G. *Christian beginnings: from Nazareth to Nicea*, Londres, Penguin, 2012.

"Jesus, profeta escatológico": fundamentos bíblico, teológico e filológico-filosófico

MARTHA LUZIE FRECHEIRAS

Para que não se aflijam como esses que não têm esperança.

1Ts 4,13

O amor faltou, a justiça faltou, e me afasto infalivelmente de ti,
Deus; e meu culto não é mais do que idolatria.
Para crer em ti devo crer no amor e na justiça, e vale
mil vezes mais crer nessas coisas que pronunciar teu nome.

HENRI DE LUBAC

1. Prefácio

O objetivo deste artigo é apresentar o *status questionis* do título "Jesus, profeta escatológico". A ideia para a elaboração deste artigo adveio, primeiramente, da leitura da obra de Edward Schillebeeckx (2017) e, posteriormente, da análise filológica do termo ἔσχατος. Faremos uso de quatro argumentos principais para defender nossa hipótese hermenêutica, que são: 1) o argumento filológico-filosófico que trata da essência do conceito de "extremo espacial" e, consequentemente, do conceito de "Ser"; 2) o argumento proveniente da discussão acerca do Jesus histórico que esclarece em que estágio a compreensão de Schillebeeckx se encontra nesta interpretação histórica; 3) o argumento bíblico explicitado por Schillebeeckx; e, por último, 4) o argumento teológico.

2. Fundamento filológico-filosófico

2.1. Análise filológica

O termo grego ἔσχατος (BAILLY, 2000, pp. 817-818) tem sido mal traduzido e, como corolário, mal interpretado. Um dos melhores dicionários de língua grega foi escrito por Anatolle Bailly. Nele, Bailly apresenta o vocabulário completo da língua grega clássica, desde as suas origens até o começo do século VII dC. Por esta razão, nele constam palavras presentes nas obras dos principais pais da Igreja, Basílio, Crisóstomo, Gregório de Nissa e Gregório de Nazianzo. Assim, ao traduzir uma palavra, o dicionário traz o sentido grego das origens até o final da antiguidade tardia.[1]

Ao traduzir a palavra ἔσχατος para o francês, Bailly o faz da seguinte maneira: o que está na extremidade, extremo, passado (com ideia de lugar). Em Heródoto: extremidade da cidade; Platão, em *Fedro* 113b: na extremidade, a parte mais alta; Platão, em *Protágoras* 354b: dor extrema; Platão, em *Político* 297e: ser punido pelo último castigo.

Por outro lado, Pierre Chantraine (1999, p. 380) afirma que a palavra ἔσχατος significa "aquilo que se encontra na extremidade". Contudo, por

1 A antiguidade tardia é datada a partir do século I aC e vai até o século VII dC Durante estes sete séculos, a partir da era cristã há textos escritos em grego por autores cristãos e por autores não cristãos. Esse aspecto faz toda a diferença na hora de compreender o significado de um termo grego.

vezes, aparece com nuance de "exterior", sempre com sentido local em Homero. Já em Empédocles, pode exprimir o grau extremo, notadamente com a ideia de aflição, de crime. Além disso, surgiu na língua grega um substantivo derivado de ἔσχατος, que é ἐσχατία, significando extremidade, borda, fronteira. A forma verbal no grego (ἐσχατάω) aparece somente por meio da declinação do particípio e significa "encontrado na extremidade". Por fim, Chantraine afirma que ἔσχατος subsistiu no grego puro, o que quer dizer que a palavra não sofreu nem mudança morfológica, nem fonética e que o seu significado principal é o de "extremidade" em sentido espacial.

Sendo assim, em termos linguísticos, podemos afirmar, segundo Bailly e Chantraine, que a tradução de ἔσχατος por extremo, extremidade, no sentido de lugar, é a dominante. Contudo, a teologia da tradição afirma que o discurso escatológico é o discurso da consumação. Exemplo disso aparece em Franz-Josef Nocke (SCHNEIDER, 2012, p. 340):

> Na dogmática costuma-se denominar o discurso da consumação de "escatologia". Na maioria das vezes esse termo é traduzido por doutrina das "coisas derradeiras" (do grego *ta éschata*). Com isso se quer dizer: doutrina do fim do mundo, da morte, ressurreição, juízo, céu e inferno (...) consumação pode significar (1) direção a um alvo, mas também (2) o próprio alvo.

Nesse sentido, parece-nos que o termo ἔσχατος não foi traduzido, mas sim interpretado teologicamente, tendo em vista as correntes teológicas existentes na época, dos quatro primeiros séculos do cristianismo até os Concílios de Niceia (325 dC) e de Constantinopla (381 dC), quando o conceito de Trindade tornou-se dogma e o texto bíblico tornou-se canônico.

Segundo John J. Collins (NOGUEIRA, 2005, pp. 81-82), desde Albert Schweitzer, os termos "apocalíptica" e "escatologia" têm ocasionado vívido debate nos estudos do Novo Testamento. Afirma que Ernst Käsemann[22](1969, p. 40) voltou à cena do debate teológico com a afirmação la-

22 Ernst Käsemann foi professor de Novo Testamento em Tübingen e estudioso da questão do "Jesus histórico". No doutorado, Rudolf Bultmann foi o seu orientador.

pidar de que "a apocalíptica é a mãe da teologia cristã". Contudo, Collins não se ateve à discussão terminológica encetada anteriormente por Jean Carmignac[3], pois preferiu considerar o fenômeno da apocalíptica como a expectativa futura na tradição judaica encontrada em Daniel e nas obras intertestamentárias (NOGUEIRA, 2005, p. 82).

As pesquisas acadêmicas mais recentes abandonaram o uso do termo "apocalíptica" com o intuito de discernir, neste conjunto geral, as seguintes especificidades: 1) o apocalipse que seria um tipo literário; 2) o apocalipticismo, como uma ideologia social; e, por fim, 3) a escatologia apocalíptica, que seria um conjunto de ideias e motivos literários que também podem ser encontrados em vários gêneros literários e contextos sociais (COLLINS, 2010, p. 18).

O apocalipticismo foi um movimento ligado a Jesus de Nazaré e que se transformou no cristianismo primitivo após sua morte. Trata-se de um movimento judeu relacionado à revolta judaica contra Roma (COLLINS, 2010, p. 365). Some-se a isso o fato de os evangelhos, além de narrativas extensas, serem, também, um produto pós-pascal, o que quer dizer que foram escritos a partir da perspectiva de fé daqueles que aderiram à pessoa de Jesus como o Cristo, o messias aguardado e exaltado como Senhor. Esses motivos arrolados incidiram diretamente no papel do apocalipticismo no cristianismo nascente (COLLINS, 2010, p. 366).

Collins ressalta a posição de Schweitzer, que afirmava que, quando Jesus falava sobre o reino, Ele não se referia ao governo de Deus no coração humano, mas o fazia em uma perspectiva escatológica. Joachim Jeremias seguiu a interpretação de Schweitzer, enquanto Rudolf Bultmann afirmou que a mensagem de Jesus era uma mensagem da "esperança" documentada, em primeiro lugar, pela literatura apocalíptica (COLLINS, 2010, p. 366).

Por outro lado, a obra citada de Collins (2010, p. 367) contradiz as interpretações do apocalipticismo anterior e tem o ensejo de propor uma moderna interpretação dos ditos de Jesus, sem qualquer componente escatológico futuro, além de indicar que a hermenêutica possível dos ditos

3 Estudioso dos escritos de Qumran.

de Jesus seja a presença de Deus dentre a humanidade e a vigência da sabedoria divina como o verdadeiro destino da existência humana.

2.2. Análise filológica

Uma vez que temos como ponto de partida, neste artigo, o pressuposto teórico no qual o termo ἔσχατος significa "o que há de extremo" em sentido espacial[4], podemos, a partir daí, tecer alguns comentários acerca do modo como esse termo pode ser compreendido hoje sob a tutela da filosofia.

Aristóteles, em sua *Metafísica* (ed. 1987, p. 322), já havia afirmado que o τὸ ὄν, *ens*, em latim, *ente*, em português, possui duas dimensões: uma substancial, a que denominou de οὐσία, substância, e uma outra categorial, κατεγοριαί. O que Aristóteles chamou de *ousía* é o que tentaremos aqui interpretar como dimensão ontológica da realidade, e as *kategoriaí* como a sua dimensão ôntica.

Martin Heidegger, filósofo do século XX, procurou tematizar esse problema a partir de sua obra inaugural *Sein und Zeit*. Nela, já começa a demonstrar que o Ser (dimensão ontológica) possui a sua dinamicidade aliada ao tempo: o Ser se dá no tempo. Contudo, em *Beiträge zur Philosophie* ele afirma que a dinâmica própria do *Seyn* (HEIDEGGER, 1994, p. 239) é o *Ereignis*, o acontecer. O Ser, pois, acontece. Acontecer, porém, não quer dizer apenas tornar-se ente, individualizar-se, mas, também, vir à luz, aparecer, manifestar-se, do grego φαίνω. E nem tudo o que se manifesta, o faz onticamente. Quando afirmamos que Deus se revelou e que continua se revelando ao homem, estamos compreendendo Deus a partir da referência da verdade ontológica, e não da verdade pensada como epistêmica.

A questão do Ser, para Heidegger, transcende a realidade ôntica do ente. A realidade ôntica é apreendida universalmente, pois é captada pelos cinco sentidos. Por isso, ao longo da história da humanidade, procurou-se aumentar o conhecimento acerca dos entes, das coisas, da natureza. Basicamente, é um olhar para fora, conhecer o que é diferente de nós.

4 O dar-se que acontece no *hic et nunc* (no aqui e no agora).

No entanto, o Ser não se mostra plenamente e o tempo todo, como o ente o faz, porque ele aparece no tempo. Isto não invalida, porém, a possibilidade de que possamos pressenti-lo. Exige uma escuta arguta, exige e clama por um pensar que sabe, de antemão, que não tem o poder de manipular, controlar, dominar, nem reter nada, nem ninguém. Mas não é, por isso, algo de somenos. Compõe a dinamicidade do Ser a sua propriedade mais própria: a vigência da liberdade. A vida não é o que nós queremos que ela seja. Ela simplesmente é. Por mais que estejamos insatisfeitos com a realidade ao nosso entorno, ela não mudará num toque de mágica, ainda que tenhamos e vivamos "sonhando", fantasiando essa possibilidade. Com isso, não estabelecemos um juízo moral, apenas queremos reiterar que a vida tem a sua dinâmica própria de tempo. E os gregos sabiam disso. Através do termo καιρός, os gregos expressavam a compreensão de tempo propício, de tempo próprio.

No seminário de 1962, denominado *Zeit und Sein*, Martin Heidegger esclarece o significado da palavra presente. Para ele, presente provém do verbo "presentar", que significa desvelar, levar ao aberto. Diz fazer aparecer (HEIDEGGER, 1976, p. 42), dar-se[5]. Na dinâmica do "presentar" está inscrito o vigor do envio que, ao recolher-se, lança, libera e desata o dom de "Ser": *das Ereignis*, que traduzimos por acontecer. Heidegger nomeia o "problema do Ser", em alemão, também de *Ereignis*, além de fazer uso da palavra *Seyn* para não perder o sentido da dinamicidade temporal intrínseca ao conceito de "Ser", a fim de que este não seja pensado como algo estático.

Esse acontecer é fruto da doação na retração. Trata-se do princípio de vida, da instauração do existir e do começo de seu desdobrar. Este será sempre o grande acontecer e o que há de rico e de extremo: a abertura ao novo e ao criativo; a manifestação da vida como tal. Aponta para a dimensão própria do extraordinário que habita o ordinário porque o extraordinário se retrai e, nisso, se abre para o "dar-se", para a possibilidade plenamente humana de, ao experimentar o acontecer, a *humanitas* do humano compreender a plenitude de sentido que o alcança e que o determina. A partir daí, criar pegadas, sulcos, caminhos de

5 *Es geben*. Dá-se: *es gibt*.

vida e de realização próprios, autênticos e, ao mesmo tempo, imersos na misericórdia de Deus. Esse acontecer extremo não é o próprio Jesus de Nazaré?

Por fim, César Kuzma (2013, p. 28), ao se perguntar pela intenção da escatologia nos dias atuais, afirma, sem deixar margem à dúvida, o significado teológico contemporâneo do termo "último", tradução do termo grego ἔσχατος:

> Não se trata apenas de uma mudança terminológica, mas de uma mudança de conteúdos, de orientação e de metodologia (...) a escatologia atual não vai mais se concentrar nas "coisas últimas", nos *Eschata*, mas sim, no último, no *Eschaton*, que é o próprio Cristo ressuscitado que vem e que ilumina toda a nossa história.

3. Fundamento bíblico

3.1. Jesus histórico

"Jesus histórico" (LATOURELLE, 1989, pp. 50-66) é a expressão técnica mediante a qual se efetua uma distinção importante no âmbito interno da cristologia. De fato, com o emprego do adjetivo "histórico" pretende-se salientar que os dados obtidos constituem a conclusão de um procedimento conduzido com uma metodologia científica. É importante destacar que o "Jesus histórico" não se identifica com o Jesus de Nazaré e tampouco com Cristo; com efeito, a expressão "Jesus de Nazaré" refere-se ao Jesus real que existiu historicamente em determinada região geográfica, e que está nas origens do cristianismo. Com Cristo, destaca-se, preferencialmente, o componente da pregação da Igreja primitiva que, à luz da ressurreição, proclama e professa sua fé no Senhor como cumprimento das promessas antigas.

A história da pesquisa sobre o Jesus histórico circunscreve-se, em linhas gerais, em três grandes etapas, e a última ainda se subdivide em outras três. A primeira grande etapa situa-se entre os séculos XVIII e XIX; a segunda faz referência, de modo particular, a Rudolf Bultmann e sua teoria da história da forma e pode inserir-se entre o início do século XX até aproximadamente 1953; e uma terceira etapa pós-bultmaniana que se divide em três gerações.

O que chamamos aqui de terceira geração da *Third Quest* diz respeito a autores tanto protestantes quanto católicos. Dentre os protestantes, os principais são: Cullmann, Pannenberg, Moltmann, Braun e Stauffer; dentre os católicos, podemos citar: Kasper, Küng, von Balthasar, Schoonenberg, Schillebeeckx, Rahner, Alfaro, Duquoc, Galot e Bouyer, entre outros. Para esclarecer, faremos um breve resumo do pensamento de dois dos autores protestantes.

Pannenberg, reagindo a Bultmann, diz que toda cristologia deve começar por Jesus. Ele compreende a "teologia como história" que pretendia enfrentar os problemas levantados pelo esclarecimento, que submeteu à crítica a instância da autoridade da revelação: não é mais possível falar de uma revelação autoritária. Segundo Pannenberg, o conceito de revelação se liga ao conceito de história e, com isso, pressupõe a recolocação da discussão da relação entre fé e razão e sua reformulação.

Moltmann, também como Pannenberg, reage a Bultmann através de sua "teologia da esperança", que redescobre o caráter escatológico do cristianismo, antes restrito à *doutrina dos novíssimos*, doutrina das realidades últimas. Ele entende a teologia escatológica como teologia da esperança, em que, na vida cristã, a prioridade pertence à fé, mas o primado, por sua vez, está na esperança da fé, isto é, primeiro surge, no ser humano, a fé, e depois a esperança. No entanto, todo cristão deve se perguntar se a sua adesão se dá ao seguimento de Jesus, ou se, em seu lugar, há algo diferente disso, tal como uma ideia, um espírito, um fantasma. Por fim, na questão do Jesus histórico, a unidade e continuidade entre o Jesus histórico e o Cristo do querigma é a tese central que norteia as pesquisas contemporâneas.

3.2 Título

O substantivo θαῦμα não se encontra nos evangelhos. Aparece apenas o uso verbal θαυμάζω: admirar-se, assombrar-se, espantar-se. No evangelho joanino, por exemplo, fala-se das ações de Jesus como "sinais" –σέμεια e "atos de poder" –δύναμις ou "obras do Cristo" –τὰ ἔργα[6] τοῦ χριστοῦ[7]. Interpretado, por quem nele confiava, como ação de Deus em Jesus.

Por outro lado, a doença, para os judeus, era "estar no poder do maligno". Por esta razão, a expulsão dos demônios e a cura dos doentes desempenham papel central nas narrativas sobre as ações milagrosas de Jesus, porque, segundo a "história das tradições", essas narrativas formam a parte mais antiga da tradição pré-canônica sobre milagres.

A comunidade Q menciona apenas dois milagres de Jesus (um exorcismo e a cura de uma doente). Nessa comunidade, tematiza-se apenas a origem da atuação admirável de Jesus e não o próprio milagre[8]. Nessa comunidade, o ato salutar de Jesus recebeu interpretação mais profunda: o reino de Deus já está presente. Trata-se da atuação de Jesus que mostra a chegada da salvação, esperada para o fim do mundo: o próprio Deus age em Jesus[9]. É, por si, uma *escatologia do presente*. Essa ligação entre exorcismo e reino de Deus é cristã, não existia no judaísmo, pois ela supõe que Jesus é o profeta escatológico.

Além disso, o λόγιον Q é uma fusão de diversos textos de Isaías[10]. É o catálogo de milagres da tradição cristológica a respeito do profeta do fim dos tempos. Não são atestações autênticas de Jesus, mas, sim, a criação de "profetas cristãos" do cristianismo primitivo – uma tradição muito antiga do Dêutero-Isaías e do Trito-Isaías, que ganhou sentido mais profundo na tradição sapiencial salomônica do judaísmo tardio. Estamos diante de um círculo hermenêutico[11], no qual a atuação histórica marcante de Jesus obrigou a reconhecê-lo como "profeta escatológico". Logo, a natureza dos milagres narrados nos evangelhos supõe a identificação de Jesus com o profeta escatológico messiânico.

6 ἔργον - ação.
ἔρδω - fazer, cumprir.
δύναμις - dinâmica, potência, força.
δύναμαι - ter a capacidade de, ser capaz de.

7 Atividades messiânicas de Jesus.

8 Lc 11, 14-23 par. Mt 12, 22-30; Lc 7, 1-10 par. Mt 8,5-13. *Se eu expulso demônios pelo poder de Deus*, deve estar claro que o reino de Deus chegou até vós. (Lc 11,20).

9 Sentido semítico do poder de Deus: intervenção de Deus: Ex 8,19; Dn 9,10.

10 Is 26,9 – mortos ressuscitam; Is 29, 9-10 – cegos veem; Is 42, 18 – surdos ouvem; Is 61,1-3 – enlutados são ajudados.

11 O todo depende das partes e as partes dependem do todo.

Abordando a questão de forma objetiva, uma vez que, por motivos históricos, Jesus foi reconhecido como o "profeta escatológico", também foi possível, por motivos querigmáticos, atribuir-lhe certos milagres que ele mesmo, de fato, nunca fez[12]. Na narrativa evangélica de Jesus acerca de ações e milagres, o importante é identificar Jesus como profeta escatológico, porque tanto os elementos históricos quanto os querigmáticos, nos evangelhos, são um tecido difícil de destrinchar.

Por outro lado, a narrativa sobre a tentação de Jesus na fonte Q (Mt 4,1-11; Lc 4, 1-13) mostra que Jesus se recusa a fazer milagres de "legitimação" que não tenham nenhuma utilidade salvífica para as pessoas, que sejam somente em proveito próprio. Ele os rejeita como tentações de Satanás. Jesus faz os milagres do profeta carismático, escatológico e nenhum outro. Pelos seus milagres, ele traz a boa notícia: Deus vai reinar (Is 52, 7; Is 61, 1).

4. Fundamento teológico

Jesus curou e ajudou algumas pessoas no seu tempo; o que significa isso para a humanidade? Em Jesus apareceu algo excepcional. Seus opositores disseram que Ele tinha "origem demoníaca". Seus seguidores atribuíram as suas ações à intimidade com Deus. As interpretações bipolares dos feitos "miraculosos" e provocativos de Jesus são um pressuposto histórico. O problema na época não era "romper ou não romper as leis da natureza[13]". A questão importante na época era identificar se a ação de Jesus era fruto de Deus ou fruto do maligno. Ninguém duvidava dos feitos espantosos, o que se discutia era a sua interpretação.

Jesus foi discípulo de João Batista e é possível falar de uma continuidade com o projeto de João, que encontra seu momento decisivo de ruptura a partir da prisão e morte do batista. Nesse momento, Jesus passou por uma segunda conversão (MEIER, 2000[14]), que determinou definitivamente o curso de sua vida. A partir daí Jesus apresenta-se a si mesmo não mais como discípulo de João Batista, mas como seu superior. Ligada a isso está a mudança radical de Jesus face à lei. Todos os profetas julgavam a si mes-

12 Fenômeno literário denominado concentração épica.

13 Visão de mundo alheia tanto ao Antigo, quanto ao Novo Testamento.

14 O tomo 2 inteiro trata dos milagres de Jesus.

mos como servos da lei, cujos preceitos interpretavam de maneira estrita e executavam da forma mais perfeita possível. Jesus, ao contrário, colocava-se acima da lei. Recusou submeter-se aos requisitos da lei.

O fato de João poder receber e reagir às notícias acerca do que Jesus estava fazendo na Galileia sugere duas coisas: 1) João estava cativo em Tiberíades, do outro lado do Jordão, e provavelmente as condições do seu encarceramento não eram rigorosas; 2) o questionamento de João não tinha sentido, a não ser que Jesus tivesse se desviado significativamente do padrão de pregação e da prática que havia aprendido com o batista. Logo, João pensar em Jesus como "aquele que vem" significa que Jesus apresentava um poder que ele próprio, João, sentia já não possuir, pois ansiava pela vinda de um mensageiro divino que fosse infinitamente mais eficaz[15].

Jesus não revê sua identidade na resposta. Apenas convida João a tirar a conclusão apropriada a partir daquilo que tinha vindo dizer e fazer, tudo isto visto à luz do pano de fundo das promessas salvíficas de Isaías. A afirmação possível é que Jesus acreditava que suas palavras e ações constituíam as bênçãos escatológicas preditas por Isaías. Por outro lado, a cura de leprosos, nunca encontrada em Isaías, implica que o seu ministério vai mais além do que o profeta havia antecipado.

Por fim, Jesus foi extremamente inteligente. Em lugar de uma declaração simples, a fim de responder à pergunta de João, ele usa questões retóricas que tanto elogiam João Batista como incriminam aquele que o prendeu e executou. Jesus conseguiu veicular seu ponto de vista sem incriminar-se. Jesus estava consciente do quanto devia a João. Com essa resposta, ficará claro que o horizonte do reino será assumido.

Reino significa o exercício de uma nova autoridade, um novo governo, o de Deus, que faz com que a sua vontade sobre a terra permaneça. João Batista e Jesus são dois profetas escatológicos, preocupados com a iminência do fim. Mas há que se perceber não só como cada um concebe esse acontecimento próximo, mas também as linhas diferenciais de cada profetismo. Talvez Jesus seja escatológico em outro sentido.

15 A vinda do reino de Deus.

Jesus fala de algo iminente, de algo próximo que está à porta do discurso escatológico (Mc 13,29), que é já no agora (Lc 17,21), pois chegou (Mt 12,28). Mas cabe perguntar: o iminente no anúncio de Jesus – o reino – é também o último (SEGUNDO 1990, p. 163), o fim?

5. Conclusão

Os escritos do Mar Morto (Q), descobertos recentemente, trouxeram um conjunto de três blocos de material importante (MEIER, 1999, pp. 130-223) para elucidarmos a relação entre Jesus e João Batista. Fato importantíssimo é que João Batista acentuava o negativo – "atenção, arrependei--vos", enquanto Jesus enfatizava o positivo – "segue-me, o Reino de Deus está entre nós". Entendemos que isso aconteceu porque a interpretação que ambos tinham da intervenção divina era diametralmente oposta.

Hoje essa pergunta é recolocada por aqueles que apostam na presença de Deus no mundo: como Deus age na história? Atualmente, são muitas as possibilidades de resposta e elas quase sempre estão em disputa (JOHNSON, 2008, pp. 246-247), podendo ser tão ferozes como aquelas que ocorrem entre a ciência e a religião. Seis posturas teológicas contemporâneas contemplam essa reflexão: 1) a "teoria da ação única" considera que Deus atuou de uma única vez; 2) a "teoria do processo pensado" sustenta que Deus atua valendo-se do poder de persuasão para atrair o mundo; 3) a "teoria da analogia corpórea" contempla o mundo como o corpo de Deus; 4) a "teoria da causalidade hierárquica" entende que Deus atua valendo-se da influência do todo sobre as partes; 5) a "teoria da conexão causal" prega que Deus atua nas condições iniciais de um acontecimento, influindo no resultado final; e 6) a "teoria clássica", fundamentada nos conceitos de causa primeira e causa segunda[16].

Ora, a pergunta dogmática "como se dará a consumação final, extrema" já foi respondida por Jesus de Nazaré ao dizer-nos que o Reino de Deus está entre nós. Sendo assim, a pergunta inicial deste artigo que põe em questão o título "Jesus como profeta escatológico" está respondida desde que aceitemos que o termo ἔσχατος foi compreendido erroneamen-

16 Posição defendida por Edward Schillebeeckx na obra citada.

te como "último" no sentido temporal, em vez de ter sido compreendido no sentido original: o de "extremo", no sentido de lugar. Logo, o que há de mais extremo no presente senão conviver com o Deus vivo no aqui e no agora? No artigo, apresentamos dados históricos acerca do apocalipticismo, com sua influência cultural fortíssima no seio do cristianismo primitivo e que perdura ainda nos dias atuais. E, por fim, evidenciamos a afirmação que a "consumação última" tem a ver com a ação de Deus no mundo, identificando que essa é a pergunta a ser respondida, e o faremos a partir do próprio Schillebeeckx (2017, pp. 633-634; 639), que afirma que Deus age na história. O Deus transcendente-imanente não intervém no decorrer normal da história, porque Ele é o "extremamente próximo íntimo" da criação, mas o faz a partir da "abertura" do ser humano, quando esse expande suas fronteiras e horizontes, por meio da atuação do Espírito Santo, a fim de humanizar o mundo, graças ao clamor do Deus Uno e Trino para a vida em *communio*.

6. Referências bibliográficas

ARISTÓTELES. *Metafísica*. Edición trilingue. Tradução: Valentín García Yebra. Madrid: Editorial Gredos, 1987.

BAILLY, Anatole. *Le grand dictionnaire grec-français*. Paris: Hachette, 2000.

CHANTRAINE, Pierre. *Dictionnaire étymologique de la langue grecque: histoire des mots*. Paris: Klincksieck, 1999.

COLLINS, John J. *A imaginação apocalíptica: uma introdução à literatura apocalíptica judaica*. São Paulo: Paulus, 2010.

HEIDEGGER, Martin. "Zeit und Sein". In: *Zur Sache des Denken*. Tübingen: Niemeyer Verlag, 1976.

______. "Beiträge zur Philosophie (Vom Ereignis)". In: *Gesamtausgabe*. Band 65. Frankfurt am Main: Vittorio Klostermann, 1994.

JOHNSON, Elizabeth A. *La búsqueda del Dios vivo: trazar las fronteras de la teología de Dios*. Cantabria: Sal Terrae, 2008.

KÄSEMANN, Ernst. Apocalypticism *Journal for Theology and the Church*, v.6. New York: Herder and Herder, 1969.

KUZMA, César. "Escatologia cristã: a importância de se falar dos *novíssimos* hoje". In: *Itaici: Revista de Espiritualidade Inaciana*, n. 93, outubro, 2013.

LATOURELLE, René. *Jesus existiu? História e hermenêutica*. São Paulo: Santuário, 1989.

MEIER, John. *Juan y Jesús: el reino de Dios*. Tomo 2. Navarra: Verbo Divino, 1999.

__________. *Un judío marginal: los milagros*. Tomo 2. Navarra: Verbo Divino, 2000.

NOGUEIRA, Paulo A. de S. "Escatologia apocalíptica como a transcendência da morte". In: *Religião de visionários: a apocalíptica e misticismo no cristianismo primitivo*. São Paulo: Loyola, 2005.

SCHILLEBEECKX, Edward. *Jesus: a história de um vivente*. 3ª d. São Paulo: Paulus, 2017.

SCHNEIDER, Theodor. "Escatologia". In: *Manual de dogmática*. v. II. 5ª ed. Petrópolis: Vozes, 2012.

SEGUNDO, Juan Luís. *La historia perdida y recuperada de Jesus de Nazareth*. Navarra: Sal Terrae, 1990.

Entre Hume e Kant: uma reflexão sobre realismo, nominalismo e conceitualismo

RÔMULO MARTINS PEREIRA

Doutor em Filosofia (UFRJ/ Universidade de Coimbra)

O presente artigo buscará analisar a questão metafísica acerca do comprometimento ontológico dos sistemas filosóficos humeano e kantiano. Nesse sentido, buscará compreender em que sentido se pode afirmar que a teoria humeana se compromete com uma teoria nominalista dos tropos e a teoria kantiana se compromete com uma teoria conceitualista com ares de realismo. Pergunta-se: Quais são as entidades ontológicas que eles postulam? Quais entidades existem fundamentalmente? Quais são as principais implicações desse comprometimento ontológico?

O problema metafísico acerca da adequação, referência ou concordância nos juízos em que há a cópula entre um sujeito e um predicado ("S é P") e nos juízos em que ocorre o processo de abstração ("Isso é S" e "Isso é P") refere-se ao problema acerca da adequação entre um juízo (um discurso ou uma representação conceitual que represente algo à mente ou à consciência) e a realidade em si. Para que um juízo categórico se adeque à realidade, é preciso assumir ou postular que, na realidade, os objetos ou as coisas que sejam referentes à "S" existem distintamente das coisas que sejam referentes à "P"? Quando se tem a experiência de que determinados objetos ou determinadas coisas se assemelham ou concordam em uma determinada qualidade ou atributo, o que nos faz afirmar, em um juízo, que objetos da espécie "S" exemplificam a qualidade "P", deve-se assumir a existência de entidades ontológicas distintas que sejam os referentes da qualidade "P"? A postulação acerca da existência distinta dessas entidades ontológicas é fundamental para a explicitação das semelhanças ou concordâncias objetivas entre os objetos ou as coisas (as quais são representadas na mente ou consciência)? Em suma, os objetos existem distintamente às suas qualidades? É essa independência ontológica que possibilita a adequação entre discurso e realidade e, consequentemente, os critérios de verdade de todo e qualquer juízo categórico?

Duas posições gerais derivam-se da tentativa de se fornecer uma resposta a essas perguntas, as quais se incluem no problema geral acerca da existência dos universais. Na tradição analítica, os filósofos que respondem afirmativamente e que, consequentemente, assumem a existência de universais (bem como a fundamentalidade dessa existência) são agrupados como "realistas". Os filósofos que respondem negativamente e que se opõem à tese realista dos universais buscam fornecer uma outra explicitação para (1) o fenômeno acerca da semelhança ou concordância de atributos entre os objetos, (2) o fenômeno da predicação, (3) o fenômeno da abstração e (4) a questão acerca da adequação entre o discurso e a realidade – assim, eles são agrupados como "nominalistas".

No geral, os realistas propõem o seguinte modelo: quando se experiencia que determinados objetos (*a, b, c,... n*) se assemelham ou concordam em uma qualidade, existe uma coisa (*U*) e uma relação (*R*), tal que todos os objetos *a, b, c,... n* possuem a qualidade *U* de acordo com a relação *R*. Esse modelo é derivado da tradição platônica. Nesse sentido, os realistas metafísicos defendem a distinção fundamental entre duas categorias distintas de entidades ontológicas, a saber, os particulares e os universais. A categoria ontológica dos particulares englobaria as entidades individuais que são suscetíveis de possuírem uma posição determinada no tempo e no espaço. A categoria ontológica dos universais englobaria as entidades que podem estar presentes em distintos espaços ao mesmo tempo (isto é, que são suscetíveis de repetição). Afirma-se, por isso, que um mesmo universal (numericamente idêntico) pode estar presente simultaneamente em espaços distintos. Esse fato fundamental explicitaria todos os fenômenos anteriormente mencionados: (1) distintos objetos ou distintas coisas (isto é, distintos particulares concretos, espacialmente descontínuos) concordam ou se assemelham em um atributo, porque exemplificam um mesmo universal; (2) juízos do gênero "S é P" possuem condições de verdade, porque há, na realidade, particulares referentes a "S" e universais referentes a "P"; (3) na medida em que os particulares exemplificam universais, o processo de abstração do conceito "P" também é um processo de conotação (assim como o do conceito "S"), isto é, os referentes concretos que podem ser conotados pelo termo do predicado consistem em um mesmo universal, do mesmo modo que um referente concreto que pode ser conotado pelo termo do sujeito consiste em um mesmo particular. Desse modo, (4) tem-se assim um exato paralelismo entre o fenômeno da concordância atributiva (que se supõe ocorrer realmente entre os objetos ou as coisas) e os fenômenos da predicação e da abstração (que se supõe ocorrer na mente, consciência ou linguagem). Esse paralelismo permite aquela correspondência diretamente. A teoria metafísica realista fornece assim, como pano de fundo, uma teoria semântica dos critérios de verdade de um juízo ou uma sentença, a qual vai ao encontro do truísmo pré-filosófico acerca da existência distinta de objetos, atributos e relações.

Toda teoria metafísica nominalista buscará questionar o comprometimento ontológico acerca dos universais e, no geral, prover uma teoria semântica e/ou epistemológica que explicite os critérios a respeito da correspondência entre juízos e entidades reais (fatos não-mentais ou independentes do pensamento), sem que seja necessário postular a existência de universais, como os referentes reais dos termos abstratos. A motivação principal dos nominalistas consiste em prover uma teoria metafísica que seja a mais simples possível, isto é, que postule o menor número de categorias ontológicas distintas. Por isso, os nominalistas não postulam dois gêneros distintos de entidades ontológicas (universais e particulares), mas sim buscam defender que (1) o fenômeno acerca da concordância atributiva, (2) o fenômeno da predicação e (3) o fenômeno da abstração podem ser todos explicitados apenas mediante uma referência aos particulares ou entidades individuais. Ao fim, fornece-se uma explicitação à (4) questão metafísica acerca da adequação entre o discurso e a realidade, que não assume a realidade dos universais. Em relação ao seu comprometimento ontológico frente aos particulares, pode-se dizer que os nominalistas dividem-se em dois polos. De um lado, estão aqueles que defendem a existência apenas de particulares concretos – os chamados "nominalistas austeros". De outro, estão aqueles que defendem a existência apenas de qualidades ou propriedades concretas – os chamados "nominalistas dos tropos".

As críticas que, no geral, o nominalismo empreende acerca da realidade dos universais atenta justamente para aqueles fenômenos. (1) A assunção de uma concordância atributiva real implica a afirmação de que diferentes particulares, espacialmente descontínuos, exemplificam simultaneamente um mesmo universal. Ou seja, o fato de que os particulares concordam em um atributo parece pressupor que uma mesma entidade ontológica esteja presentificada ao longo de porções espaciais distintas em um determinado período de tempo. O nominalista austero então pergunta: quais são as condições de identidade que nos permitem reconhecer um mesmo e único universal, um universal singular? Como provar que um mesmo universal *U*, exemplificado em um particular concreto *x*, é numericamente idêntico ao universal *U'*, exemplificado em um particular concreto *y*? O nominalista dos tropos parte da aceitação de que não é possível fornecer condições de identidade não circulares aos universais e pergunta: quais são as condições de identidade que nos permitem reconhecer um mesmo e único particular, um particular singular? Como provar que um mesmo particular *A*, que exemplifica determinadas qualidades e relações (determinados universais), é numericamente idêntico a um particular *A'*, que exemplifica outras qualidades e relações?

(2) No que diz respeito ao fenômeno da predicação, o nominalismo critica a teoria realista por considerar que ela incorre em um regresso infinito, relativo ao comprometimento ontológico dos universais. Na medida em que termos abstratos singulares (isto é, termos que funcionam como "S" e "P", como "justiça/ justo") possuem referentes reais, postula-se como entidades reais não só o universal que é exemplificado, mas tal relação de exemplificação. Para que a exemplificação afirmada no juízo seja verdadeira, ela deve corresponder à exemplificação que é real ontologicamente. Como a exemplificação desse segundo tipo também incorrerá em um regresso infinito, alguns realistas aceitam o caráter problemático desse segundo regresso, na medida em que ele introduz relações hierárquicas de exemplificação bastante específicas entre os universais. A relação de exemplificação é tomada como sendo imediata (não-mediada ou não-relacional): ela conota uma conexão última, que não depende de uma conexão mais geral.

Sobretudo, os nominalistas argumentam que a teoria metafísica realista implicaria uma teoria epistemológica, na qual não seria possível a inteira explicitação do fato de que nossa mente ou nosso pensamento, enraizados no mundo concreto dos particulares, têm acesso cognitivo aos universais, às entidades abstratas.

(3) Em relação ao fenômeno da abstração, pergunta-se: como se conhece os universais singulares, de modo a que se possa conotar um termo a eles (de modo semelhante a como conotamos os termos dos particulares

concretos)?

Hume desenvolve extensamente o seu nominalismo dos tropos no *Tratado da Natureza Humana* (no "Livro 1", "Partes 1, 2, 3 e 4"). Metafisicamente, tudo o que existe é particular e individual: as formas e as cores não são entidades ontológicas distintas. Para a explicitação (2) das condições de verdade de juízos como "S é P", bem como (3) das condições de conotação de termos abstratos singulares, Hume não postula uma distinção entre dois gêneros de entidades ontológicas: as substâncias particulares (que exemplificam) e as substâncias universais (que se repetem). Os referentes reais desses termos ("S" e "P") são qualidades particulares concretas, com determinados graus de quantidade – uma vez que se considera que o grau de qualquer qualidade não é distinguível do grau de sua quantidade.

A nomenclatura "tropo" se deve ao menos a D.C. Willians, que cunhou o termo para se referir às qualidades ou aos atributos particulares. A pergunta que guia o empreendimento de Willians (1953: 5-6), podemos dizer, está presente no projeto humeano de aplicar o método experimental das ciências empíricas à filosofia: Quais são os objetos fundamentais ou primordiais de nossa consciência perceptiva, que nos permitem ter conhecimento empírico? Hume argumenta que as ideais gerais (os termos que supostamente se referem aos universais) são formadas a partir de ideias particulares (que apresentam à mente qualidades particulares concretas). Uma vez que Hume considera que não podemos conceber mentalmente um "azul em geral", sem concebermos uma tonalidade dessa cor que exemplifique essa suposta "generalidade", o filósofo nos fornece uma argumentação acerca da necessidade de se postular a existência de tropos.

Como nominalista dos tropos, Hume empreende uma crítica direta à ontologia dualista dos metafísicos realistas, que em geral postula uma estrutura hierárquica bem complexa dos universais, sem explicitar claramente as condições de identidade que supostamente nos permitiriam delinear discursivamente essa estrutura. Na "Parte 2" do "Livro 1" do *Tratado*, Hume investiga a origem de nossas noções de espaço e tempo, argumentando que nós não temos uma noção clara acerca de nenhuma grandeza infinita. Com isso, Hume nos mostra que, embora essa ideia não nos seja dada na experiência, ela também não pode ser inata (isto é, estar contida na mente originariamente) – ela não pode ser um universal abstrato. Ao defender que essa ideia não corresponde a um universal concreto infinito, isto é, que ela não espelha nada que seja real em sentido metafísico, Hume postula a realidade dos tropos (em seus termos, das unidades extensas ou concretas perfeitamente simples e indivisíveis).

Ao buscarmos averiguar a composição dos objetos extensos, sempre atingimos um fim imposto por nossa sensibilidade, isto é, uma extensão mínima que pode ser comumente experienciada (um limite na visão ou no tato); e um fim imposto por nosso pensamento ou nossa mente, na medida em que todo ponto indivisível que podemos mentalmente conceber é colorido ou tangível (isto é, concreto). Dessa forma, as substâncias ou os objetos individuais não são redutíveis à categoria universal de substância, que postula uma permanência da identidade dos objetos no espaço e no tempo (ainda que à moda de Locke, assumindo-se o caráter incognoscível da noção de permanência ou *substratum*). Hum postula que as únicas entidades que possuem uma unidade, identidade ou permanência ao longo do tempo, em distintos espaços, são tropos, uma vez que eles apresentam à mente as qualidades concretas condicionadas aos seus próprios limites (no caso, à sua capacidade de perceber uma semelhança). Tudo o que existe, tudo o que possui uma unidade, é particular e individual. Os conceitos e as ideias (os particulares abstratos) que empregamos para categorizar os objetos se referem à uma mesma realidade, isto é, a dos tropos ou das coleções de tropos.

Sobretudo, Hume argumenta que não se pode provar que duas qualidades numericamente idênticas ou dois tropos idênticos "em si" possam apresentar relações temporais e espaciais distintas – pode ser o caso de que os tropos que tomamos por idênticos não são, em si, idênticos (apenas não os diferenciamos porque atingimos o limite de nossa sensibilidade e nosso pensamento). Nessa linha de raciocínio, a menos que se postule *a priori* uma identidade e uma permanência, não se pode provar que dois objetos numericamente idênticos ou duas coleções idênticas de tropos possam apresentar relações temporais e espaciais distintas (o que justificaria a postulação de uma universalidade, que permanece em distintos espaços simultaneamente).

A partir da noção de uma unidade extensa simples e indivisível, a qual, por ser extensa, é colorida ou tangível, ele explicita o fenômeno da concordância atributiva na percepção: não precisamos postular universais concretos (um "azul em geral"), de modo a explicitar a concordância que experienciamos entre objetos particulares azuis; esses objetos concordam nesse aspecto porque se compõem de pontos coloridos ou tangíveis simples e indivisíveis que são tão semelhantes à nossa mente que não somos capazes de os distinguir. Segundo nossa hipótese, na "Parte 2", Hume explicita como podemos nos referir aos termos abstratos singulares "espacialidade" e "temporalidade". Ao negar que nós possuímos a noção de uma divisibilidade infinita no tempo e no espaço, Hume nega que nossos juízos acerca da localização espaço-temporal dos objetos implique a realidade ontológica de um espaço e um tempo infinitos – não concebemos o que seja as noções de "infinidade" e "divisibilidade infinita". Quando nos referimos ao termo "espacialidade", apenas nos referimos (ontologicamente) à coleção de distintos tropos que são extensos. Quando nos referimos ao termo "temporalidade", apenas nos referimos à coleção de distintos tropos que se sucedem. Essa e outras argumentações humeanas proveem teorias epistemológica, psicológica e semântica acerca do (3) fenômeno da abstração que eliminam, a partir de uma posição realista, esses termos abstratos singulares. Na medida em que nega a realidade dos universais, Hume busca explicitar a referência de todo e qualquer termo que parece se referir a um universal, tendo em conta apenas os particulares concretos (em última instância, as qualidades particulares concretas ou unitárias que percebemos).

Em outras palavras, Hume concede que termos abstratos singulares são formados na mente a partir de um processo de conotação (de "dar um nome"), mas ele nega que esses nomeiem universais. No geral, eles nomeiam conjuntos ("sets") ou coleções ("bundles") de tropos semelhantes. Ao contrário dos universais, que podem ser exemplificados em distintos objetos espacialmente descontínuos, dois conjuntos de tropos apenas serão idênticos se todos os tropos de um forem os tropos de outro. O nominalismo humeano implica assim (2) uma teoria da predicação em que todo termo abstrato singular (como "espacialidade" e "temporalidade") é semanticamente explicitado pelo conjunto de tropos que convencionalmente associamos a ele (no caso, os objetos "espaciais" e os "temporais"). Dizer que um objeto particular concreto é espacial ou que possui uma extensão significa dizer que ele se inclui em um conjunto de objetos semelhantes (semelhança essa que diz respeito ao que a nossa mente associa perceptivamente).

Ainda que a teoria metafísica humeana esteja atrelada a uma teoria da percepção (ou seja, apenas postule a existência de percepções ou representações mentais), o filósofo não nega a realidade dos distintos tipos de semelhança encontrados entre os tropos, isto é, não nega que haja algo concreto em razão do qual os objetos são espaciais, substanciais, causais ou idênticos. Ele apenas afirma que essa realidade não pode ser assumida a partir de uma posição realista, que postule uma hierarquia entre os universais ou mesmo, como no caso lockeano, entre os particulares (lembremos da prioridade concedida às qualidades primárias nesse sistema). Não se assume assim uma hierarquia ontológica que privilegie a noção de infinito e onipotência em detrimento da noção de finito e potência. Em última instância, fornece-se uma explicitação para (4) a questão acerca da adequação entre o discurso e a realidade: os termos conotativos, sejam singulares ou abstratos singulares, correspondem a conjuntos de tropos ou unidades reais. Pode-se dizer que a tese geral humeana é a de que só há o discurso, a representação mental ou a percepção porque, ainda que haja a realidade em si, não podemos conhece-la (ou ter uma cognição empírica a respeito dela). Nesse sentido, o discurso, que se constitui a partir de particulares abstratos, se refere a particulares concretos, os quais, por sua vez, se constituem mentalmente como coleções de qualidades particulares concretas ou tropos.

Por seu turno, na "Dedução transcendental" da *Crítica da Razão Pura*, a solução kantiana acerca da questão sobre a adequação entre juízo e realidade consiste em prover uma justificativa acerca das condições de identidade de um mesmo e único universal abstrato (em seus termos, uma unidade transcendental da consciência), o que o leva a postular dois gêneros distintos de universais, as intuições puras de espaço e tempo e os conceitos puros do entendimento. Nas "Analogias da experiência", Kant investiga a possibilidade da aplicação dos princípios categóricos às noções puras de tempo e espaço, em específico, do princípio de permanência da substância (buscando justificar assim a adequação entre as formas da sensibilidade e as do entendimento). Assim ele estabelece que esses princípios puros apenas podem ser adequadamente aplicados em relação à possibilidade de uma experiência unificada espaço-temporal.

Os objetos espaço-temporais ou particulares concretos são constituídos na consciência a partir das formas puras da sensibilidade, as quais, segundo a dedução, são condicionadas à unidade transcendental da apercepção (isto é, à unidade mais fundamental que proposicionalmente podemos conceber: "eu sou"). Nesse sentido, a concretude dos particulares que é afirmada ali diz respeito apenas à sua realidade empírica, que depende daquelas formas. Se Kant não fornecesse uma argumentação acerca dessa concretude em si, sua teoria seria apenas conceitualista, uma vez que afirmaria tão somente a existência de universais na mente cognitiva.

No entanto, na "Refutação do idealismo", ele busca fornecer uma prova acerca da questão moderna sobre a existência do mundo externo, material. Ele argumenta que a experiência externa (que nos apresenta particulares concretos contínuos no espaço) é ainda mais imediata ou fundamental do que a experiência interna (que nos apresenta o universal "eu sou"). Sem algo que permanece no espaço, ele argumenta, sequer teríamos a consciência da duração temporal, a qual é necessária para que possamos nos representar esse universal. Nesse sentido, o conceito de permanência *deve ser* real, isto é, deve haver um universal concreto, uma "matéria permanente", compartilhado por todas as substâncias ou todos os particulares concretos, por mais que não possamos conhecer empiricamente essa permanência e, por isso, a chamemos de "objeto transcendental" ou "coisa em si". Os estados, as qualidades e as relações que nos são dados na experiência exemplificam um outro universal concreto, uma "coisa que se move", um "poder", do qual apenas temos consciência na medida em que postulamos a existência ontológica daquela permanência. Por esse motivo, acreditamos que o conceitualismo kantiano concede algo a uma metafísica realista.

Em relação à (4) questão metafísica da adequação entre discurso e realidade, pode-se dizer que a tese geral kantiana é a de que o discurso ou o juízo se adequa à realidade, porque há formas puras do pensamento (universais abstratos) que nos possibilitam constituir a própria realidade à qual temos cognição ou acesso (ainda que Kant acredite prover, a partir dos universais abstratos, uma "prova" para a existência ontológica de universais concretos incognoscíveis). Na medida em que há a dualidade entre a realidade empírica, constituída a partir da aplicação dos conceitos puros ao diverso espaço-temporal da sensibilidade, e a realidade transcendental, que não pode ser conhecida a partir da aplicação desses conceitos puros, reconhece-se que a realidade dos objetos empíricos só é construída a partir do discurso e que, portanto, a realidade em si é incognoscível. Mas então, como podemos ter acesso aos conceitos puros, que dizem respeito a uma realidade transcendental, sem ser por intermédio do discurso (ou juízo)?

Segundo o empreendimento kantiano, por um lado, os conceitos puros devem ser providos por uma lógica primeira, transcendental, que justifique *a priori* a necessidade da postulação desses conceitos, e, por outro, as intuições puras, as formas segundo as quais intuímos os objetos sensíveis, devem ser providas por uma estética transcendental, que justifique *a priori* as noções de espaço e de tempo que sejam necessárias e universais. Antes de fornecer sua lógica transcendental, Kant fornece assim uma justificação *a priori* acerca do porquê devemos representar o espaço e o tempo como grandezas unitárias e infinitas. Ainda que se conceda que esse empreendimento é inteiramente viável e que o projeto crítico kantiano pode ser constantemente revisado e aprimorado (tendo em conta os avanços na lógica e na física), nunca se alcançaria, por essa via, uma lógica e uma física transcendentais nos termos colocados por Kant, isto é, que justificariam inteiramente a necessidade e universalidade de determinados conceitos puros e determinadas noções de espaço e tempo.

Os particulares concretos só são suscetíveis de serem categorizados ou agrupados em espécies e gêneros, porque existem universais abstratos na mente cognitiva (conceitos puros e noções puras de tempo e espaço). O discurso comum dos objetos de experiência apenas é possível sob o postulado do discurso "puro" dos universais abstratos, a única realidade transcendental à qual podemos buscar ter acesso. Um conceitualista aos moldes kantianos busca fornecer os conceitos e as intuições puras que são reconhecidos como condições de possibilidade de uma experiência sensível unificada (consequentemente, como os elementos mais reais dessa experiência, na medida em que constituem sua necessidade e universalidade). Não obstante, como não temos acesso cognitivo direto a esses universais abstratos (em termos kantianos, uma apreensão conceitual imediata desses conceitos puros), tal que se justificaria absolutamente o nosso comprometimento ontológico com a sua existência ou realidade, Kant defende, eles sempre devem ser postulados tendo em conta a possibilidade de uma unidade da experiência. A categoria de substância (bem como a de causalidade) apenas serve para possibilitar uma unidade sintética do diverso dos fenômenos (para que possamos julgar que os objetos sensíveis existem ou permanecem ao longo do espaço e do tempo e mantêm entre si relações de causa e efeito). Nesse sentido, Kant argumenta, é um postulado transcendental que nenhum fenômeno poderia contradizer todos os conceitos puros. Esse postulado está diretamente conectado à idealidade transcendental do espaço e do tempo: se um fenômeno (ou uma representação) não se adequasse aos conceitos puros, consequentemente, ele (ou ela) não se adequaria às noções puras de espaço e de tempo.

A última questão geral acerca do comprometimento ontológico que buscaremos analisar consiste na questão acerca do modo como se pode escolher ou privilegiar uma determinada teoria metafísica (realista, conceitualista ou nominalista), que postula determinadas entidades ontológicas. Mais especificamente, de um lado, temos a teoria metafísica humeana, que apenas postula a existência de tropos (ou qualidades particulares concretas). De outro, temos a metafísica kantiana, que postula universais abstratos, universais concretos, particulares abstratos e particulares concretos. Como podemos empreender um debate entre essas duas teorias? Como podemos decidir acerca da superioridade de uma ou de outra? Como podemos decidir acerca da questão do comprometimento ontológico que se deve adotar frente à (4) questão metafísica acerca da adequação entre discurso e realidade?

Kant afirma que, se há um diverso dos fenômenos, tal que a adequação categorial e espaço-temporal não é possível, sequer possuiríamos o seu conceito ou o conheceríamos, pois esse diverso não poderia ser subsumido à unidade sintética do diverso dos fenômenos segundo regras *a priori* (que possibilitam a unidade da experiência). A nosso ver, essa afirmação faz todo o sentido, se o paradigma físico da época de Kant não tinha concebido ou formulado, sem contradições, uma teoria acerca do diverso dos fenômenos que não se adequasse às categorias e às formas puras de espaço e tempo. Mas ainda que se faça essa concessão à teoria kantiana, a sua teoria conceitualista enfrentaria dificuldades incontornáveis para explicitar, segundo suas categorias e suas intuições puras, um novo paradigma físico acerca do espaço e do tempo. Como afirmar que um diverso dos fenômenos que não seja apreendido sinteticamente segundo as categorias não pode ser conhecido, na medida em que ele contradiz determinadas noções puras de espaço e de tempo, se esse mesmo diverso poderia ser perfeitamente compreendido a partir de outras noções puras espaço-temporais e outras categorias? Como justificar a impossibilidade de se conhecer esse diverso conceitualmente, sem que essa justificativa faça um apelo fundamental à idealidade transcendental do espaço e do tempo da qual se quer partir?

Diante desse dilema, a nosso ver, o conceitualista tem duas alternativas: ou afirma a impossibilidade de se conhecer empiricamente esse diverso, frente um apelo às noções puras que se tem de espaço e de tempo (alternativa essa que, cabe sublinhar, certamente não seria seguida pelas ciências da natureza, como a física, que recusariam o desconhecimento de um diverso dos fenômenos), ou delineia um novo esquema conceitual que busque dar conta do conhecimento desse diverso, a partir de um novo paradigma físico ou científico (ou de novas noções puras de espaço e de tempo, as quais permitam a subsunção desse diverso a uma unidade sintética do diverso dos fenômenos segundo regras *a priori*, isto é, à uma nova unidade da experiência que o pensamento, a consciência ou a mente podem conceber, sem contradições).

Sobretudo, acreditamos que essa última alternativa reconhece o pressuposto humeano de que tudo aquilo que o pensamento pode conceber sem implicar contradição, é possível de existir ou de ser real (o que os intérpretes reconhecem como o "princípio de conceptibilidade"). Se é possível logicamente conceber uma nova noção espaço-temporal, que inclua não só o diverso dos fenômenos que é apreendido segundo as noções anteriores de espaço e de tempo, mas também um novo diverso de fenômenos que não poderia ser apreendido segundo as últimas, essa nova noção seria mais justificada. Esse pressuposto humeano pode ser entendido, em termos kantianos, do seguinte modo: na medida em que se concede que a realidade empírica pode apresentar instâncias que ocasionem mudanças nos esquemas conceituais que constroem essa própria realidade, o filósofo deve se pautar por ela. Essa concessão, por sua vez, advém do reconhecimento de que esses esquemas conceituais não apresentam à nossa consciência ou à nossa mente uma realidade transcendental, em si, mas tão somente apontam o limite conceptível de nosso pensamento (na medida em que esse pensamento deve ser unitário, necessário e universal).

Bibliografia:

ALLISON, Henry. *Custom and Reason in Hume – A Kantian Reading of the First Book of the Treatise*. New York: Oxford University Press, 2008.

BEEBEE, Helen. *Hume on Causation*. New York: Routledge, 2006.

BICCA, Luiz. *Racionalidade Moderna e Subjetividade*. São Paulo: Edições Loyola, 1997.

DICKER, Georges. *Hume's Epistemology and Metaphysics – An Introduction*. New York: Routledge, 2001.

GARRET, Don. *Cognition and Commitment in Hume's Philosophy*. New York: Oxford University Press, 1997.

GARRET, Don. *Hume*. London: Routledge, 2015.

GRENE, Marjorie. "The objects of Hume's Treatise." *Hume Studies*, 20 (2), 1994: 163-167.

GUYER, P. *Kant and the Claims of Knowledge*. Cambridge: Cambridge University Press, 1987.

GUYER, Paul. *Knowledge, Reason and Taste – Kant's Response to Hume*. New Jersey: Princeton University Press, 2008.

HUME, David. *Investigações sobre o entendimento humano e sobre os princípios da moral*. Traduzido por José Oscar de Almeida Marques. São Paulo: Editora Unesp, 2004.

HUME, David. *Tratado da natureza humana: uma tentativa de introduzir o método experimental de raciocínio nos assuntos morais*. Traduzido por Déborah Danowski, 2ª ed. São Paulo: Editora Unesp, 2009.

KAIL, Peter. *Projection and Realism in Hume's Philosophy*. Oxford: Oxford University Press, 2007.

KANT, Immanuel. *Crítica da Razão Pura*. Traduzido por Manucla P. Dos Santos e Alexandre F. Morujão, 3ª ed. Lisboa: Calouste Gulbenkian, 1994.

KEMP SMITH, Norman. *A Comentary to Kant's Critique of Pure Reason*. London: Macmillan, 1918.

KEMP SMITH, Norman. *The Philosophy of David Hume – A Critical Study of its Origins and Central Doctrines*. London: Macmillan and co., 1949.

LOUX, Michael J. *Metaphysics – a contemporary introduction*. New York, London: Routledge, 2002. 2ª ed.

MACKIE, J. L. *The Cement of the Universe*. London: Oxford University Press, 1974.

PEREIRA, Roberto Horácio. "Não-conceitualismo." In *Compêndio em linha de problemas em filosofia analítica*, organizado por João Branquinho e Ricardo Santos. Lisboa: Centro de Filosofia da Universidade de Lisboa, 2014.

SELLARS, Wilfried. "Empiricism and the Philosophy of Mind." In *Science, Perception and Reality*, organizado por Wilfried Sellars. London: Routledge & Kegan Paul, 1963.

STRAWSON, P. F. *Scepticism and Naturalism: Some Varieties*. New York: Routledge, 2008.

STROUD, Barry. *Engagement and Metaphysical Dissatisfaction: Modality and Value*. New York: Oxford University Press, 2011.

WOLFF, R. P. *Kant's Theory of Mental Activity. A commentary on the Transcendental Analytic of the Critique of Pure Reason.* Gloucester, Mass.: Peter Smith, 1973.

WRIGHT, John P. *Hume's A Treatise of Human Nature*. New York: Cambridge University Press, 2009.

As teorias da experiência de Kant e Hegel

ANTONIO FREDERICO SATURNINO BRAGA

Em homenagem ao Bicca,
que me ensinou a pensar com Hegel e Kant

Como é sabido, um dos objetivos – se não o principal – que Kant persegue na *Crítica da Razão Pura* é desenvolver uma análise das pressuposições envolvidas na experiência ordinária de um sujeito consciente de si. De acordo com as análises de Kant, as experiências do sujeito consciente de si apresentam como que duas faces. Por um lado, tais experiências são experiências do mundo objetivo, ou da realidade objetiva; por outro lado, tais experiências são modos subjetivos, variáveis e contingentes de experimentar a realidade objetiva. Na minha experiência de ontem, a experiência do quadro negro da sala 317 do prédio do IFCS (onde estou ministrando aulas de filosofia neste semestre) veio depois da (foi sucessiva à) experiência da estante de livros da sala 414 do mesmo prédio (onde costumo preparar minhas aulas); na minha experiência de hoje, ocorreu o contrário, a experiência da estante veio depois da experiência do quadro. Entretanto, o sujeito consciente de si sabe que estas duas experiências equivalem a variações contingentes e subjetivas de uma mesma experiência objetiva, como experiência da realidade objetiva comum a todos os sujeitos conscientes de si, na qual o quadro e a estante são objetos que existem simultaneamente, em pontos distintos do espaço atualmente ocupado pelo prédio do IFCS. De acordo com Kant, as experiências variáveis e subjetivas pressupõem a experiência objetiva, isto é, pressupõem a unidade estável e necessária da experiência objetiva, que equivale à unidade estável e necessária da realidade objetiva (experimentada na experiência objetiva). Para Kant, mais precisamente, o sujeito só tem consciência de si porque (ou na medida em que) ele *sabe* que muitas das variações nas experiências que ele tem cotidianamente equivalem a variações contingentes e aleatórias (e nesse sentido subjetivas) de uma mesma experiência objetiva, idêntica para todos os sujeitos.

A prioridade da experiência objetiva sobre as diversas experiências subjetivas parece apontar em sentido contrário ao da conhecida tese kantiana de que a realidade objetiva não existe independentemente da relação com as experiências e conhecimentos do sujeito consciente de si. Com efeito, para Kant, como é sabido, a realidade objetiva é o objeto das experiências e conhecimentos do sujeito consciente de si. Pode-se dizer, em outras palavras: a realidade objetiva é a totalidade dos objetos e eventos que podem ser objetivamente experimentados e conhecidos pelo sujeito consciente de si. Há aqui certa prioridade da experiência objetiva sobre a realidade objetiva, que exprime a prioridade da epistemologia sobre a metafísica, típica de alguns grandes filósofos da época moderna. Do ponto de vista kantiano, não se pode dizer que a experiência de um sujeito individual é objetiva por ser experiência da realidade objetiva independente dos sujeitos; com efeito, Kant afirma que a realidade independente, que ele chama de "coisa em si", é inacessível aos sujeitos e à experiência dos sujeitos. Do ponto de vista kantiano, precisa-se antes dizer que os conteúdos experimentados por um sujeito individual são parte da realidade objetiva por serem parte da experiência objetiva comum a todos os sujeitos individuais.

Ora, há uma aparente oposição entre, por um lado, a prioridade da experiência objetiva sobre a realidade objetiva, e, por outro lado, a prioridade da experiência objetiva, ou da unidade necessária e universal da experiência objetiva, sobre a diversidade e variabilidade das experiências subjetivas. Com efeito, a maneira mais habitual de explicar a unidade da experiência objetiva consiste em apresentá-la como um reflexo da unidade da própria realidade objetiva, entendida como realidade independente dos sujeitos. Ora, ao vedar este tipo de explicação, ao afirmar que a realidade independente, a coisa em si, é inacessível aos sujeitos, Kant se obriga a ancorar a unidade da experiência objetiva no lado do sujeito, que a partir daí é elevado ao status de sujeito transcendental. A unidade da experiência objetiva passa a equivaler à unidade transcendental da apercepção ou autoconsciência, como elemento pertencente ao campo do sujeito, e não da realidade independente do sujeito.

A explicação desta unidade transcendental é um dos tópicos mais discutidos da filosofia kantiana. Ela parece oscilar entre dois caminhos distintos, um caminho mais sóbrio e um caminho mais especulativo. Na vertente mais sóbria, a unidade transcendental equivaleria a uma pressuposição performativamente indubitável – na medida em que a unidade da experiência objetiva é condição de possibilidade da consciência de si do sujeito individual, que seria um dado performativamente indubitável. Na vertente mais especulativa, em contrapartida, a unidade transcendental equivaleria a uma operação de unificação efetuada por um tipo supra-individual e supra-empírico de sujeito, ou de mente, cuja estrutura e atividade seriam de algum modo partilhadas entre os sujeitos empíricos. Na primeira vertente, a distinção entre fenômeno e coisa em si parece tornar-se desnecessária, e o idealismo transcendental parece reduzir-se a uma espécie de realismo reflexivo e esclarecido. Embora isto possa parecer uma desvantagem, a aparente desvantagem talvez seja compensada pelo fato de que, na vertente mais especulativa, a contribuição ou influência da coisa em si para o êxito da unificação transcendental não fica inteiramente clara. Kant repetidas vezes afirma que a experiência objetiva é experiência de conteúdos oriundos da coisa em si; deste ponto de vista, a unificação transcendental (pressuposta na experiência objetiva) equivale à imposição das formas do sujeito transcendental sobre os conteúdos oriundos da coisa em si. Entretanto, como compreender a necessária conformidade de conteúdos que se dão de modo alheio ou externo ao controle da mente transcendental? Não parece que conteúdos absolutamente irregulares ou caóticos possam ser adequadamente "enformados" por uma mente que seria externa ou alheia ao modo como eles se dão. Assim, o sucesso (necessário) da unificação transcendental parece depender de uma disponibilidade da coisa em si para sempre e universalmente conformar-se à desejada "enformagem" pelo sujeito transcendental. E isso já parece sugerir que a coisa em si em verdade seria "coisa para nós"...

Gostaríamos de explorar o sentido (ou a falta de sentido) desta interpretação mais especulativa da filosofia kantiana, a fim de estabelecer relações com a teoria da experiência de Hegel. Para tanto, gostaríamos de retomar a análise da experiência objetiva do sujeito consciente de si (como sujeito individual, empírico). Do ponto de vista kantiano, tal experiência consiste em uma ligação ("síntese") de múltiplos conteúdos pontuais, isolados e dispersos; à invariabilidade, necessidade e universalidade desta ligação para todos os sujeitos empíricos corresponde o fato de que tal ligação é efetuada segundo regras de ligação objetivas, os conceitos de objetos, por meio de juízos objetivos, que ligam os múltiplos conteúdos pontuais na unidade necessária e universal da experiência objetiva. Ora, como dito acima, a experiência objetiva é experiência da realidade objetiva – e a realidade objetiva é aquilo que é experimentado na experiência objetiva. Isto significa que, em Kant, a própria realidade objetiva – e qualquer objeto da realidade objetiva – precisa ser tomada como uma ligação de múltiplos conteúdos pontuais e dispersos, uma ligação efetuada segundo uma regra objetiva de ligação, o conceito. Nas palavras de Kant, "Objeto é aquilo em cujo conceito é reunido o múltiplo de uma intuição dada" (C.R.P. B137). E toda ligação de diversos conteúdos pontuais exige a unidade do "Eu penso", como unidade do sujeito que pensa, entende e conhece os objetos de suas diversas experiências subjetivas.

Para tentar esclarecer o conceito kantiano de ligação ou síntese, retomemos as duas faces da experiência do sujeito consciente de si. As duas faces exigem uma ligação de diversos conteúdos pontuais e dispersos. As experiências subjetivas, variáveis e contingentes dependem de uma ligação igualmente subjetiva, variável e contingente. Depois de ter experimentado o quadro negro da sala 317, eu ligo esta experiência à experiência da estante de livros da sala 414, eu as ligo na unidade da experiência subjetiva que tive hoje, que variou em relação à unidade da experiência subjetiva que eu tive ontem. Para Kant, entretanto, eu só efetuo esta ligação subjetiva (ou ligação na unidade subjetiva das minhas experiências) à medida que efetuo também uma ligação objetiva, como ligação na unidade da experiência objetiva, ou ainda, em outras palavras, ligação na unidade da realidade objetiva. O "Eu" que associa as experiências subjetivas na unidade da sua autoconsciência é, antes (prioridade epistemológica), um "Eu" que pensa, entende e conhece tais experiências subjetivas como variações de uma experiência objetiva, constituída por outra espécie de ligação, a ligação objetiva, que liga experiências subjetivamente sucessivas sob o conceito de simultaneidade, entendendo-as como experiências objetivamente simultâneas (veja a frase em B 141/142 da C.R.P.: "A função que desempenha a cópula 'é' nos juízos visa distinguir a unidade objetiva de representações dadas da unidade subjetiva").

Ora, pode-se dizer que, até certo ponto, o "Eu" acima indicado, o "Eu" que pensa, entende e conhece as diferentes experiências subjetivas como variações de uma mesma experiência objetiva, - até certo ponto este "Eu" é o Eu empírico, o Eu que cada um de nós é. Cabe destacar, entretanto, que o Eu empírico pressupõe que a realidade objetiva, como objeto da totalidade da experiência objetiva, vai muito além da sua atividade individual e limitada de entender as suas experiências subjetivas como partes de uma mesma experiência objetiva. Em outras palavras, o Eu individual (ou empírico) pressupõe que a realidade objetiva vai além da "sua" (limitada) experiência, ou vai além da experiência objetiva que ele limitadamente tem ao ter suas diversas experiências subjetivas. Mas a realidade objetiva é objeto da totalidade da experiência objetiva – isto significa que o Eu individual pressupõe que a experiência objetiva vai muito além da experiência objetiva que ele limitadamente tem ao ter suas variadas experiências subjetivas. Imaginemos um Eu individual que nunca saiu de sua cidade. Ainda que ele nunca tenha experimentado partes do espaço fora da sua cidade, ele pressupõe que, se ele saísse da sua cidade, ele teria experiências subjetivas da realidade objetiva, como objeto de uma experiência objetiva global e universal, que sempre vai além da experiência objetiva que ele limitadamente pode ter. A experiência objetiva global e universal é pressuposta como idêntica para todo e qualquer Eu individual e empírico.

Para Kant, portanto, "Eu" (individual e empírico) só ligo minhas diversas experiências na unidade subjetiva e empírica da minha autoconsciência à medida que faço duas outras coisas: em primeiro lugar, à medida que penso e entendo minhas diversas experiências subjetivas como variações da experiência objetiva que eu por outro lado tenho ao ter minhas experiências subjetivas. Em segundo lugar, à medida que pressuponho que a experiência objetiva que eu tenho ao ter minhas experiências subjetivas é parte de uma experiência objetiva muito mais abrangente, uma experiência global ou universal. Trata-se de uma experiência que vai muito além não apenas da experiência objetiva que eu tenho ao ter minhas experiências subjetivas, mas muito além também da experiência objetiva que qualquer outro Eu individual possa ter ao ter suas respectivas experiências subjetivas.

Ora, no âmbito da interpretação especulativa que estamos explorando, ao pressupor uma experiência objetiva global e universal, como unidade global de todas as experiências objetivas parciais que os diversos "Eus" empíricos têm ao terem suas respectivas experiências subjetivas, -

ao pressupor isso, o Eu individual pressupõe também uma espécie de "Eu Penso" universal, como sujeito da unificação transcendental pressuposta em cada operação empírica de ligação de experiências parciais e diversificadas na unidade objetiva de uma experiência abrangente e única. Em Kant, esta última pressuposição decorre do fato de que "experiência objetiva" sempre tem por correlato um "Eu penso" que liga de maneira objetiva os diversos conteúdos pontuais constitutivos das diversas camadas da experiência. O "Eu Penso" universal seria o sujeito de um ato de ligar universal, que garantiria a unidade transcendental pressuposta na experiência objetiva que os diversos sujeitos empíricos (parcialmente) têm ao terem suas respectivas experiências subjetivas.

O objeto das diversas camadas da experiência é a realidade objetiva, como realidade que existe, não em si mesma, mas na relação (e correlação) com o ato de ligar (e unificar) múltiplos conteúdos pontuais, efetuado pelo sujeito. Pressupor um ato de ligar universal é pressupor um ato de ligar que, ao ligar múltiplos conteúdos pontuais em uma unidade sintética abrangente e universal, constitui a realidade objetiva como um todo, como objeto das diversas experiências objetivas parciais que os inúmeros sujeitos empíricos vão tendo – de modo indefinidamente continuado – ao terem suas respectivas experiências subjetivas. Em outras palavras, se por um lado a realidade objetiva como um todo é o objeto que vai sendo paulatinamente experimentado e conhecido à medida que vão sendo ligadas as diversas experiências objetivas parciais que os inúmeros sujeitos empíricos vão tendo – de modo indefinidamente continuado – ao terem suas respectivas experiências subjetivas, por outro lado a realidade objetiva como um todo é o objeto que é pressuposto na pressuposição de uma unidade sintética necessária e universal, que equivale à pressuposição do ato de ligar do sujeito transcendental, que *a priori* traz os múltiplos conteúdos oriundos da coisa em si à unidade da autoconsciência transcendental.

Há, portanto, uma correlação *a priori* entre a unidade do sujeito transcendental e a unidade da realidade objetiva. Mais precisamente, a unidade transcendental da realidade objetiva é reflexo da unidade do sujeito transcendental, pois é o ato de ligar do sujeito que traz os múltiplos conteúdos da realidade para a unidade transcendental. As unidades transcendentais (do sujeito e da realidade objetiva) equivalem a pressuposições transcendentais, isto é, embora não possam ser experimentadas pelo sujeito empírico, são absolutamente certas e indubitáveis para este sujeito, por serem condições de possibilidade das diversas experiências contidas e implicadas na sua autoconsciência.

No âmbito da filosofia kantiana, a unidade transcendental (do sujeito e da realidade objetiva) é pressuposta como unidade em última instância fixa e invariável. Embora se trate de uma unidade relacional, isto é, uma unidade constituída por relações entre elementos distintos ou diferentes, uma unidade, portanto, que depende da diferença e é constituída a partir da diferença, - embora se trate de uma unidade relacional, é uma unidade em última instância fixa e invariável, e não uma unidade em movimento, ou seja, não é uma unidade constituída pelo movimento de contínua construção, desconstrução e reconstrução de uma teia de relações essencialmente móveis. O caráter fixo e invariável da unidade transcendental da experiência kantiana contrasta com o caráter móvel e variável da unidade dialética da experiência hegeliana. Passemos a este tópico.

A teoria kantiana da experiência está fundada na pressuposição de que a experiência objetiva é uma mesma e única experiência para todos os sujeitos individuais, de todos os lugares e de todas as épocas. E esta pressuposição funciona como um critério de avaliação e exame da experiência objetiva que certo sujeito (ou certa comunidade de sujeitos) pensa ter ao ligar e ordenar objetivamente suas diversas experiências subjetivas (ou as diversas experiências subjetivas dos membros da comunidade). Se a experiência objetiva que certo sujeito ou certa comunidade pensa ter não pode ser coerentemente ligada (ou unificada) com a experiência objetiva que outros sujeitos ou comunidades pensam ter ao terem suas respectivas experiências subjetivas, alguma destas experiências é só aparentemente objetiva, e na verdade não passa de uma concepção subjetiva do modo como as diversas experiências se ligam e ordenam na experiência objetiva universal.

Para efetuar a transição da teoria da experiência de Kant para a teoria da experiência de Hegel, gostaríamos de nesse momento propor uma análise em termos hegelianos da situação que acaba de ser indicada, gerada pela teoria kantiana. Inspirados pelos parágrafos 81-85 da "Introdução" à *Fenomenologia do Espírito*, gostaríamos de especulativamente propor a seguinte interpretação. Hegel diria que, na situação que acaba de ser apresentada, o conceito, como conceito/concepção determinada de certa área particular de objetos, que constitui a experiência objetiva desta área particular, enquanto experiência objetiva admitidamente parcial, - o conceito não corresponde ao objeto, quer dizer, não corresponde ao objeto do conceito universal da realidade objetiva em geral, que equivale aos objetos em geral da experiência objetiva universal. Para Hegel, poder-se-ia também dizer que o objeto, como objeto(s) de um conceito/concepção determinada de uma área particular de objetos, ou objeto(s) de uma experiência objetiva admitidamente parcial, não corresponde ao conceito, quer dizer, não corresponde ao conceito universal da realidade objetiva em geral, como conceito da totalidade dos objetos em geral, que em princípio funciona como "padrão" ou "medida" das experiências e saberes admitidamente parciais ou particulares.

Na teoria da experiência de Kant, pressupõe-se que o conflito entre experiência objetiva parcial e experiência objetiva universal tem em última instância uma única resposta correta; tal pressuposição deriva da pressuposição acima apresentada, de que todas as experiências objetivas parciais estão desde o princípio necessariamente ligadas na unidade da experiência objetiva universal, como unidade em última instância fixa e invariável. Na teoria da experiência de Hegel, em contrapartida, a experiência objetiva consiste justamente na tensão e conflito entre a experiência objetiva particular de certa comunidade, cultura ou época, e, por outro lado, a ideia (ou ideal) da unidade universal da experiência objetiva, compreendida, porém, não como pressuposição de uma unidade fixa e invariável (transcendental), na qual coerentemente se encaixam todas as experiências parciais verdadeiramente (e não apenas aparentemente) objetivas, como era em Kant, mas compreendida, sim, como pólo ou momento de uma relação conflituosa e móvel com o outro pólo ou momento, o pólo da experiência objetiva parcial de certa comunidade ou cultura particular. Embora a ideia do universal funcione como padrão dos saberes e experiências admitidamente parciais, trata-se de um padrão móvel, isto é, o padrão se altera junto com os saberes e experiências de que ele é padrão.

À unidade transcendental de Kant, que se bifurcava em unidade do sujeito transcendental e unidade do objeto (realidade objetiva) transcendental, Hegel contrapõe a relação conflituosa e móvel entre dois pólos ou momentos, o momento do universal e da unidade do universal e, por outro lado, o momento do particular e da diversidade do particular. Em vez de se pressupor como unidade (identidade) em última instância fixa e invariável, e por isso transcendental, o sujeito hegeliano existe como relação e passagem entre dois momentos que em certa medida se negam reciprocamente.

Em Kant, a relação entre experiências objetivas parciais e experiência objetiva universal deve ser uma relação de correspondência harmoniosa. Desse ponto de vista, a coerência entre diversas experiências objetivas parciais é um indício da correspondência das mesmas à realidade objetiva, entendida como objeto da experiência objetiva única e universal. Em Hegel, em contrapartida, a relação acima indicada é uma relação de tensão e conflito. A relação entre uma certa experiência objetiva parcial e particular e, por outro lado, a ideia (ou ideal) de uma unidade universal da experiência objetiva é uma relação entre dois momentos de uma relação em movimento. Em outras palavras, a ideia (ou ideal) da unidade universal da experiência objetiva funciona como momento que sustenta o movimento da teia de relações em que consiste a experiência objetiva, em vez de funcionar como pressuposição e garantia de uma unidade fixa e invariável na qual têm de coerentemente se encaixar as diversas experiências objetivas. Do ponto de vista hegeliano, o critério da coerência funciona mais como um meio de preservar a unidade relacional (ou a teia de relações) no movimento mesmo dessas relações e da teia das relações. A expectativa (ou exigência) de coerência "dentro" de cada configuração da teia de relações funciona ao mesmo tempo como um meio de compreensão da "alteração desde dentro" da teia de relações, ou meio de compreensão da passagem entre diferentes configurações da teia de relações.

Para desenvolver a transição e o contraste entre as duas teorias da experiência, voltemos por um momento à teoria da experiência de Kant. A partir do que foi dito acima, podemos dizer o seguinte. Kant deseja encontrar uma "garantia última" para a unidade pressuposta da experiência objetiva universal (que é pressuposta como unidade fixa e invariável). Entretanto, a garantia que ele consegue encontrar é por assim dizer bifurcada. Em parte, a garantia consiste no fato de que os dados pontuais e fragmentados passivamente recebidos na sensibilidade são manifestações ou aparições da realidade em si mesma – tomadas como aparições de uma mesma e única realidade, a coisa em si, elas parecem abonar a pressuposição de serem partes de uma mesma e única experiência objetiva, fixa e invariável para todos os sujeitos. Mas a garantia é completada pelo "direito" dos sujeitos autoconscientes de pressupor que todas as aparições da realidade "para eles" estão necessariamente ligadas na unidade fixa e invariável da experiência objetiva universal, como correlato necessário e condição de possibilidade da autoconsciência de todos os sujeitos empíricos individuais. Assim, a solução kantiana é a seguinte: o que nós experimentamos e conhecemos não é propriamente a realidade em si mesma, mas são manifestações ou aparições (fenômenos) desta realidade, pressupostas como necessariamente ligadas e ordenadas na unidade da experiência objetiva universal, segundo conceitos necessários e universais dos objetos em geral. Esta ligação objetiva das aparições da realidade em si constitui a realidade (fenomênica) objetiva, tomada como objeto da experiência objetiva dos sujeitos individuais. A realidade em si mesma funciona então como fundamento desconhecido e incognoscível (não experimentável) dos fenômenos que constituem a realidade objetiva, como objeto da experiência objetiva universal, comum a todos os sujeitos individuais.

Hegel rejeita a solução kantiana. Sua rejeição começa com a rejeição da pressuposição de que todas as experiências objetivas parciais estão coerentemente ligadas na unidade necessária da experiência objetiva universal, como unidade em última instância fixa e invariável. Ao rejeitar esta pressuposição, Hegel abre espaço para o abandono de outra pressuposição, que lhe está associada, a saber, a pressuposição de que os conteúdos particulares recebidos na sensibilidade são aparições de uma mesma e única realidade, que existiria independentemente do ato de relacionar do sujeito – lembremos que, para Kant, a suposição de que os conteúdos são aparições de uma mesma realidade poderia ajudar a justificar a primeira pressuposição, a de que todos estes conteúdos estão coerentemente ligados na unidade necessária da experiência objetiva universal, como unidade em última instância fixa e invariável.

Hegel abandona a pressuposição de que os diversos conteúdos particulares experimentados pelo sujeito são aparições de uma coisa em si, como fundamento presumidamente unitário da diversidade das aparições pontuais. Em vez de serem aparições de um fundamento presumidamente unitário, os diversos conteúdos pontuais são um momento ou pólo do ato de relacionar constitutivo da experiência e existência do sujeito, cujo outro pólo ou momento é a forma universal e unificadora. A relação entre os dois momentos é uma relação móvel, ela em verdade consiste em um movimento no qual cada unidade relacional particular é alterada "desde dentro" pela pressão ou tensão do "ir-para-fora" típico do elemento material ou conteudístico, que sem a potência mediadora do universal tenderia a explodir a ligação e unificação promovida pelo universal formal ou imaterial, isto é, tenderia a produzir uma nuvem absolutamente desorganizada e difusa de pontos isolados. Na perspectiva dialética de Hegel, a pressão do elemento material também pode ser apresentada como um impulso de concentração e densificação, que sem a potência mediadora do universal tenderia a eliminar a diferença necessária à atuação do elemento formal e unificador – que só atua no ambiente da diferença, como elemento de ligação de diferentes.

Ao abandonar as pressuposições da coisa em si (presumidamente unitária) e do sujeito transcendental (e transcendental porque unitário), Hegel abre espaço para a tese de que a realidade (experimentada) e a experiência (da realidade), longe de consistirem em uma unidade necessária, fixa e invariável, na qual têm de coerentemente se encaixar todas as experiências parciais, consistem antes em uma teia de relações móveis, isto é, consistem em um movimento de relações móveis de uma teia móvel. Em outras palavras, além de consistir em uma unidade relacional (unidade composta por relações entre elementos diversificados ou diferentes), como já se podia ver em Kant, a realidade e a experiência objetiva consistem em uma unidade relacional móvel, o que significa que a própria unidade se move "desde dentro" de si mesma, ela se altera ou diferencia, sem deixar de ser a unidade das relações entre diversos elementos particulares. Deste ponto de vista, a unidade não comparece como unidade final de uma ligação definitiva dos elementos diferentes, mas comparece como pólo ou momento de uma ligabilidade indefinidamente alterável entre estes elementos. Na teoria da experiência de Hegel, a relação primordial é a relação entre, por um lado, a unidade relacional universal, tomada como momento que sustenta a tensão com qualquer unidade relacional particular, e, por outro lado, as diversas unidades relacionais particulares, cujo conflito com o momento da unidade universal gera o movimento "desde dentro" da unidade relacional em que consiste a experiência dos sujeitos.

Referências Bibliográficas

Hegel, G.W.F. *Fenomenologia do Espírito*. Petrópolis: Editora Vozes.

Kant, I. *Crítica da Razão Pura*. Lisboa: Ed. Fundação Calouste Gulbenkian.

A filosofia da arte como uma das ciências filosóficas da *Enciclopédia* de Hegel

MÁRCIA CRISTINA FERREIRA GONÇALVES[1]

1 Doutora em filosofia pela Freie Universität Berlin; professora associada e pesquisadora procientista do Departamento de Filosofia e do PPGFIL da UERJ; bolsista de produtividade científica do CNPq.

O sistema filosófico de Hegel exige uma aproximação gradativa e responsável, com a mediação inicial de um leitor mais experiente, cuja formação, por sua vez, tenha passado também por outro mediador ainda mais experiente, formando assim uma cadeia de leitores, pesquisadores, escritores e professores formadores de uma determinada cultura filosófica. Na linguagem hegeliana, essa cadeia poderia ilustrar, parte do processo de formação do espírito absoluto, interpretado como uma coletividade de consciências humanas dispostas a pensar a ideia filosófica em sua conexão tanto com outros espíritos subjetivos pensantes, quanto com o pensamento objetivado e institucionalizado ao longo da história do mundo.

Iniciei minhas leituras de Hegel em 1986, ainda no curso de Especialização em Filosofia do IFCS da UFRJ, com a mediação de um professor recém-chegado de seu doutorado na Universidade de Tübingen. Luiz Eduardo de Oliveira Bicca foi o primeiro elo para a minha inserção na corrente filosófica do pensamento hegeliano. A partir de seus seminários e grupos de estudos sobre a *Fenomenologia do Espírito* e a *Ciência da Lógica* de Hegel, as quais líamos ainda na traduções francesas de Hypolitte e Labarrière, o Prof. Bicca me fez acreditar, já como meu orientador de mestrado, na possibilidade de seguir um caminho acadêmico que incluiria meu doutorado sobre Hegel na *Freie Universität Berlin*. A mediação de Bicca para a minha leitura de Hegel e para minha formação em geral foi fundamental. Sua contribuição não se limita, entretanto, aos poucos estudantes que tiveram a chance e o privilégio de terem sido formados por ele. Bicca é sobretudo um excelente escritor. Um pesquisador qualificado que conseguiu ao longo de sua carreira acadêmica – e mesmo após afastar-se de sua função como professor universitário – imprimir em todos os seus livros importantes teses interpretativas e ideias filosóficas que para sempre influenciarão a formação de muitas gerações futuras interessadas no estudo da ciência filosófica – cunhando aqui novamente uma expressão hegeliana em toda a extensão de seu significado –, pois suas reflexões incluem não apenas a interpretação da filosofia hegeliana, mas pensamentos próprios e originais sobre filosofia política, ética, filosofia da natureza e filosofia da mente ou filosofia do espírito.

O objetivo deste ensaio – que apresento aqui em homenagem a esse meu tão estimado professor – é demostrar que a filosofia da arte de Hegel pode ser reconhecida como uma ciência filosófica propriamente dita, não apenas porque a arte é descrita na *Enzyklopädie der philosophischen Wissenschaften* como uma das três esferas do chamado espírito absoluto, mas porque a filosofia da arte resulta de um processo gradual de inserção da reflexão no fenômeno histórico da arte, cuja última consequência é a autodissolução da própria arte.

Eu interpreto a tese hegeliana da autodissolução da arte não como seu fim, nem como sua superação ou suspensão por meio da religião ou da filosofia, mas, ao contrário, como envolvendo, por um lado, a afirmação de sua libertação em relação à religião e, por outro lado, o reconhecimento da gradual aproximação da arte com a forma de exposição do conceito, característica do pensamento filosófico. Enquanto a libertação da arte em relação à religião pode ser compreendida como um processo histórico de secularização da arte, o resultado do processo de aproximação da arte com a filosofia pode ser constatado na necessidade, a partir da modernidade, do surgimento da própria filosofia da arte[2].

Para alcançar o objetivo principal deste ensaio – o de demostrar que a filosofia da arte pode ser compreendida como ciência filosófica no interior do sistema hegeliano de maturidade – defenderei as seguintes teses interpretativas: 1ª. A arte enquanto esfera do espírito absoluto é síntese de subjetivo e objetivo; 2ª. A arte enquanto esfera do espírito absoluto é saber da ideia absoluta; 3ª. A arte enquanto esfera do espírito absoluto não é superada pela esfera da religião, mas se origina nela, ao mesmo tempo em que dela se liberta; 4ª. A arte enquanto esfera do espírito absoluto não é superada pela esfera da filosofia, mas conduz a ela, ao mesmo tempo em que ressurge nela enquanto estética ou filosofia da arte.

1ª. TESE:
A arte enquanto esfera do espírito absoluto é síntese de subjetivo e objetivo

A primeira questão que devemos considerar ao tratar do conceito de arte na *Enciclopédia das Ciências Filosóficas* de Hegel é sobre sua inclusão na

2 Sobre minha interpretação da suposta tese hegeliana do fim da arte, cf. Gonçalves, Márcia C. F. A eterna querela sobre o fim da ate na Estética de Hegel. In: Os fins da arte / Debora Pazetto, Giorgia Cecchinato, Rachel Costa (Org.). Belo Horizonte, MG : Relicário, 2018, p. 15-33.

terceira sessão da *Filosofia do Espírito*, denominada *O espírito absoluto*. Uma das maneiras mais esquemáticas de compreender este conceito é como síntese entre o espírito subjetivo e o espírito objetivo. No §553 da *Enciclopédia*, Hegel aponta para este sentido, ao afirmar que o espírito absoluto é o resultado da unidade entre o "conceito de espírito" e sua "realidade", unidade esta que se dá, segundo ele, no próprio espírito, enquanto uma "identidade" na forma do próprio "saber da ideia absoluta"[3]. Esta última expressão pertence a um elenco hegeliano de frases que não apenas podem, mas devem ser interpretadas tanto como um genitivo subjetivo quanto como um genitivo objetivo, ou seja, o saber que resulta da síntese entre o espírito objetivo e o espírito subjetivo tem a ideia ao mesmo tempo como sujeito e como objeto. É como se a própria ideia soubesse de si mesma por meio do saber do espírito sobre ela. De fato, a passagem do espírito finito para o espírito infinito, ou absoluto, envolve exatamente essa superação da dicotomia – ou mesmo apenas da diferenciação – entre sujeito e objeto.

No parágrafo seguinte (§ 554), Hegel exemplifica com a religião essa mesma identidade entre o subjetivo e o objetivo. Se, por um lado, a religião[4] torna a "substância universal" em algo "espiritual" – ou seja: em um "saber" –, por outro lado, pondera Hegel: "Há de se considerar a religião [...] tanto como partindo do sujeito e se encontrando dentro deste, quanto como objetiva, partindo do espírito absoluto, o qual é enquanto espírito dentro da sua comunidade".[5]

É importante observar que a expressão "*ausgehend*" (partindo) indica aqui que estes dois lados – subjetivo e objetivo – são, segundo Hegel, fontes a partir das quais cada uma das esferas do espírito absoluto é produzida historicamente. No caso da religião, exemplificada por Hegel logo na

3 Hegel, Enzyklopädie der philosophischen Wissenschaften in Grundrisse (1830). In Hauptwerke in sechs Bänden (Bd. 6) Hamburg : Meiner, 1999, p. 542. (A seguir citada como ENZYKL).

4 Aqui é necessário pensar na religião na forma considerada por Hegel como a mais desenvolvida, ou seja, como o cristianismo do protestantismo europeu do século XIX, no qual não são mais necessárias mediações na conexão entre o ser humano e o ser divino.

5 Tradução da autora. No original: „Die Religion [...] ist als vom Subjecte ausgehend und in denselben sich befindend als objektiv von dem absoluten Geist ausgehend zu betrachten, der als Geist in seiner Gemeide ist" (ENZYKL, p. 542).

introdução da sessão sobre o espírito absoluto, a fonte subjetiva pode ser identificada com a chamada "devoção", enquanto a fonte objetiva, com o chamado "culto" religioso praticado pela comunidade. Porém, é necessário considerar as fontes subjetiva e objetiva das esferas do espírito absoluto não apenas como fontes de produção de cada um destes fenômenos culturais universais da humanidade, mas também como fontes de saber sobre esta mesma universalidade que envolve a cultura humana. Aqui podemos de novo recorrer à fórmula ambígua do *saber da ideia absoluta*.

Assim como as concepções de religião e de filosofia, a concepção hegeliana de arte presente em sua *Enciclopédia* deve ser compreendida como contendo tanto uma fonte subjetiva quanto uma fonte objetiva de sua produção e de seu saber. A fonte subjetiva da arte pode ser encontrada não apenas na espiritualidade criativa do artista, mas também no espírito subjetivo – e igualmente criativo – daquele que intui, que contempla e que interpreta a obra de arte produzida. A fonte subjetiva da arte encontra-se, porém, também na própria obra, enquanto conteúdo imanente a ela, o qual deve, por princípio, ser também absoluto, enquanto ideia. Entretanto, na obra de arte encontra-se também um lado objetivo, presente tanto em sua materialidade sensível, passível de ser intuída pelos sentidos, quanto na materialidade histórica de sua existência concreta.

Aqui podemos novamente fazer uma analogia com a fonte objetiva da religião, descrita por Hegel como comunidade religiosa ou como culto. Na arte também existe uma espécie de culto em relação a suas obras, mesmo quando historicamente – principalmente a partir da modernidade – essas obras se mostrem já secularizadas ou desmitificadas. O culto à arte, especialmente no século XIX, tem seu ápice no fenômeno histórico da instauração dos grandes museus da Europa. Porém, essa exposição em massa das obras históricas, produzida por diferentes povos e em diferentes épocas, constitui o lado objetivo dessa esfera, constituindo então uma nova fonte para sua produção e reprodução. Assim como o espírito absoluto representado pela religião como deus encarna na paróquia por meio dos cultos e da fé comunitária, também o espírito absoluto intuído na arte inicialmente por meio do fenômeno do belo se encarna na instituição dos museus, de modo a objetivar-se como um patrimônio histórico e secular da humanidade, digno também de culto e admiração. Se, por um lado, o culto e a fé presentes na religião precisam ser considerados, segundo a perspectiva enciclopédica de Hegel, como um saber, ou seja, como uma certeza sobre a efetividade mesma do espírito, por outro lado, também a arte, enquanto esfera do espírito absoluto, precisa ser considerada como um saber: um *saber da ideia absoluta*, com todo o duplo sentido que esta proposição requer.

2ª. TESE:

A arte enquanto esfera do espírito absoluto é um saber da ideia absoluta

Esta tese sobre um *saber da ideia absoluta*, que envolve novamente o duplo sentido de ser tanto um genitivo objetivo, quanto um genitivo subjetivo, pode ser explicada aqui por meio das seguintes proposições, apresentadas no §564 da *Enciclopédia*, as quais, segundo Hegel, se baseiam em um pensamento fundamentalmente especulativo sobre a concepção de deus enquanto espírito: "Deus só é deus na medida em que ele sabe de si mesmo. Seu saber-de-si é, além disso, sua autoconsciência no ser humano e o saber do ser humano sobre deus, o qual prossegue até o saber-se do ser humano em deus".[6] Se traduzirmos esta proposição sobre uma representação religiosa para a forma do conceito filosófico, chegaremos exatamente à fórmula especulativa sobre o *saber da ideia*. Porém, é necessário compreender também o desdobramento desse saber especulativo, não apenas no conceito filosófico e na reapresentação religiosa do absoluto, mas também em sua intuição estética. A analogia entre o saber religioso e o saber estético não é posta aqui de forma contingente ou gratuita. De fato, em vários momentos de seu sistema filosófico (e a *Enciclopédia da Ciências Filosóficas* não é uma exceção) Hegel defende a tese da conexão entre arte e religião.

Na exposição da terceira tese interpretativa aqui defendida pretende-se demostrar que esta conexão entre o saber estético e o saber religio-

6 Tradução da autora. No original: „Gott ist nur Gott insofern er sich selbst weiß; sein Sich-wissen ist ferner sein Selbstbewußtseyn im Menschen, und das Wissen des Menschen von Gott, das fortgeht zum Sich-wissen des Menschen in Gott." (ENZYKL, p. 550). Como explicação para estas frases, Hegel se refere, ao fim deste parágrafo, à obra de Carl Friedrich Göschel, publicada em Berlin, em 1829, sob o título Aphorismen über Nichtwissen und absolutes Wissen im Verhältnisse zur christlichen Glaubenserkenntniß. Ein Beytrag zum Verständnisse der Philosophie unserer Zeit, sobre a qual ele publicou uma resenha nos Jahrbücher für wissenschaftliche Kritik, no mesmo ano de sua publicação.

so sobre a ideia ou sobre o absoluto não se encontra no sistema de Hegel como uma relação de superação ou de suspensão de um sobre o outro. Aqui, entretanto, é necessário ainda demostrar como a intuição da arte envolve, assim como a fé religiosa, uma forma de saber da ideia absoluta. O modo mais simples de demostrar esta tese é a partir da compreensão do conceito hegeliano de belo. Nas *Vorlesungen* über *die* Ästhetik de 1823, editadas inicialmente por Henrich Gustav Hotho em 1835, encontramos esta tornada clássica definição: "O belo se determina por meio disso: enquanto o aparecer sensível da ideia" (*Das Schöne bestimmt sich dadurch als das sinnliche Scheinen der Idee*).[7] É graças a este aparecer sensível da ideia por meio da obra de arte bela que é possível intuir a ideia por meio da arte. E a intuição (*Anschauen*) é um modo de saber, em princípio diferente dos modos da representação (*Vorstellung*) e do conceito (*Begriff*) característicos respectivamente da religião e da filosofia, mas não necessariamente inferior a eles.

No §556 da *Enciclopédia*, precedido do título "*Die Kunst*", Hegel descreve a especificidade da figura do saber do absoluto promovido pela arte, como seu imediatismo: "A figura deste saber é enquanto imediata". E o belo ou ideal é descrito neste mesmo parágrafo da *Enciclopédia* – de modo análogo à descrição presente nas *Lições sobre Filosofia da Arte* citada acima – como "sinal (ou indício) da ideia" (*Zeichen der Idee*). Mas este sinal é também caracterizado por Hegel como o lado da "imediatidade natural", o lado da "exterioridade sensível" ou da existência exterior da obra de arte bela. Neste sentido, a exterioridade que compõe o fenômeno do belo pode ser interpretada como um "decair" (*Zerfalen*) deste mesmo absoluto na "obra" material e sensível, mas essa exterioridade significa apenas um momento, descrito entre parênteses no mesmo § 556 como "o momento da finitude da arte". O momento dialeticamente complementar da arte pode ser facilmente interpretado como o momento de sua infinidade. Este momento corresponde ao seu lado interior, ou seja, ao conteúdo absoluto – também chamado de divino – da obra de arte bela. Pois a exterioridade do belo – ou (se quisermos utilizar a linguagem das *Lições sobre a Filosofia da Arte*) a sua aparência sensível – é, segundo Hegel, a exteriorização do próprio conteú-

7 Cf. Vorlesungen über die Ästhetik, vol. I. In: Werke. Talpa Verlag, p. 221, tradução da autora. (A seguir citadas como VAE1).

do divino presente na obra de arte bela, exteriorização essa que propicia o saber deste conteúdo. Essa exteriorização significa então (tal como expresso também no §556), ao mesmo tempo, "a intuição e a representação concretas do espírito absoluto em si, enquanto do ideal".[8] Contudo, o lado interior da arte, que corresponde inicialmente ao seu momento de infinidade, pode ser também interpretado – como vimos na demonstração de nossa primeira tese interpretativa – como o lado subjetivo da produção e da intuição da arte, manifestos tanto no "sujeito que [a] produz", quanto "no sujeito que [a] intui e [a] venera". Porém, a interioridade presente tanto na subjetividade do artista, quanto na subjetividade daquele que a intui, bem como na própria obra enquanto conteúdo da ideia, não pode ser concebida apenas como uma espiritualidade finita, pois o próprio ciclo infinito da produção cultural da arte, o qual envolve artista, obra e intuição da ideia, eleva esta espiritualidade ao nível do absoluto, na medida em que a própria "figura da beleza" é para Hegel uma "figura concreta nascida do espírito absoluto"[9]. Neste sentido, um dos significados da tese hegeliana de que a arte é uma das esferas do espírito absoluto fundamenta-se no fato de que a arte promove – ainda que de forma imediata, ou seja, por meio da intuição – o *saber da ideia*, ou *o saber do absoluto*. O próximo passo é melhor compreender a diferença e a proximidade entre a esfera da arte e as outras esferas do espírito absoluto. Minha interpretação questiona a difundida leitura de que a arte seria superada ou suspensa tanto pela religião quanto pela filosofia. Passo então para a minha terceira tese interpretativa.

3ª. TESE:
A arte não é superada pela religião, mas nela se origina e dela se liberta

Na *Fenomenologia do Espírito,* a conexão entre arte e religião é tão forte, que não existe um capítulo específico sobre o desenvolvimento da arte, baseado em seus diferentes períodos históricos. Nesta obra de 1807, Hegel descreve o fenômeno espiritual da arte em sua estreita conexão com o fenômeno histórico da religião, reconhecendo, por exemplo, nas práti-

8 Ibid, p. 543.

9 Cf. ENZYKL, p. 543.

cas religiosas do culto, do sacrifício e do oráculo a gênese das manifestações artísticas da dança, da música, da poesia e do teatro. Semelhantemente, em suas *Vorlesungen* über *die Philosophie der Religion*, ministradas por Hegel entre 1821 e 1831, ele identifica a gênese do trabalho artístico com as práticas religiosas do culto e do sacrifício.[10] Como bem interpreta Helmut Kuhn, em seu ensaio *Die Gegenwärtigkeit der Kunst nach Hegel*, os *Cursos sobre a Filosofia da Religião* de Hegel mostram não apenas que a arte surge da religião, mas sobretudo que nos rituais religiosos a finalidade que une ambas as esferas do espírito absoluto é tão somente um "perene criar" (*perennirendes Schaffen*) (Kuhn, 1970, p. 264). De fato, segundo Hegel, a unidade entre o ritual religioso do sacrifício – enquanto ato simbólico de purificação da matéria – e a devoção – enquanto sentimento religioso de fé em algo suprassensível – faz com que o "trabalho religioso" tenha uma finalidade em si mesmo, sendo chamado por Hegel em sua *Filosofia da Religião* de "puro produzir" (*reines Hervorbringen*) e "trabalhar perene" (*perennierendes Arbeiten*).[11] É por meio desta expressão poética que Hegel descreve a gênese das obras de arte no contexto das práticas religiosas, desde a dança – considerada ainda como um mero movimento corporal – até a construção dos monumentos. Mas estas formas de arte, presentes nos rituais religiosos mais primitivos não representam ainda para Hegel o momento de maior interação entre a religião e a arte. Nos *Cursos sobre a Filosofia da Religião*, Hegel descreve esta interação como um processo que se inicia na forma de religião denominada nesta obra de "Religião da Fantasia", correspondente historicamente ao panteísmo desenvolvido no oriente antigo, equivalente à forma de arte simbólica descrita em sua *Filosofia da Arte*. Nos dois contextos, Hegel não reconhece nesse tipo de religiosidade a realização do conceito de belo e, consequentemente, a produção de obras de arte efetivamente belas.[12] Esta produção é, segundo Hegel, resultado de uma "necessidade de apresentar deus por meio da arte bela", a qual, por sua vez, só teria surgido, quando o chamado "momento da naturalidade

10 Cf. Hegel, Vorlesungen über die Philosophie der Religion, vol. I, p. 335 (A seguir citadas como VPHR1).

11 Cf. VPHR1, p. 334.

12 Cf. Ibid, p. 498.

é superado" e, consequentemente, quando deus se manifesta "como livre subjetividade".

Após a exposição sobre a interação entre arte e religião, Hegel chega, em sua *Filosofia da Religião*, a duas importantes afirmações: "1° que deus é representado pela arte como algo intuído sensivelmente" (*1. daß Gott in der Kunst vorgestellt wird als ein sinnlich Anschaubares*); "2° que o deus é algo produzido pelas mãos humanas enquanto uma obra de arte" (*2. daß der Gott als Kunstwerk ein durch Menschenhände Produziertes ist*). Hegel afirma, porém, que estes modos de manifestação do divino não correspondem ainda ao "nosso conceito", ou seja, à concepção filosófica propriamente dita do absoluto, a qual não necessita mais apresentá-lo de modo sensível. Por outro lado, Hegel reconhece que no produzir da arte já se revela a "natureza do espírito", descrita nesta mesma passagem da *Filosofia da Religião* como um "produzir a si mesmo". Aqui entretanto, Hegel pondera que se o produto do espírito – mesmo sendo este livre subjetividade – é apresentado apenas como algo objetivo e exterior, ele acaba por constituir uma forma de "alienação" (*Entäußerung*).[13] Por isso, em sua *Filosofia da Arte*, Hegel se empenha em mostrar o processo de desenvolvimento da obra de arte como um *trabalho perene*, cuja finalidade última é exatamente promover o *reconhecimento do espírito pelo espírito*, superando assim sua possível alienação, por meio da gradual interiorização e subjetivação do conteúdo divino, até promover uma total identidade entre a autoconsciência divina e a autoconsciência humana.

O fato da *Enciclopédia das Ciências Filosóficas* de Hegel apresentar cada uma das esferas do espírito absoluto como se estas se sucedessem, em um desenvolvimento que vai do mais abstrato ou imediato ao mais concreto, influenciou muitos leitores a acreditar que, para que a esfera da religião surgisse, como revelação de deus enquanto espírito, a arte, em sua estrutura de adequação entre a ideia absoluta e sua figuração sensível, teria que ser superada. Como vimos anteriormente, o caminho mais frequentemente descrito por Hegel em seu sistema é exatamente o inverso, sendo a gênese da arte reconhecida por ele em práticas históricas da religião.

13 Cf. VPHR1, p. 649.

Nem por isso, a religião precisou ser superada para que surgisse a arte. O sistema filosófico de Hegel nos ensina a reconhecer um grande processo histórico no desenvolvimento da cultura humana, no qual arte e religião se conectam. Além disso, a filosofia da arte de Hegel concebe a identidade especulativa entre o espírito divino e o espírito humano, conquistada pela religião cristã em seu momento histórico mais desenvolvido, como superação apenas da chamada arte bela, ou seja, de uma forma de arte que ainda precisa revelar esta unidade por meio de uma materialidade externa, por exemplo, através do belo antropomorfismo dos deuses olímpicos. Contudo, a arte em geral continuaria, segundo a descrição presente nos *Cursos de Estética* de Hegel, aliada à espiritualidade e subjetividade cristãs, de modo a espelhar em suas obras a mesma especulação religiosa presente na interação ou na interpenetração entre a autoconsciência divina e a autoconsciência humana.

Na descrição hegeliana sobre o desenvolvimento da chamada forma de arte romântica, a intuição sensível da materialidade exterior vai sendo, pouco a pouco, substituída pela representação estética, ou seja, por uma imaginação interior e subjetiva que dispensa as imagens externas. Como se pode apreender nas *Lições sobre a Estética* de Hegel de 1823, esse processo de interiorização e espiritualização da arte romântica, atinge o seu auge na poesia, capaz de transformar de vez as imagens sensíveis em representações subjetivas. No gênero literário, o artista, assim como o seu leitor e intérprete, consegue, por fim, não apenas libertar-se inteiramente da conexão com uma materialidade exterior, mas também com a religião, enquanto exigência da expressão de um conteúdo divino. Portanto, na arte romântica, em seu desenvolvimento mais avançado, enquanto poesia prosaica e secular, a arte liberta-se de sua origem religiosa e aproxima-se muito mais da esfera da filosofia. Com isso, passo agora para a demonstração de minha quarta e última tese interpretativa.

4ª. TESE:
A arte não é superada pela filosofia, mas conduz a ela e ressurge nela

A aproximação entre arte e filosofia dá-se principalmente por meio da gradativa presença da reflexão na história arte, em especial na arte moderna. Podemos reconhecer esta presença, em primeiro lugar, por meio da necessidade do artista de refletir sobre sua própria criação, por exemplo, a partir de um conhecimento histórico da arte. A partir desta constatação, a filosofia da arte de Hegel põe em perspectiva crítica a teoria do artista como um gênio apenas intuitivo, capaz de criar suas obras de um modo inconsciente, como que tomado pela inspiração das musas. A autoconsciência e a autorreflexão do artista refletem em sua obra, na forma, por exemplo, da ironia, da metalinguagem, ou ainda na chamada arte conceitual, desenvolvida principalmente em nossa contemporaneidade. A autorreflexão do artista presente na obra de arte, resulta, por um lado, do processo de autonomia e secularização da arte, mas implica, por outro lado, o abandono de sua finalidade originária de realização ou manifestação do belo.

Neste sentido, Hegel afirma que o processo de autorreflexão da poesia culmina na autodissolução da arte, ou seja, em seu ultrapassar para além de si mesmo. É este ultrapassar da arte de sua própria esfera da intuição que interpreto por meio da tese da aproximação da arte com a filosofia. Essa aproximação, contudo, não deve ser interpretada como sendo um momento exclusivo da chamada forma de arte romântica. Pois ela pode ser reconhecida na sua *Filosofia da Arte* de Hegel como um processo presente desde a autodissolução da arte clássica ideal, já na poesia dramática antiga, com o surgimento da tragédia grega, enquanto gênero originário de poesia que se aproxima da filosofia.

Na tragédia de Sófocles sobre Édipo podemos reconhecer a presença de uma estrutura prototípica de autoconsciência, cujo lema originário do templo de Delfos – o "conhece-te a ti mesmo" – serviu de inspiração para a filosofia de Sócrates. Logo no início da introdução de sua *Filosofia do Espírito*, no §377 da *Enciclopédia*, Hegel faz referência a este lema como um "mandamento absoluto", cujo verdadeiro significado é o "do conhecimento do verdadeiro do ser humano, como o verdadeiro em si e para si, – da essência enquanto espírito".[14] Este caráter universal do mandamento de Apolo, que convida para o autoconhecimento do espírito em toda a sua

14 Cf. ENZYKL, III, p. 379.

universalidade, envolve não apenas a expansão da representação religiosa para o conceito filosófico, mas principalmente a intercessão entre a intuição poética da divindade e a reflexão filosófica sobre a verdade e a espiritualidade em sua absolutidade. Esta intercessão fica clara na interpretação hegeliana desta mesma figura de Apolo presente nos *Cursos de Filosofia da Arte* de 1823:

> Apolo aparece como o deus que sabe, como a expressão e bela apresentação do interesse do espírito, como educador das Musas; 'Conhece-te a ti mesmo' é o título de seu templo em Delfos, um mandamento que se refere não às fraquezas e faltas, mas sim à essência do espírito, à arte e à verdadeira consciência.[15]

Esse deus da verdade, que aparece de forma bela na poesia mitológica grega é o mesmo deus a que Hegel se refere na passagem do § 564 da *Enciclopédia*, citado na demonstração da segunda tese do presente ensaio: "Deus só é deus na medida em que ele sabe de si mesmo; seu saber-de-si é, além disso, sua autoconsciência no ser humano, e o saber do ser humano sobre deus, que prossegue até o saber-de-si do ser humano em deus."[16]

O deus que revela a verdadeira essência do espírito na forma do mandamento religioso, poético e filosófico do *conhece-te a ti mesmo* é o mesmo deus que inspira as musas da tragédia, o deus do oráculo, que pronuncia, de modo ambíguo, a verdade do destino de Édipo na tragédia de Sófocles. Antes de ser um herói trágico, que, ao fugir do destino revelado pelo oráculo de Apolo, acaba inconscientemente por realizá-lo, Édipo é a figura mítica que decifra o enigma da esfinge com uma resposta que aponta exatamente para o autoconhecimento de si. Hegel se

15 Tradução da autora. No Original: „Apoll erscheint als der wissende Gott, als das Aussprechen und schöne Darstellen der Interessen des Geistes, als Lehrer der Musen; ‚Erkenne dich selbst' ist die Überschrift seines Tempels zu Delphi, ein Gebot, das sich jedoch nicht etwa auf die Schwächen und Mängel, sondern auf das Wesen des Geistes, auf Kunst und jedes wahrhafte Bewußtsein bezieht" (VAE2, Berlin 1998, p. 124).

16 Cf. ENZYKL, p. 550.

refere ao mito de Édipo em suas *Lições sobre a Estética* ainda no capítulo da arte simbólica, exatamente para mostrar a suspensão do símbolo por meio da arte clássica:

> Édipo encontrou a simples palavra para o deciframento, que seria o ser humano, e derruba a esfinge do penhasco. O desvendar do símbolo encontra-se no significado que é em si e para si, no espírito, tal como conclama ao ser humano a famosa inscrição grega: conhece-te a ti mesmo! A luz da consciência é a clareza que permite que seu conteúdo concreto brilhe através da figura pertencente e adequada a si mesma, revelando apenas a si mesma em sua existência.[17]

Uma descrição semelhante do mito de Édipo aparece na mesma passagem da edição crítica da *Philosophie der Kunst* de 1823[18], com diferenças que ressaltam o caráter de esclarecimento presente na chamada forma de arte clássica:

> A esfinge, segundo o mito grego, propôs um enigma: quem é que de manhã anda sobre 4 pernas, ao meio dia, sobre 2, à noite, sobre 3. Édipo resolveu este enigma e destruiu a esfinge. Este mito é o mais elevado símbolo e realiza a passagem para o esclarecimento de si, para o espírito enquanto liberdade. Este é o princípio do mundo grego e da arte clássica. Nela o simbólico é posto de lado. O humano, o espiritual é representado na fi-

17 Tradução da autora. No original: „Ödipus fand das einfache Entzifferungswort, daß es der Mensch sei, und stürzte die Sphinx vom Felsen. Die Enträtselung des Symbols liegt in der anundfürsichseienden Bedeutung, dem Geist, wie die berühmte griechische Aufschrift dem Menschen zuruft: Erkenne dich selbst! Das Licht des Bewußtseins ist die Klarheit, welche ihren konkreten Inhalt hell durch die ihm selbst angehörige gemäße Gestalt hindurchscheinen läßt und in ihrem Dasein nur sich selber offenbar macht". (VAE1, a.a.O., p. 691).

18 Esta edição baseia-se no pós-escrito (Nachschrift) de Heinrich Gustav Hotho, com variantes a partir do pós-escrito de Carl Kromayr.

> gura humana, naquela figura que pode ter o espiritual enquanto existência. [19]

Comparando-se as duas versões, percebemos que o ditame *conhece-te a ti mesmo* equivale à autoconsciência própria do espírito humano em toda a sua universalidade, tal como exposto pela arte, desde sua origem poética, mítica e trágica. Essa origem constitui também a fonte da qual bebe a filosofia. Por isso, Sócrates é descrito por Hegel em suas *Lições sobre a História da Filosofia* como um herói, capaz não apenas de decifrar os enigmas dos mitos, mas também de ocupar o lugar de uma bela divindade. Com o nascimento da filosofia, o deus que revela que a verdadeira essência do espírito é sua busca de autoconhecimento é inteiramente substituído pelo espírito humano autoconsciente:

> Sócrates é o herói que colocou no lugar do deus délfico o (seguinte) princípio: o ser humano sabe em si mesmo o que é o verdadeiro, ele precisa olhar dentro de si mesmo. (...) Esta certeza interior é, no entanto, um outro novo deus, não o deus anterior dos atenienses; e assim a acusação contra Sócrates é inteiramente correta.[20]

Se, na antiguidade, a arte dramática originária revela o belo deus da verdade, capaz de preparar o espírito para libertar-se por meio do saber de si, conduzindo à reflexão e aproximando-se da filosofia, na moderni-

19 Tradução da autora. No original: Die Sphynx nun, sagt die griechische Mythe gab die Räthsel auf: wer ist dieß, das Morgens auf 4 Beinen geht, Mittags auf 2, Abends auf 3. Oedyp lösste dieß Rätsel und zerschellte die Sphynx. diese Mithe ist das höchte symbol und macht den übergang zum sich Klaren, zum Geiste als der Freiheit. dieser ist das Prinzip der griechischen Welt und der classischen Kunst. In ihr ist das symbolische auf die Seite gestellt. das Menschliche, Geistige ist vorgestellt in menschlicher Gestalt, in derjenigen Gestalt, welche das Geistige als Existenz haben kann." (Hegel, Vorlesung über Philosophie der Kunst, 1823, Felix Meiner p. 352. (Em seguida cidadas como VAE (1823)).

20 Tradução da autora. No original: „Sokrates [...] ist der Heros, der an die Stelle des delphischen Gottes das (folgende) Prinzip aufgestellt hat: der Mensch wisse in sich, was das Wahre sei, er müsse in sich schauen. (...) Diese innere Gewißheit ist allerdings ein anderer neuer Gott, nicht der bisherige Gott der Athenienser; und so ist die Anklage gegen Sokrates ganz richtig" (Hegel, Vorlesungen über die Geschichte der Philosophie, I, a.a.O., p. 718. (A seguir, citadas como VGPH)).

dade, o drama secular desenvolve este saber como o poder do humano que se reconhece no divino, ao mesmo tempo em que reconhece o divino em si mesmo.

Ao comparar o drama moderno com a antiga tragédia, Hegel reconhece que os heróis trágicos alcançam, em ambas os contextos, um grau de humanidade exemplar. Um momento paradigmático se encontra na descrição das personagens shakespearianas, que, segundo Hegel, introduziram na arte do ator de teatro a exigência de que ele as apresente para nós em toda a sua completude e complexidade, sem qualquer máscara.[21] Essa exigência, própria da arte dramática e da poesia modernas, contrasta entretanto, segundo Hegel, com o material mesmo de sua exposição. Pois, se por um lado, o ator do teatro, enquanto um ser humano vivo, precisa suspender sua própria individualidade, a fim de representar um "pathos universal", por outro lado, é preciso que o ator entre em sintonia com as personagens criadas por uma forma de poesia que é por si só "individualizante".[22] É nesse contraste e aparente contradição entre o individual e o universal que Hegel reconhece a grandeza da arte moderna, ao mesmo tempo em que confirma a sua proximidade com o pensamento filosófico.

Hegel reconhece a semelhança entre a obra filosófica e a obra poética ou literária, tanto por sua autonomia e liberdade quanto por sua organicidade. Por outro lado, ele enfatiza uma diferença essencial entre "ambas as atividades". A filosofia, mesmo apresentando "a necessidade do particular", ou seja, mesmo admitindo e aceitando que cada indivíduo deva existir de modo autônomo, precisa "suspender dialeticamente" o particular, a fim de demostrar que sua "verdade e continuidade" se encontram somente na "unidade concreta"[23]. A poesia, ao contrário, não carece desta "demonstração deliberada". Mas o motivo desta não deliberação não consiste em sua incapacidade ou inferioridade. Ao contrário, na poesia, a harmonia entre o universal e o particular é tão imanente, que Hegel a descreve – com

21 "As personagens shakespearianas especialmente são, por si, seres humanos inteiros, concluídos e acabados, de tal modo que nós exigimos do ator que ele, igualmente por seu lado, as apresente à nossa intuição nesta totalidade completa". (VAE3, p. 781)

22 Cf. VAE3, p. 782.

23 Cf. Ibid, p. 378.

uma imagem que lembra a linguagem de Schelling – como presença da alma do todo, ativamente, em cada singular, comparando esta unidade da obra de arte com a unidade presente no organismo vivo, onde a alma habita cada um dos membros, de modo que estes não parecem ter nenhuma existência independente.[24]

Ao compreender como a arte surge da religião e como a filosofia surge da arte, é importante concomitantemente compreender que nem a religião deixa de existir com o surgimento da arte, nem a arte precisa ser inteiramente superada para dar lugar ao pensamento filosófico. Ao contrário: a arte – e em especial a literatura – foi, ao longo da história, aproximando-se cada vez mais da filosofia. E a filosofia, especialmente na época de Hegel, viu-se cada vez mais inclinada a refletir filosoficamente sobre a arte. Pois afinal, a finalidade de todas as esferas do espírito absoluto nada mais é do que promover o saber da ideia absoluta em toda a sua substancialidade, não como oposta, mas como presente e imanente em cada subjetividade singular.

24 Cf. Ibid, p. 379.

Heidegger e a indicação formal do pensamento

MÁRCIA CAVALCANTE

Para o Bicca

A questão aqui considerada é o papel da indicação formal na compreensão do que Heidegger entende por tarefa do pensamento. O texto dessa apresentação está dividido em três partes:

1. Algumas questões de princípio
2. o caráter *indicativo* da indicação formal
3. o caráter *formal* da indicação formal

1. Algumas questões de princípio

Um hábito acadêmico hoje bastante difundido no âmbito dos estudos heideggerianos é dividir não só Heidegger, mas as leituras interpretativas de sua obra, em duas vertentes principais: de um lado, as leituras que buscam o Heidegger filósofo quase cientista e, de outro, o Heidegger pensador, quase poeta. De um lado, uma teoria heideggeriana do conhecimento, de outro, uma teoria heideggeriana da arte. De um lado, a reivindicação de que o conhecimento é mais rigoroso do que a arte e, de outro, a reivindicação de que a arte é mais vigorosa do que a ciência. À base dessas práticas e dilemas exegéticos entre um Heidegger analítico-epistemológico e um Heidegger pensador-poeta encontra-se a mais antiga das distinções metafísicas, aquela entre *logos* e mito, ciência e arte, entre racionalidade e irracionalidade, entre a precisão dos conceitos e a imprecisão da intuição. O problema não está, porém, nem num lado nem no outro. O problema é a oposição. Foi o que viu com clareza Álvaro de Campos ao criticar Fernando Pessoa por confundir "o que a arte é com o que a ciência não é"[1]. Pois "...o que não é ciência nem por isso é necessariamente arte: é simplesmente não ciência"[2]. E completando, o que não é arte ainda não é ciência mas simplesmte não arte. Com essas palavras, Álvaro de Campos nos faz sinal para a necessidade de sermos ainda mais rigorosos do que o rigorosismo ingênuo, que orienta a oposição entre ciência a arte. Pois para além das oposições é preciso ainda saber ver. E esse saber não se alcança por divisão, mas mediante o "estudo profundo" de um "aprender a desaprender". Mas o que é preciso aprender a desaprender? É preciso aprender a desapren-

1 F. Pessoa. O que é a metafísica? In Obras em Prosa, Rio de Janeiro: Nova Aguilar, volume único, p. 561

2 ibidem.

der a pensar. Isso significa: é preciso seguir a reivindicação fenomenológica em seu sentido amplo de aprender a desabitualizar-se de hábitos de pensamento. Essa é uma das grandes aprendizagens que podemos fazer ao estudar a obra de Heidegger. A isso podemos, no entanto, objetar dizendo – mas Heidegger – o primeiro, o jovem, quer nos ensinar a pensar filosoficamente, tendo até mesmo uma teoria do conceito hermenêutico, que chamou de "indicação formal". São vários os textos em que Heidegger trata da indicação formal, dentre eles, *Phänomenologie des religiösen Lebens* (GA 60)/1920; *Phänomenologische Interpretationen zu Aristoteles* (GA 61)/1922 (o chamado Nartorp-Bericht); *Ontologie. Hermeneutik der Faktizität* (GA 63)/ 1923; *Logik. Die Frage nach der Wahrheit* (GA 21), 1925; e o muito importante volume *Grundbegriffe der Metaphysik* (GA 29/30), 1929/30. O volume de sua obra em que encontramos, todavia, a mais ampla exposição do que sejam os conceitos da filosofia é o volume 51 das Obras completas, intitulado *Grundbegriffe*. Existem igualmente vários trabalhos que tratam dessa questão em Heidegger, denre os quais o importante livro de T. Kiesel[3]. Minha proposta aqui será apenas traçar alguns aspectos da indicação formal que possam nos ajudar a entender o que Heidegger entende por pensar. O que Heidegger entende por pensar é uma questão complexa. Podemos no entanto resumir o cerne desse seu entendimento com as seguintes proposições: para Heidegger, nem todo entender é pensar. Mas também nem todo pensar é o pensar da filosofia. O pensar da filosofia é um entender. Em filosofia, entender é necessariamente pensar. Aqui encontramos uma primeira dimensão da indicação formal: 1) *indicação formal é indicação da relação entre pensar e entender*.

2. O caráter *indicativo* da indicação formal

A questão a ser colocada é qual o sentido e a importância da "indicação formal" para compreendermos o que Heidegger entende por pensar. Para isso é, porém, preciso aprender a desparender o que se chama comumente pensar. O que se chama comumente pensar? À idéia grega de filosofia, marcada pela orientação platônico-aristotélica, pretence a idéia

3 Theodore Kiesel. The genesis of Heidegger's Being and Time. Berkeley, Los Angeles, London: University of California Press, 1993.

de ciência, entendida como atitude ou vida teórica, *bios theoretikós*. *Theoria* significa epivisão, o ver de cima de uma visão do todo, de uma visão universalizante.

Mas o que é universalizar? Na primeira das obras citadas (GA 60), encontramos uma resposta de Heidegger a essa questão, que segue Husserl numa grande proximidade. Husserl e Heidegger viram que a universalização compreende duas modalidades básicas. Universalizar é generalizar e formalizar. Importante aqui é a diferença entre generalização e formalização. Ao dizer "o homem é um animal racional", "a pedra é dura", o que se faz é generalizar, isto é, abstrair das particularidades e particularismos para encontrar o "comum" genérico de todos os particulares. A generalização não só acha o comum como ordena conteúdos da experiência – O que, no entanto, distingue a generalização é ser sempre uma relação com conteúdos de experiência.

Já ao dizer "a pedra é um objeto" o que se faz não é mais generalizar mas formalizar. Por que? Porque nesse enunciado deixa-se a esfera dos conteúdos da experiência e a ordem das generalidades. A pergunta fenomenológica vai ser, porém, mas qual a genêse, qual a motivação da formalização? Como é possível largar os conteúdos da experiência? A resposta de Heidegger é que a formalização, ou seja, o desvinculamento da experiência surge do sentido da relação não com a experiência mas com a própria relação com a experiência. *O formal surge da relação com o relacionar-se com a experiência*. Um certo modo de relacionar-se com o relacionar-se é que motiva a formalização que, segundo Heidegger, dominou inteiramente a filosofia[4] e a sua identificação com a idéia de ciência, no sentido grego de *theoria*. Que modo é esse de relacionar-se com a relação que motiva a formalização? Esse modo é de um des-relacionamento, de um esvaziamento de sentido e, nesse esvaziamento, um esquecimento de sua proveniência, que se dá dentro e de dentro da relação. Heidegger pergunta-se como esse hábito formalizador da filosofia, que não consegue dar-se conta de sua proveniência, pode ser recurvado para diante de si mesmo, *vorgebeuget*?[5]

4 GA 60, p. 63.

5 Ibidem

A resposta de Heidegger vai ser – esse recurvamento é o que a "indicação formal" realiza[6]. Encontramos aqui uma segunda dimensão decisiva com respeito ao sentido e à importância da indicação formal. 2) *Indicação formal é des-formalização*, o movimento que recurva, que faz retornar a formalização para o de onde ela se constitui. Esse movimento não pode ser, porém, realizado pela formalização, por nenhuma lógica. A lógica, entendida como estrutura de formalização, não é capaz de remeter para a sua própria gênese. O movimento de recurvar para a transparência da própria gênese é, por sua vez, um movimento negativo mas não negador. O que a desformalização realiza é um retorno ao relacional nele mesmo, um retorno à *relação como relação*. O problema aqui indicado é de como aproximar o pensar do em sendo do ser e não do ser do em sendo, que é o problema das generalizações. Com isso, Heidegger afirma que a fundamental realização ou desempenho da indicação formal é recurvar a relação para o seu sentido vivo, o sentido de ser-relação, sentido de ser *como* relação. A indicação formal, diz ainda Heidegger, não propicia um outro conceito ou sentido de relação. Ela faz aparecer o *vazio* do sentido formal de relação e, nesse vazio, a *tarefa* de recurvar a relação para a sua própria dimensão, a tarefa de uma destruição ou hermenêutica conceitual[7]. Ao indicar o vazio e a tarefa de rearticular a relação à sua dimensão, evidencia-se o nivelamento operado por toda caracterização formal. Em sua caracterização formal, relação é relação entre *relata*, entre a e b, podendo definir-se ou bem como a *e* b ou como a *ou* b, ou como conjunção ou como disjunção. Nessa caracterização, desarticula-se a dimensão desde a qual a relação se dá. Nessa desarticulação, nivelam-se todas as relações a uma conjunção ou disjunção entre coisas simplesmente dadas. Toda formalização consiste num esvaziamento e des-relacionamento com a vida fáctica do homem. *Toda formalização é, na sua gênese, des-vitalização, Ent-lebung*, lembrando uma outra expressão fenomenológica de Heidegger. Enquanto desformalizacão, a indicação formal chama a compreensão para a tarefa de recurvar a for-

6 Ibidem.

7 "Wir müssen nur bedenken, dass die formale Charakteristik nicht das Wesen gibt, sondern umgekehrt allenfalls gerade nur die unterscheidende Aufgabe anzeigt, die Beziehung aus ihrer eigenen Dimension zu begriffen, statt umgekehrt die Dimension durch die formale Charakteristik zu nivellieren, ...", Martin Heidegger, GA 29/30, p. 425.

malização niveladora para a dimensão ou o horizonte da vida fáctica. A indicação formal é revitalizadora. Temos aqui uma terceira dimensão da indicação formal: 3) *indicação formal é indicação no sentido de fazer aparecer a estrutura de formalização*. Ela é descritiva, explicativa. Nas interpretações fenomenológicas de Aristóteles, Heidegger mostra, com bastante clareza, como fazer aparecer as estruturas operantes numa formalização.

Para entender, no entanto, o sentido e a importância da indicação formal para o pensar é preciso lembrar que em questão não está qualquer pensar com quaisquer botões, mas o pensar da filosofia. Em questão estão a filosofia e os seus conceitos. Indicação formal é o modo como Heidegger distingue conceitos da filosofia dos conceitos da ciência. Essa discussão é central nos cursos *Conceitos Fundamentais da Metafísica* (GA 29/30). Essa distinção é principial, pois somente os conceitos da filosofia são indicações formais. Essa distinção diz, ainda, que enquanto os conceitos da ciência pretendem ser pontos de chegada, ou seja, instrumentos para formulações e soluções, unidades de categorias, os conceitos da filosofia são indicações de **tarefa**, são pontos de partida, são conceitos que expõem atitudes, sendo o que permite ao pensamento desprender-se do já conhecido e sabido e não prender-se ao que já se sabe como sendo o ideal de conhecer e saber. São "conceitos" abertos, que se sustentam no vago, no em suspenso do dar-se do sentido. O sentido mais decisivo dessa distinção entre conceitos da filosofia e conceitos da ciência reside na indicação de que os conceitos metafísicos da filosofia são imprecisos, vagos, abertos, em suspense, pois estão sempre buscando recurvar o esvaziamento da formalização do relacional à dimensão viva do ser-relação da vida fáctica do homem, mesmo quando não o conseguem e nem sabem disso. Assim, não são os conceitos de Heidegger que são indicações formais mas, sim, o brilho metafisico-impreciso, vago, aberto e em suspenso dos conceitos filosóficos ditos metafísicos.

Os conceitos filosóficos, metafísicos têm um brilho ou aparência particular. Kant chamou esse brilho de ilusão dialética, *dialektischer Schein*. E o definiu como o paradoxo de a razão pensar conceitos que ela mesma não pode definir e fundamentar racionalmente. Num contraste a Kant, Heidgger vai entender esse brilho ou ilusão dos conceitos metafisicos como brilho *fáctico*. O seu brilho fáctico é o brilho da ambigüidade do pensamento da filosofia. Em sua ambigüidade, o pensamento da filosofia é o risco, o perigo e a inexorabilidade da incompreensão. Filosofia não é só uma atividade humana. Filosofia é o acontecer do fundo do ser no homem. Por ser o acontecer do fundo do ser no homem, a filosofia é sempre ambígua. Sendo o acontecer de fundo de ser no homem, a filosofia evidencia o homem como ser relação a ser e, sendo nada mais, nada menos que relação, o homem aparece como cruzamento de ser e não-ser em tudo o que é e não é[8]. É por isso que filosofia é ambígua e não por má formulação dos filósofos sibilinos ou por incapacidade de seus leitores e intérpretes. Em sua ambigüidade, o pensamento da filosofia está sempre no risco da incompreensão. O risco de incompreensão, que dá brilho ao pensamento da filosofia, constitui a essência e a força dessa ação humana, que chamamos, o pensar. O risco e o perigo não se dão por imprecisão dos conceitos metafísicos mas porque, em seu *vir-à-palavra*, seja para si ou para os outros, seja no seu hoje ou na história, o pensamento está sempre no risco de perder-se num entendimento comum, na resistência ao pensar. O entendimento comum não entende mal as coisas do pensamento. O entendimento comum não entende as coisas do pensamento porque as nivela e formaliza num sentido de ser como simplesmente dado, numa substancialidade imobilizadora. O entendimento comum ontifica, toma as coisas do pensamento como algo da vida cotidiana, ou seja, algo útil, algo para uso e abuso, para controle e poder do homem sobre a vida e o ser. O entendimento comum, ingênuo, vive dos dogmas da exclusão de ser e não-ser e da soberania do homem sobre a vida e o ser. O que o entendimento comum, o entendimento dos "vulgos" não entende, porque não consegue realizar, é que a coisa da filosofia nunca está dada, mas precisa aparecer, precisa tornar-se questão e que a coisa da filosofia só aparece e se torna questão quando ocorre uma trans-

8 Nas preleções intituladas Hermeneutik der Faktizität, GA 63, Heidegger define o conceito filosófico como visão da facticidade. ""Begriff" ist kein Schema, sondern eine Möglichkeit des Seins, des Augenblickens, bwz. augenblickskonstitutiv; eine geschöpfte Bedeutung; zeigt Vorhaben d.h. versetzt in Grunderfahrung; zeigt Vorgriff,d.h. verlangt ein Wie des Ansprechens und Befragens; d.h. verstezt in das Dasein nach seiner Auslegungstendenz und Bekümmerung. Grundbegriffe sind keine Nachträglichkeiten, sondern vor-tragend: Dasein in den Griff nehmen in ihrer Weise", GA 63, p. 16.

formação radical da presença humana na qual o pensar se sintoniza com o acontecer do fundo de ser na singularidade finita do homem. Com isso diz-se que os conceitos filosóficos surgem de dentro do nexo vivo entre existência autêntica e inautêntica, instante e ausência de instante, de ser e não-ser, um nexo que se deixa indicar no termo "presença", *Da-sein*. Isso diz ainda que nenhum conceito filosófico pode assegurar a compreensão contra incompreensões. A imprecisão metafisica dos conceitos filosóficos mostra, ao contrário, como à compreensão pretence a incompreensão. Os conceitos filosóficos são "indicações" de que o que se está dando é uma tarefa de pensar, a tarefa de desprender-se do entendimento comum para aderir a uma transformação do si mesmo em presença do acontecimento do fundo de ser na singularidade finita do homem.

Mas o que é ser? Ser é ele mesmo, como diz Heidegger na *Carta ao Humanismo*. Ser é puro ser. É "puro" no sentido de ser nada e, sendo nada, não ser vazio. *O relacional esvaziado de sentido na formalizção toca estranha e paradoxalmente o nada de ser*. Esse é o tema central dos cursos de Heidegger em 1941, publicados sob o título *Grundbegriffe*. É por ser nada, que a presença do todo do ser no homem e a presença de homem no todo do ser, situa o homem no nada aberto e infinitivo de um poder-ser. Os conceitos filosóficos, metafísicos, vagos e imprecisos surgem da sintonia com esse entreaberto do fundo de ser que é "nada". Por isso, os conceitos da filosofia não são garras com as quais poder-se-ia agarrar ou captar o ser do homem e das coisas. Os conceitos da filosofia são, ao contrário, toques, um "toque" capaz de recurvar o homem para o nada aberto, infinitivo, em suspenso do *todo de ser*. Os conceitos são formais indicativos porque podem tocar a compreensão de modo a despertá-la para o fundo vibrante e pulsativo, para o nexo vivo de ser e não-ser, para o todo do ser. Eles podem tocar a compreensão, porém, porque, seguindo Heidegger nos cursos de 29/30, *só podemos conceber o seu rigor conceitual quando formos tocados não pelo conteúdo dos conceitos mas por aquilo que os conceitos querem tocar*. Eles tocam a compreensão porque assinalam o que eles querem tocar, a saber, o fundo aberto, infinitivo, vibrante de ser, o *fundo que sempre se retrai a toda tentativa de formalização, de generalização, de conceitualização*. Indicação formal é um modo de lembrar as palavras de Heráclito de que as palavras originárias de um filosofar vivo não dizem nada nem nada subtraem. O que essas palavras fazem é assinalar o retraimento (frag 93), é fazer visível a visibilidade do invisível.

"Todo ser tocado provém e mantém-se numa disposição"[9], numa *Stimmung*, insiste também Heidegger, mas isso somente quando o filosofar não é uma ocupação dentre outras, um carreirismo acadêmico, um meio de promoção social, uma intelectualização e instrumentalização da vida. Isso só se mostra quando o filosofar, citando novamente Heidegger, "acontece no fundo – no *Grund* – da presença humana"[10]. Nesse sentido, os conceitos filosóficos e o seu brilho formal indicativo são conceitos de fundamento, que emergem desde uma disposição de fundo, uma disposição capaz de permitir vir à palavra o todo do fundo de ser. Falar de todo é falar de fundo e vice-versa. E somente porque esses conceitos só se deixam compreender numa disposição, num ser tocado pelo que os conceitos querem tocar, num ser envolvido pelo que os conceitos querem envolver, por isso eles não são generalidades e universalidades. A indicação formal evidencia, explicita, faz aparecer a diferença entre todo e universalidade. Como indicações formais, os conceitos metafísicos filosóficos são as palavras do dar-se do todo do ser na singularidade, isto é, na solidão finita do homem. Por isso "nenhum conceito do todo é possível", diz Heidegger, "sem envolver o conceito de existência pensante"[11]. O brilho formal indicativo dos conceitos de fundamento, dos conceitos que emergem do toque do fundo do ser, dos *Grundbegriffe*, é o brilho de uma imprecisão, de um vibrar e oscilar em suspenso. Heidegger vai definir o pensar desde os *Grundbegriffe* (GA 51), dizendo *Denken ist Ahnen*, pensar é suspeitar, des-confiar, presentir, prenunciar, um ater-se ao nada em suspenso de ser. Pensar é uma capacidade negativa no sentido que o poeta inglês John Keats conferiu a essa expressão, quando numa carta ao irmão disse que: "por capacidade negativa eu entendo o pensamento (a presença de ser no homem) capaz de ser nas incertezas, nos mistérios, nas dúvidas, sem a irritação de correr atrás de fa-

9 GA 29/30, p. 9.

10 Ibidem, p. 19-35.

11 Ibidem, p. 13.

tos e razões"[12]. Esses conceitos parecem ambígüos, porque o entendimento comum não consegue ver o dar-se de ser desde a luz do todo do ser. Os conceitos de fundamento da filosofia, ou seja, os conceitos que emergem desde o toque do fundo aberto, infinitivo, vibrante de ser são indicativos porque deixam não tanto aparecer mas *transparecer* as coisas sob a luz do em suspenso, do nada todo de ser, do que podemos chamar em português de entre-ser. Com isso, podemos compreender porque Heidegger chama esses conceitos de "indicação", *Anzeige*.

3. O caráter *formal* da indicação formal

Resta, no entanto, discutir porque esses conceitos não são apenas indicações ou indicações informais, mas indicações "formais". Por que *formal* se em questão está a des-formalização, a destruição que recurva e reconduz o pensamento para o fundo aberto, infinitivo, vibrante do todo-nada, em suspenso de ser, do entre-ser? É formal porque em questão não está o desinforme e disforme da ambigüidade mas a gênese, o nascer da forma, a luta *na* ambigüidade pela transparência da tensão oscilante de ser e não-ser. *O sentido e a importância da indicacão formal residem na indicacão de que pensar distingue-se fundamentalmente de formalizar, pois significa expor a gênese de forma.* E é no sentido de expor a gênese de forma que quero sugerir entender o pensar como um esboçar. Recurvando o arco tensionado do pensamento para o vibrar oscilante e em suspenso do entre-ser de ser, rearticulam-se as relações de compreensão ao puro relacional de ser, isto é, à tensão em suspenso do relacional, ao acontecer do relacional como tensão de ser e não-ser. Pois trata-se, como diz Heidegger, "de nada menos do que reconquistar na presença pensante do homem essa dimensão originária do acontecer de onde se torna possível "ver" todas as coisas no esplendor de sua simplicidade, no rigor de seu vigor e no sustentar de sua oscilação"[13]. Os conceitos de fundamento possuem o brilho de uma indicação formal por assinalarem o retraimento do todo do ser em tudo o

12 "I mean Negative Capability, that is when man is capable of being in uncertainties, Mysteries, doubts, without any irritable reaching after fact & reason" (carta a George och Thomas Keats 21 december 1817)

13 GA 29/30, p. 35.

que é e, assim, dar nascimento às formas, ou seja, à visão das coisas na simplicidade, no vigor e na vibração oscilante de seu aparecer.

O sentido de "formal" na expressão "indicação formal" quer indicar, portanto, num primeiro e decisivo momento, o caráter criador do pensamento. Pensar é criar[14]. Essa criação, a gênese de forma, não é porém um afastar-se de toda forma mas o descobrir na forma o sem forma da gênese, o aberto, infinitivo e vibrante (oscilante) entre-ser de um surgir, de um nascimento. Conhecimento filosófico é co-nascimento, um acontecimento de fundo no fundo do acontecer de ser na singularidade finita do homem. Nesse sentido, a criação filosófica é mais, ou se quisermos menos, que formadora. É transformadora, pois faz ver a forma desde a temporalidade de sua gênese. É transformadora por fazer ver o surgir de coisa como coisa. É transformadora por deixar ver na coisa, na forma, o que não se deixa ver como coisa ou forma, só se deixando ver desde o fundo aberto, infinitivo e vibrante (oscilante) de ser. Heidegger cunha a expressão "indicação formal" numa interpretação, numa *Auseinandersetzung*, com o pensamento de Kant e, especificamente, na sua leitura do esquematismo transcendental, da imaginacão, da diferenca entre intuição formal e forma da intuição, entre imagem e esquema. O decisivo nessa discussão é, contudo, o sentido de **ser como aparecer**. Para Kant e, não obstante diferenças profundas, também para a fenomenologia de Husserl, ser é aparecer para a consciência. Para Heidegger é no aparecer que consciência se constitui. Mas o que importa para se compreender o sentido e a importância da indicação formal é que o aparecer só se dá como aparecer retraindo-se no que aparece. Em sucessivas discussões sobre o mostrar-se das coisas para a consciência, desde a filosofia de Kant, Heidegger vai procurar mostrar que o "*a priori*", a condição de possibilidade para se ganhar uma conceitualização formalizadora é perder de vista a dimensão da vida fáctica do homem de onde a conceitualização pode surgir. Esse perder de vista não é, porém, algo que se possa eliminar ou reduzir por alguma prótese conceitual. É no perder-se da dimensão originária

14 Para um desenvolvimento de como compreender a afirmacão de que pensar é criar, cf. o livro de Gilvan Fogel. Conhecer é criar. Um ensaio a partir de F. Nietzsche, São Paulo: Discurso Editorial, 2003.

que a originariedade da dimensão aparece. Dimensão, essa dupla medida do cruzamento de ser e não-ser do homem no ser, é linha de horizonte. E horizonte é o que se descobre como horizonte quando, na tentativa de agarrá-lo, ele escapa. Assim, toda tentativa de conceitualizar e objetivar o aparecer do que aparece é êxito e fracasso, ao mesmo tempo. É fracasso pois o aparecer sempre se retrai e escapa ao confundir-se com o que aparece. É êxito pois é precisamente em retraindo-se num aparecimento, é precisamente na incapturalibilidade de seu acontecer que o acontecer se mostra como acontecer. Nesse sentido, não há imagem possível para um aparecer. Ao mesmo tempo, é no desaparecer do aparecer na imagem do que aparece que o aparecer se mostra como aparecer. Esse aparecer em desaparecendo no que aparece, esse mostrar-se retraindo-se na imagem de algo, é um mostrar-se indicativamente, um mostrar por indicação e não por posição ou oposição. É o mostrar-se numa esquematização, que não deve ser confundida com esquema, no sentido de regra de visibilização de uma representação. Essa esquematização deve ser entendida como esboço, a apresentação plástica mais direta da gênese plástica de uma forma, por ser a correspondência mais próxima do acontecer, desprendida tanto da memória de um arquétipo como do projeto como expectativa de um ideal. O brilho indicativo formal dos conceitos de fundamento são uma exposição, no sentido de fazerem aparecer o aparecer, de tornarem visível o fazer-se visível, a visibilidade. Por isso, Heidegger, explicando esse sentido de formal, no curso sobre Lógica, ministrado em Marburgo em 25, recorre ao quadro de Franz Marc, *O corço na floresta* , definindo o "conceito hermenêutico" como o conceito na arte, como o fazer visível de uma compreensão do entre-ser de ser:

> "essa exposição, o tornar visível da visibilidade de um conceito, pode ser também chamada de esquematização num sentido artísticamente plástico, mas isso quando por conceito não se compreende o conceito teórico, o conceito zoológico de corço, mas o conceito de um ente, que se acha juntamente comigo em meu mundo e no mundo que compartilha com o que lhe cerca; o que apa-

> rece é a corço como "morador do mundo" em contraposição ao conceito anatômico-zoológico de corço. Observando-se essa diferença entre conceitos, pode-se então de fato dizer que, na arte, o conceito expõe-se, o conceito faz-se visível. No fazer visível, na exposição artistica-plástica, faz-se visível a compreensão de um ente e de seu ser no mundo, a saber, de seu ser-na-floresta, um *In-dem-Wald-sein* e o seu modo de ser. Chamamos esse conceito de corço e de seu mundo, que se faz visível num quadro, de "conceito hermenêutico", e isso por oposição a um mero conceito de coisa"[15].

Na dimensão da gênese da forma, do fazer aparecer o aparecer de uma forma, o conceito de fundamento num pensamento e numa obra de arte são equivalentes – pois ambos são um "conceito hermenêutico". O próprio do conceito hermenêutico é fazer aparecer o aparecer de uma experiência e, assim, do que não se deixa representar ou apresentar mediante nenhuma forma. O conceito hermenêutico aprofunda o que Kant chamou, na *Crítica do Juízo*, de "idéia estética".Todavia, o aparecer apenas se mostra como tal desaparecendo em formas. O conceito hermenêutico é aquele que consegue mostrar na forma o sem forma de uma gênese, de um toque de começo. Nesse sentido, o conceito hermenêutico não é nem reprodução e nem projeção. O conceito hermenêutico é puro esboço. Em seu brilho formal indicativo, os conceitos da filosofia, os conceitos que emergem do fundo oscilante de ser, não sabem, esboçam. A tarefa dos conceitos filosóficos, vagos, imprecisos, negativos, ambíguos, entendidos como indicação formal é fazer aparecer o aparecer do que aparece. O aparecer do que aparece mostra-se ocultando-se no que aparece. Com a discussão sobre indicação formal podemos enfrentar algumas questões importantes. Uma é a questão de por que Heidegger continua a usar conceitos metafísicos, como ser, essência, etc. Outra e mais fundamental é a critica a Heidegger de que não é possivel desenvolver uma ontologia da vida fáctica do homem porque o

15 GA 21

que se quer apreender e conceber é o que não se deixa apreender e conceber como "algo", ou seja, o *Da-sein*, a presença de ser no homem, o seu ser uma inapreensibilidade por ser o cruzamento de ser e não-ser em tudo o que é e não é. Lendo-se a indicação formal em Heidegger como gênese plástica da forma, e nesse sentido fazendo uma ligação com as suas discussões sobre a diferença entre imagem e esquema em Kant e, expandindo essas discussões mediante uma reflexão sobre a imaginação do sublime na terceira Crítica, encontramos algumas pistas para "pensar" a questão de se pensar o impensável, ou seja, a impossibilidade de o ôlho ver a si mesmo. É no sentido de uma fundamentação da afirmação de que pensar é esboçar que se tornam necessários uma discussão sobre a imaginação do sublime, ou seja, do que não se deixa conceber por nenhum conceito nem exprimir com palavra alguma e uma reflexão sobre os sentidos de *Entwurf*, *Riss*, *Aufriss* (sobretudo na *Origem da obra de arte*). Essas investigações nos colocam a caminho de uma hermenêutica do esboço e de sua tensão com o desenho. Em questão está a tarefa hermenêutico-fenomenológica de aprender a desaprender a pensar, buscando pensar o impensado.

Marcia Sá Cavalcante Schuback

Liberdade e solidão

GILVAN FOGEL

Para meu amigo,
meu grande amigo Bi-K,
homem só e livre

Vivo no cimo de um outeiro
Numa casa caiada e sozinha,
E essa é a minha definição.[1]

1 Cf. Alberto Caeiro, O Guardador de Rebanhos, XXX, em Fernando Pessoa, Obra poética, vol. Único, Aguilar Editora, Rio, 1974, pág. 220

1. Liberdade, da qual aqui vai se falar, não é aquela que reivindicamos quando reivindicamos nossos direitos civis, nossos direitos de cidadão devidamente documentado, reconhecido e juramentado, com carteira de identidade, de trabalho, CPF, vacinas, impostos e carnês em dia. Não é a liberdade que reivindicamos quando reivindicamos nossos universais direitos humanos, os quais já estão dados e garantidos por estatuto, por leis constitucionais e ordinárias. Ser livre, assim, seria usufruir de direitos já ganhos e legalmente constituídos. Isso, claro, é bom, é importante, para tocar o duro do dia a dia, mas, aqui, agora, é pouco. De modo geral, sob tal liberdade entendemos, primeiro, o *não* ter direitos transgredidos e lesados e, segundo, o *não* ser, *não* estar ou *não* achar-se constrangido, acuado ou submetido por alguma, qualquer que seja, força de coação, seja física, seja moral, seja externa, seja interna – impeditiva, por exemplo, de nosso *direito de ir e vir*, tal como se diz. Entende-se, então, ser ou estar livre como o *não*[2] cativo, o *solto* e, neste sentido, autônomo, independente e, então, soberano, dono de si, do seu nariz. Liberdade seria ainda uma capacidade, uma faculdade ou um poder individual, pessoal, mesmo de uma comunidade ou até de um povo, de optar, melhor, de decidir e de escolher livremente, isto é, com plena, com total autonomia, tal como dito acima, como dono de si, de sua vontade, de sua deliberação ou arbítrio. Enfim, ser livre é, seria não ter sobre si nenhuma coação, nenhum jugo, nenhum impedimento ou óbice, de nenhuma ordem, física, social, política, religiosa, moral.

Tal liberdade deve ser entendida como "ser livre de", ou seja, de jugo, de coerção ou de coação *desde fora*. Aqui, no entanto, queremos fazer nossa e, então, comentar e esclarecer, uma fala fundadora de vida, de existência, e que vem à tona pela boca do *Zaratustra*, de F. Nietzsche. Ele, a certa altura, diz-pergunta: "Livre *de quê*? Que importa isso a Zaratustra! Mais limpidamente, porém, deve anunciar-me teu olho: livre *para quê*?"[3]

Antes, um breve esclarecimento. Não se deve entender *o Zaratustra* como uma pessoa, como um indivíduo. Também não como o profeta mas-

2 Insistimos no "não", e no seu grifo pelo itálico, para marcar o caráter negativo e reativo desta liberdade.

3 Cf. Nietzsche, F., Assim Falava Zaratustra, I, Do caminho do criador.

deísta. Ele não deve ser visto como um personagem ou como uma criatura saída da fantasia, talvez doentia, ou do delírio, talvez poético, doentiamente poético, de alguém chamado Frederico Guilherme Nietzsche, também visto como neuropata. Não. É preciso ouvir, é preciso poder ouvir na fala de Zaratustra, *nesta e desta obra*, a própria fala de vida, de existência – sobretudo a ocidental, europeia. Então, assim, trata-se de vida auto-expondo-se, dizendo-se e mostrando-se a si mesma desde si mesma, quer dizer, vida realmente como vida, pois vida é movimento que, desde si mesmo, move e expõe-se, mostra-se, a si mesmo — *psyché*. Ouçamos, então, na citação acima, a fala e um mandamento de vida para a vida. Portanto, algo arcaico-originário, quer dizer, sem data, não regido por cronologia, mas a irrupção de um acontecimento insistentemente fundador, revigorante, re-inaugurador, pela insistente repetição, retomada e, então, revitalização e que deve assim soar: "Livre *de quê*? Ora, isso não interessa a mim, a vida! Ora, que importa isso a mim, a vida! Decisivo para mim, a vida, porém, é: livre *para quê*?"

2. Pois bem: como entender este "livre para *quê*"? Inicialmente, entende-se: trata-se de ser livre para alguma coisa, para algum algo. O *quê* seria esta coisa, este algo. Mas esta coisa, este algo, em se tratando de coisa ou de algo essencialmente humano, não é nenhuma coisa e nem nenhum algo, mas, sim, tão só *um modo de ser*, que se mostra como um fazer, uma ocupação, uma lida. Melhor: trata-se de ser livre para um afazer, para uma tarefa. *Ser livre para* diz, pois: tenha, *seja* um fazer, um afazer ou uma tarefa. E por *livre* cabe entender um *aberto para*. E *aberto para* quer dizer: apto, propenso, disposto ou mesmo pré-disposto para... a ocupação, o afazer, a tarefa. O afazer ou a tarefa configura-se como *uma possibilidade de ser*, isto é, um poder-ser possível próprio à vida, à existência. Enfim, afazer ou tarefa fala de um possível *verbo* no e do viver ou existir humano.

Então, a necessidade de um *livre para* está falando da necessidade de *nascer para* um afazer, para uma tarefa, ou seja, para uma possibilidade, um poder-ser ou um verbo próprio do e no viver ou existir. E este nascer, que, aqui, nada tem a ver com genética, reprodução humana ou obstetrícia, é só um modo de dizer *abrir-se para*, quer dizer, acordar, *despertar para*. Este nascer, em sendo, como todo nascer, um vir à luz, fala do iluminar-se de um afazer ou tarefa, quer dizer, do abrir-se e revelar-se de *um caminho*, de um movimento ou da dinâmica de um vir-a-ser, de um fazer-se, o que, em sendo caminho, perfaz um aviar-se, um enviar-se — *um* destino. *Livre para* fala, então, da necessidade de ter, melhor, de *ser* um envio, um destino, isto é, *uma história*. Fala-se *destino* e com isso, pensando-se história, não se pensa ou sub-pensa fatalismo, fatalidade. Destino fala, sobretudo, envio. E envio é o fazer-se e cumprir-se de uma história. É história. Um *pôr-se a caminho*. Então, *por isso*, conquista, auto-conquista e, assim, auto-realização. E, enquanto tal, constitui a cunhagem de um próprio, o esculpir-se de uma identidade. É isso a ação, a atividade de liberdade – *a ação que libera, que liberta uma identidade. Por isso, sobretudo, livre.*

Despertar para – como despertar? Tal *despertar para* dá-se, acontece, quando se é tocado ou tomado, isto é, afetado, por uma tal possibilidade, por um tal afazer, por uma tal tarefa. Sim, tocado ou afetado. Aqui há, acontece algo estranho, paradoxal: é o estranho, o paradoxo de ser tocado e tomado pelo que já se é, por *aquilo* ou por *aquele* modo de ser, no qual já se está, o qual já se é, que é justamente a possibilidade humana, a saber, a tarefa, o afazer, para o qual se desperta ou para o qual é preciso despertar. De algum modo, já se é esta, aquela ou qualquer que seja possibilidade ou tarefa, uma vez que se é homem, isto é, que se é, que se vive, que se existe e, então, por ser homem, já se é ou se está, em princípio, em toda e qualquer possibilidade, poder-ser, que é afazer. Cabe, sim, acordar, despertar para *uma*, melhor, para *aquela que se faz necessária e, assim, se faz destino*. E ao ser tocado, ao ser despertado *para*, aquele que assim é tocado e tomado, *se atende, se ouve, se obedece, se segue o toque*, então, ele passa a atender e a seguir a um *sentido*, que se faz um chamado, uma vocação, isto é, um chamado de ser — melhor, *para* ser ou *para* tornar-se. Esta é a *forma* ou a *estrutura* contida no mandamento pindárico "vem a ser, torna-te, desde teu afazer ou *experiência*, quem tu és".

Um destino não é melhor ou pior. Não é maior ou menor, mais ou menos destino. Primeiro, precisa ser realmente destino, isto é, envio (ou afazer, ocupação) *necessário*. A partir daí, sua *medida* passa a ser a *neces-*

sidade e o *limite* da possibilidade[4], da qual o destino é destino, ou seja, da qual se é o fiador, o realizador, o cumpridor. Assim sendo, um destino será também a perfeita sintonia entre dever-ser, poder-ser, querer-ser e precisar-ser. Um homem de autêntico destino *quer o que pode* e *só* o que pode – *isso ele deve e precisa ser*.

Assim, *ser livre para* é conquistar a tarefa própria à medida que se entrega, isto é, que se segue, que se obedece a um chamado *de*, *para* ser – atende-se, sim, a uma *vocação*. E desse modo cumpre-se o "vem a ser o que ou quem tu és". O que se é não é coisa ou algo algum pronto e feito, mas sim só e tão só *uma possibilidade de ser por fazer*, a fazer – a fazer com que venha a ser ou se faça. A liberdade, enquanto e como ação, é a *construção* deste destino, a cunhagem deste envio, o esculpir-se desta história, deste *tempo*. E assim se é, se deve ser, *homo faber*, quer dizer: fazedor, urdidor de seu destino, de sua história, de sua identidade. De seu *próprio*. Liberdade, assim, é o *meu* tempo fazendo-se, tornando-se o *meu* tempo no *meu* fazer, como o *meu* fazer, afazer ou na *minha* e como a *minha* tarefa – a *minha* ocupação necessária. Mas o que quer dizer "o *meu* tempo"? Seria eu, o eu, de modo geral, o autor, a causa, o sujeito, o dono ou o senhor do tempo? Não. Tempo, como todo o viver humano, é transcendência que sobrevém ao homem e assim o toma e dele se apodera, se apropria. O homem – isto é, o ente, melhor, *o modo de ser vivente* que é *o* tocável, *o* tomável, *o* afetável. Quer dizer: o apoderável, o apropriável – pois *aberto ou livre para*. O *meu* tempo, considerada esta forma transcendente do tempo, i. é, da própria vida ou existência, fala do tempo concretizando-se, realizando-se como a realização, como a concretização ou o cumprimento do *meu* destino, da *minha* história – do e no meu fazer ou afazer. É, pois, o tempo enquanto e como a *singularidade* que sou, a singularidade que é o *meu* destino – a minha identidade cunhada, forjada como ação de liberdade, quer dizer, como o exercício de *liberação* deste próprio, desta identidade no *meu* afazer, *como* meu afazer ou como a minha e *só minha* tarefa.

4 Ainda em Píndaro, na terceira Ode Pítia (3, 79-80), lê-se estes belos, pois agudos, versos: "Não, alma amiga, não cobices uma vida imortal (eterna), // mas exaure o que está em teu poder realizar (i. é, o possível)" (tradução do professor Francisco J. D. de Moraes). Albert Camus tomou a lei contida nestes versos, a saber, o possível como o limite e, então, o absoluto, como epígrafe, como mote, para Le Mythe de Sisyphe.

A minha singularidade – leia-se: a minha *solidão*, a solidão que sou, que *preciso* ser. E o silêncio capaz de ouvir (i. é, seguir, obedecer) tal destino, tal solidão. Esta escuta é a força de revitalização *do* e *no* exercício da liberdade.

3. Do ponto de vista vital, existencial, vimos, liberdade não se define como ausência de constrangimento e, então, como o livre do *todo solto, todo largado* e até mesmo do *tudo liberado*, enfim, do autônomo, no sentido do dono de si nas decisões, escolhas, nas deliberações da vontade livre. Assim, liberdade não se define, mais ou menos, pelo que habitualmente se entende sob *livre arbítrio*. Então, do ponto vista vital-existencial, liberdade não se identifica, não coincide com a prática, com o exercício do livre arbítrio.

Também para a compreensão de solidão é preciso que nos orientemos pela bússola vital-existencial. Quer dizer, que vejamos solidão desde o fundo e a radicalidade da vida, da existência – do *só* ou singular de vida, de existência. Assim, neste horizonte, solidão começa não sendo isolamento e nada tendo a ver com o tipo enrustido e *ouriçado*. Solidão não deve, igualmente, ser vista desde e como interioridade, intimismo, como o fechado e o encapsulado do e no solipsismo. Nada introspectivo e macambúzio. Não se confunde, não deve se confundir, com nada subjetivo e subjetivista — *autismo*. Nenhuma interioridade ou ensimesmamento *abafado*, pois, se verá, a solidão é entrega à obra, à transcendência da obra – o afazer, a tarefa. Tudo isso, intimismo, interioridade, abafamento solipsista, na verdade, aponta para esterilidade e morbidez. Enfermidade — porão dostoievskiano. Coisa doentia e que costuma vir acompanhada de lamento, de lamúria, de choramingação, como *coisa* de tipo *doente* e *infeliz*. O só, o verdadeiramente só desdenha e despreza tudo isso. Melhor: ele desconsidera; sobranceiramente, ele *desvê* tudo isso. A verdadeira, a autêntica, digamos, a *boa* solidão é de outro barro, é outra *cepa*. Outra musa. Sim, musa, quer dizer, outro *mundo* e, então, outra força, fonte geradora. Porque solidão é geração, força geradora. Saúde, uma *grande* (= radical, essencial) saúde. Lugar e hora de criação.

Direto à coisa: solidão é a *evidência* da irrevogabilidade de se precisar ser o fazedor, o feitor, e, assim, o *fiador* e o cumpridor do destino próprio, da necessidade própria de ser, do envio (e, então, da história) que se é – quer dizer, o fiador e o feitor, o único feitor e fiador do afazer que é o meu, da tarefa que é a minha, e que preciso ser e cumprir. Isso é *coisa* de absoluta, de radical, de visceral solidão. *Só eu posso ser, só eu posso fazer e cumprir.* Foi dito "evidência". Que, aqui, agora, não se entenda nada da ordem do intelectual, do racional, do lógico e do silogístico, nada de consciência clara e distinta na e como representação conceitual, nada de entendimento e de intelecto, nada de *lumen naturale* ou de *luz natural da razão*. Evidência, aqui e sempre, é o iluminar-se de uma *experiência* [experiência (afeto, páthos) é evidência, pois revela, mostra] fundadora e norteadora que, abrindo-se e impondo-se como a direção da ação necessária – o *sentido* –, revela um percurso (uma história, um envio, um destino), a fazer, por fazer, e que se fará, se cumprirá, *se vier a ser feito*. É, só é, se se faz. Se *eu* faço, pois eu e *só* eu, *como fazedor*, posso e devo e preciso ser este fiador. "Desde teu afazer, desde tua *experiência*, vem a ser, torna-te quem tu és". E: "Navegar é preciso. Viver não é preciso"... A *viagem* que é a *experiência* – *minha* experiência.

Tal evidência revela, pois, que tal destino, que tal ação necessária é intransferível, inalienável. E isso com alegria, com grande alegria, é assumido, é acolhido. Aquiescido. Portanto, com calma e serenidade – todo assentamento. Sem nenhum dramatismo. Também sem nenhum espírito de resignação e de sacrifício, pois não se trata de nenhuma maldição ou expiação – nada *romântico*. Mas também sem nenhum alarde, sem banda de música e sem passadeira púrpura. Sem nenhum tom de heroísmo ou voluntarismo. Sem bravata ou bazófia. E também sem nenhuma aura de sacerdócio. Isso, heroísmo, bravata e sacerdócio, absolutamente não entra(m) na contabilidade, no inventário do só, do verdadeiro tipo de solidão, isto é, daquele que, *ab origo*, a saber, a *liberdade para*, se impõe a necessidade da solidão. Uma casa, um lar, uma *pátria* cheia de silêncio. Solidão, silêncio e alegria. Não alegria derramada, inflacionada, de bobo alegre, mas coisa serena, silenciosa, contida – a contensão do silêncio próprio ao fazer necessário, que se faz no tempo certo, como o cumprir-se do tempo certo, que é sempre tempo de escuta e de espera. Escuta e espera que se fazem *espessura*, isto é, *corpo*. *Corpo e alma. Vida.* Necessidade. O nome, a determinação de corpo é experiência e história (tempo) — é isso mesmo *a alma*, a vida no e do fazer. O tempo certo, o *kairós*, que é a *matéria* de sua vida – de *sua* alma. De "sua", isto é, do só, do verdadeiramente solitário. "O tempo é a minha matéria", diz um verso de um solitário[5]. A matéria, quer dizer, o fundo, a base, o lastro – hylé como *ousía*, como *estância e fazenda*...! Fundo, base, lastro (tudo isso *sem fundo, a-byssal*, pois salto, irrupção súbita, gratuita, doação e dádiva), enquanto tempo, enquanto a matéria-tempo, fala de tessitura, de urdidura, enredo, mesmo enredado, e isso à medida que é, que se faz ação, atividade, *drama* – história. Uma *fazenda* de ser...

Solidão, portanto, como o cheio de silêncio e de alegria: quieto, calmo, sereno, sobranceiro. E assim, como o silencioso cumpridor de destino na ação própria e solitária, o tipo *cheio de si* – neste sentido, altivo e sobranceiro (não fosse assim e seria vaidade, presunção, veleidade) –, isto é, cheio de seu fazer, de seu afazer e tarefa (*isso* é seu "si", seu "próprio", sua *identidade*) e assim sempre suficiente no pouco feito, cumprido. Este pouco, sempre no passo, no ato e no gesto possível e necessário, é, foi *tudo*. Assim, deste modo, *in hoc signo*, será sempre *tudo*, isto é, *todo o possível no passo, na hora, no ato*. Vital-existencialmente, o possível é o limite e é tudo — *o absoluto*. Daí a suficiência do e no pouco, da e na pobreza – o só é sempre só e suficiente. Suficiente e *satisfeito*, isto é, terá sempre feito *o bastante*. Daí também o seu *sobranceiro* – o sobranceiro como acontecimento de limite, de finito. Isso é obra, bênção – sobra! – de solidão. De solidão e de silêncio. Perfeição, suficiência e satisfação no pouco, desde o pouco. O pouco necessário e suficiente – *o só possível*. O bastante – basta! Por isso, *graças a isso* suficiente e per-feito, ou seja, todo feito ao longo do tempo-matéria, *através* do tempo-*hylé*, do tempo-*ousía*. O elemento, o *medium* liberdade--solidão. O tempo finito da vida, que se faz a alegria da ação inútil e necessária. Sim, per-feição, perfazimento do e no *meu* tempo – *a solidão perfeita*, ou seja, toda feita na feitura do meu fazer, enquanto e como o fazer-se e cumprir-se do e no *atravessamento* do *meu tempo*. Nisso e assim gratidão — muita gratidão. A solidão, avalizada pela liberdade, leva e eleva a vida a um outro *registro*, a uma outra *regência*, que é ser e viver desde o próprio crédito, a saber, desde *a transcendência* do fazer, do afazer, *que é o meu*. Só

5 Cf. Drummond, C.de A., Mãos Dadas, em Sentimento do Mundo, em Poesia e Prosa, Nova Aguilar, Rio, 1988, p. 68.

meu. Livre e necessário. Tal transcendência é, pois, o registro, a regência. Nisso, *sob isso*, a liberdade. O jugo é doce. O fardo é leve. Como a maturidade, como a *madureza* de um homem. "Maturidade ("Reife"), *madureza* do homem"? E vem a resposta do só: "...isso quer dizer: ter reencontrado a gravidade, a seriedade ("den Ernst") que se tinha no jogo, na brincadeira, quando criança"[6]. Livre e necessário. Um jugo e um jogo. O jogo. É leve. É fácil. Uma grande alegria.

4. Liberdade, à medida que se faz como *livre para*, ao contrário do inteiramente solto e *liberado*, bambo e frouxo, cria obrigações, deveres, laços, vínculos. *Um atamento*. Assim, *livre para* é também *livre sob*. Há um jugo: o afazer, a tarefa, a obra, melhor, o *trabalho* e suas leis internas próprias. Isto gera um tipo que, enquanto e como entrega e abandono à necessidade, é livre sob a lei. Lei, aqui, evidentemente, nada tem a ver com lei positiva e cristalizada no código, na *bula*. Lei fala da necessidade do destino, do envio. Este tem suas imposições, seu modo próprio de ser e de fazer-se. O tipo só, que vê isso – "as mãos do solitário erram menos", disse Rilke –, cheio de silêncio e de solidão, põe-se a ouvir. Ouve e segue. Obedece. Este ouvir, seguir, acolher, obedecer – isso perfaz a lei e sob isso, sob este jugo o *tipo* se faz livre. Um leve, um doce jugo. Este é o modo de ser que, *vital-existencialmente* (ontologicamente), configura e define o tipo nobre (i. é, que tem, que é *um* nome; portanto, que não é *anônimo*), aristocrata, forte, *o mais forte* (porém, nada de *fisioculturismo!* E *sem espelho!*) – *excelente*. É preciso enfatizar-se: nobre, aqui, não é uma categoria sociológica. Também não política. Não se refere a classe, hierarquia ou estamento social. Ou até econômico! Também nada étnico-antropológico, *racial*. Jamais título nobiliárquico, mas uma designação e uma compreensão/determinação de puro[7] cunho vital, existencial. Quer dizer, trata-se de uma textura, de um *tutano*, de uma *têmpera* e de um tempero

6 Cf. Nietzsche, F., Além do Bem e do Mal, nr. 94.

7 Um esclarecimento quanto a este "puro" — "puro cunho vital". Como o vital-existencial, a vida, a existência, constitui-se no lastro ou no fundo ontológico elementar (= o elemento), então, este "puro", aqui, está dizendo só, tão-só, simplesmente (como, p. ex., na expressão "pura e simplesmente"), isto é, i-mediatamente. Ou seja, abruptamente, sem mediação ou intermediação — salto.

– então, um tempo próprio! – próprios em um e de um viver, em um e de um existir. Isso é amor próprio. Se se quer, egoísmo — um *grande egoísmo*, que é o radical, o *essencial*, quer dizer, o que *pro-move* e realiza ou concretiza uma identidade. Uma intensa, grave e radical exigência de si e para si. Cumpre-se assim a exigência, a *virtude* (força) nobre por excelência, a saber, o imperativo do *páthos da distância*, que tem na solidão, enquanto e como exercício de *liberdade para*, o seu elemento, o seu *medium*. Este tipo quer, cobra de si – sobretudo e principalmente de si. Trata-se de um tipo que, tomado pelo simples e necessário de seu fazer, de sua lida vital, imbuído de suas próprias leis e de sua própria necessidade, muito mais do que direitos, ele reivindica para si deveres, obrigações – os laços, os vínculos, *o atamento* à vida, à existência, e suas exigências próprias. A isso ele se submete. Sem nenhum *heroísmo*. Claro, igualmente sem qualquer servilismo ou subserviência. Mas simples, sóbrio e altivo, satisfeito e despojado. Isso é sua alegria. Leve e doce jugo. O "ermo alegre da solidão", que, no soneto de Camões, fala da saudade, é a retorta do lento tecer-se e entretecer-se da própria vida — a tecelagem, melhor, a destilação, a filtragem do fazer simples e contido, desde o qual irrompe criação, sem ardor novista, sem afã novidadeiro. Sem *frisson* por ribalta. Quanto a isso, a *boa*, a *saudável* solidão passa ao largo, imbuída só e tão só do *seu* fazer, pois fazer é preciso, viver não é preciso... Destino de vivente *a bordo*, em trânsito, em viagem – a caminho. Por nada, para nada...

E isso porque este *tipo* ou este modo de ser tem, porque ele é um compromisso inarredável com a vida, com a própria existência. Compromisso gratuito – repita-se: sem porquê, sem para quê. Isso fala de uma existência, de uma vida *ascendente*. Vida que *cresce*. Mas, aqui, sempre no horizonte vital, crescer não é somar, não é agigantar-se, engrossar e engordar. Antes, ao contrário, *afina* à medida que tal crescer se faz como agravar-se, intensificar-se. Torna-se mais simples, mais *seco* (mais magro!) – "alma seca é a melhor", dita Heráclito. E assim, por esta via, faz-se clareza, ganha-se evidência e necessidade de ... tarefa, de *trabalho*, de afazer necessário – necessário e inútil, pois impõe-se e não tem e não é nenhum sentido de e para *fora*, isto é, de e para além ou aquém do próprio fazer, afazer. Por isso, graças a isso, não precisa de reconhecimento, não pede recompensa.

Liberdade, assim, se faz mais e mais necessidade. Tal crescer, enquanto e como agravar-se, intensificar-se, na verdade, é a própria criação fazendo-se criação, enquanto e como o movimento de alteração ou de diferenciação do e no afazer, da e na tarefa. Não "evolução", não "progresso" – isso cheira a engorda e coisa balofa. Mas agravamento na e como *alteração* (i. é, *vir a ser outro* no e desde o mesmo), intensificação na e como *diferenciação* e, nisso e com isso, o sóbrio, o simples, o grave, o intenso. Intensidade, concisão, evidência. Sobriedade. Simplicidade. Vida se faz, sim, mais *espessa* – "Tudo que vive é espesso", fala, lembra e inscreve em pedra o poema de Cabral de Melo Neto[8]. Intensidade exige, impõe concisão. Mais intenso, mais conciso, mais sóbrio, mais simples, mais seco – *mais só*. Mais recolhido, mais silencioso. E alegre. Satisfeito. Suficiente. Sobranceiro no pouco, desde o pouco — sobretudo, *graças ao pouco*, quer dizer, *o possível*. Sobra, fartura no e do pouco... A *perfeição* no e do limite, no e do finito, quer dizer, no e do *possível*.

Solidão é o horizonte, o único horizonte (i.é, modo de ser de vida, de existência, que se abre e se impõe) possível para a *cultura* da liberdade, para o cultivo do *livre para*. É o âmbito, o lugar e a hora – o *medium*, o *elemento* – da celebração do fazer-se e cumprir-se de liberdade, entendida, *experimentada* como o desdobrar-se, como o expor-se da ação própria, da atividade criadora. Enfim, a oficina, a forja da, para a criação. O *trabalho*, que *não é* "tripalium", mas *graça e gratidão*. Alegria. Lento, muito lento. E leve.

5. "Liberdade *e* solidão", nosso título, não é, não foi bom. Evoca duas coisas, dois níveis, dois estratos. Bom mesmo, real mesmo é: liberdade é solidão; solidão é liberdade. Portanto, o título "liberdade e solidão" só foi bom, só foi oportuno, à medida que ele mesmo se fez a oportunidade, a boa ocasião ou a boa hora, para mostrar isso: liberdade é solidão – o exercício, o expor-se e cumprir-se de solidão. Uma grande hora, uma grande alegria. A alegria de um caminho sempre por fazer. *Sem nenhum sentido para fora – para além ou aquém dele*. Por nada, para nada, pois. Reconhecimento, recompensa – isso não é preciso. Não é o caso. Não

8 Cf. Melo Neto, J.C. de, Cão sem Plumas, em Antologia Poética, José Olympio, 1975, pág. 161 a 175.

ocorre. Inútil e necessário. Livre. E: *de graça*. Cervantes, que, tal como o Quixote, muito andou e errou, mas sempre *a caminho*, no *rumo*, já no fim de seus dias, proclamou: "O caminho é melhor que o albergue". Sim, fazer é preciso, viver não é preciso...

Petrópolis, 21 de abril de 2019.
Gilvan Fogel

Como age o pensamento?

FRANCISCO MORAES

Professor associado da UFRRJ,
membro do PPGFIL/UFRRJ e do PPGF/UFRJ.

O pensamento, uma forma de ação? A pergunta ainda soa estranha. Ainda. Sentimos certa perplexidade, pois nos acostumamos, em virtude de uma longa tradição, a separar o pensamento e seu caráter inofensivo da ação e de sua seriedade. O pensamento parece não gerar nenhum efeito. A ação, por seu turno, tem sua marca na efetividade, na produção de um efeito. O pensamento se realiza solitariamente, parece que só podemos pensar sozinhos conosco, é o que sugere a expressão: "pensando com meus botões"; a ação, por seu turno, demanda o esforço conjunto e público em prol de objetivos comuns. Agindo, corremos riscos; pensando, parece que estamos seguros e a salvo em nosso recinto privado. Ninguém poderia nos privar da liberdade de pensar, mas a liberdade de agir pode certamente nos ser tirada por um poder exterior. Tudo isso parece óbvio demais. No entanto, o que seria da liberdade de pensar se não pudéssemos compartilhar nossos pensamentos com os outros e eles conosco? Assim se pergunta Kant em um texto célebre[1]. A liberdade de pensar parece exigir, de fato, certos desdobramentos. Gostaríamos de nos dirigir aos outros, ao menos a alguns. Gostaríamos de ouvir o que eles têm a dizer. Gostaríamos de ver como eles recebem nossos pensamentos. Gostaríamos de sermos bem compreendidos, de não sermos julgados precipitadamente de modo injusto. Para evitar tais consequências, precisamos ser rigorosos, não dar margem a mal-entendidos, cercar nossas formulações de cuidados, a fim de não gerarmos prejuízos nem a nós nem a terceiros. Pensando, formulando nossos pensamentos, procuramos evitar que eles gerem consequências nefastas para nós e para os outros, o que sugere o caráter perturbador e inquietante do pensamento. Ao mesmo tempo, porém, procuramos cunhar nossas formulações de modo a chamar a atenção para eles. Isso sem mencionar o fato de que os pensamentos atuam primeiramente sobre nós; eles agem, os nossos e os dos outros. Estamos em diálogo quando pensamos. Somos pensados pelos pensamentos e, de

1 "À liberdade de pensar opõe-se em primeiro lugar a coação civil. Sem dúvida ouve-se dizer: a liberdade de falar ou de escrever pode nos ser tirada por um poder superior, mas não a liberdade de pensar. Mas quanto e com que correção poderíamos nós pensar, se por assim dizer não pensássemos em conjunto com outros, a quem comunicamos nossos pensamentos, enquanto eles comunicam a nós os deles?" KANT, Immanuel. "O que significa orientar-se no pensamento?", in Textos seletos. Trad. Floriano de Souza Fernandes. Petrópolis, RJ: Vozes, 2011, p. 59.

repente, nos vemos pensando. Ao pensarmos, nos esforçamos para chegar à altura de um pensamento, seja ele nosso ou de um outro. O pensamento, aliás, desconhece fronteiras entre o que é nosso e o que é do outro. Se penso o pensamento de alguém, se chego à sua altura, ele já é meu de direito, já estamos comungando. A comunidade de seres pensantes é a marca da comunidade humana, que, como disse certa vez Aristóteles, não reside em pastarmos juntos no mesmo lugar. Nesse sentido, o pensamento não parece nem algo solitário, nem algo inofensivo e muito menos algo privado de seriedade. Parece que o pensamento se manifesta necessariamente mediante um extremo cuidado com a linguagem e em benefício de uma forma especial de convivência humana. Mas então cabe a pergunta: como age o pensamento? De que modo o pensamento se conecta a nossa essência humana de seres pensantes? Gostaria de homenagear, com essa pequena reflexão, um professor, um grande professor, um escritor, um grande prosador, que dá mostras, sempre novamente, de que o pensamento age enquanto pensa.

"O pensamento age enquanto pensa". A frase é de Heidegger[2]. Foi escrita no contexto de uma carta em resposta a umas perguntas que lhe fez o filósofo francês Jean Beaufret, logo após o término da Segunda Grande Guerra. O texto foi publicado posteriormente com o título: *Carta sobre o humanismo*. O pensamento, diz Heidegger nessa famosa carta, é em si mesmo uma espécie de ação. Ele não se torna atuante somente quando é aplicado ou, como se diz, "posto em prática". Gostaria de sustentar aqui que tal compreensão só é possível à medida que entendermos o homem, como o faz expressamente Aristóteles, como vivente político. Fosse o homem um ser que, ao pensar, se deslocasse do mundo, da convivência com os outros e dos assuntos comuns, e então a atividade de pensar seria em si mesma alienante ou um indício de que o homem não pertence a este mundo. Não é o que acontece. Pelo contrário, pode ser até que o pensar seja a ação em sua forma mais pura e elevada. É assim que, de fato, o considera Aristóteles numa importante passagem do livro VII da *Política*, a qual gostaria de citar:

2 "Das Denken handelt, indem es denkt".

> Se o que acabamos de referir for exato, e se afirmamos que a felicidade deve consistir na prosperidade (*eupragían*), então a vida prática (*bíos praktikós*) será a melhor de todas, tanto para a cidade como para cada indivíduo em particular. A vida prática, porém, não se refere propriamente aos outros indivíduos, como por vezes se julga, nem é forçosamente prático o pensamento que visa unicamente o resultado obtido pela ação. São muito mais práticas a contemplação e a meditação, pois têm o fim em si próprias e exercitam-se por si próprias. Pois o bem agir (*eupraxía*) é um fim, e assim também certa ação. Daí dizer-se que agem em sentido pleno os indivíduos que orientam as atividades, ainda que exteriores, pela inteligência.[3]

Pensar, na perspectiva aristotélica, é um tipo de ação capaz de produzir felicidade, uma vez que tem o fim em si mesmo e se realiza por si mesmo, e a felicidade, como bem agir (eupraxía), consiste em certo tipo de ação. Com muita frequência nos esquecemos que em toda atividade e desempenho nosso sempre está em jogo uma possibilidade de viver e de viver bem. O homem não vive simplesmente, mas antes precisa credenciar-se para o próprio viver. Isso significa que, a cada vez, comparece para o agente certa orientação, certa diretriz, que não é criada primeiramente pelo agente ele mesmo, mas que ele, enquanto agente, precisa atender, uma diretriz pela qual ele precisa responsabilizar-se. Essa diretriz que assim comparece e orienta a ação para o seu próprio acabamento é o que Aristóteles chama de bem. Só agimos na medida em que algo se nos apresenta como um bem, e assim, dessa forma, mobiliza o nosso desejo. Nesse sentido, o bem é o *télos* da ação. O atleta, por exemplo, busca a vitória como um bem, o médico busca a saúde. O que se pretende dizer com isso é que, como ser de ação, o homem não é livre para agir ou não agir. Mais ainda, sempre que se apresenta, de uma maneira ou de outra, a ocasião para agir,

3 Política, 1325 b 14-23.

o homem, cada um de nós, necessita antecipar, isto é, projetar, o próprio desejável, e assim responsabilizar-se por ele. Por isso, por esse processo inevitável de responsabilização, é que se pode dizer, com Cervantes, que cada um é filho de suas obras.

Duas dificuldades se apresentam diante do que acabamos de expor. A primeira diz respeito ao próprio caráter desse bem visado na ação. Não fica claro por que não seríamos nós, a partir de nós mesmos, que decidiríamos considerar algo como um bem. A outra dificuldade, dessa vez referida a nós mesmos, corresponde à possibilidade de nos equivocarmos e tomarmos algo por um bem, o qual, na verdade, não seria um bem. Desta última dificuldade surge o clamor por alguma instância superior à própria ação: uma espécie de ciência universal do bem.

Se bem considerarmos, essas duas dificuldades correspondem a uma certa maneira de entendermos a liberdade como fator determinante da ação. Parece que sempre podemos agir ou não agir, ser ou não ser, fazer ou não fazer. Mais ainda, gostamos de conceber que os fins das ações também eles sejam postos autonomamente por nós. Pensamos, inclusive, que nessa maneira de posicionar os fins estaria a nossa maior dignidade. O homem só seria alguma coisa verdadeiramente digna na medida em que estabelecesse para si mesmo, de modo autônomo, os fins de suas ações.

No entanto, o fato é que agimos e nos capacitamos para a ação, inclusive criticamente, antes de podermos estabelecer os fins que guiam nossas ações. Rigorosamente falando, inclusive, é preciso admitir que os fins de nossas ações escapam ao nosso poder de decisão. É o que afirma, de maneira categórica, Aristóteles[4]. Isso pode parecer estranho, mas basta repararmos que agimos sempre em vista do que nos parece um bem para concordar com essa sua caracterização. Seria, com efeito, absurdo imaginar que um médico se tornaria um médico melhor ou só se tornaria de verdade médico se estabelecesse, por sua conta e risco, a própria concepção de saúde e de ser saudável. Ao contrário, este já precisa encontrar a saúde como um bem para poder capacitar-se enquanto médico, ou seja, para poder tornar-se médico. Na verdade, conceber o homem como ne-

4 "Deliberamos não sobre os fins, mas sobre as coisas que conduzem aos fins." EN, 1112 b 11.

cessitando estabelecer os fins de suas ações a partir de si, isto é, de seu arbítrio, equivale a ignorar que o que está em jogo na ação, de maneira imediata e irrecusável, é a própria capacitação do agente, ou seja, é o próprio tornar-se homem. De maneira nenhuma, podemos admitir que esse ser homem seja algo já dado e acabado. O homem, cada um de nós, se exercita na ação a partir de fins que ele mesmo não estabelece para si autonomamente. "As coisas que é preciso aprender para fazer, diz Aristóteles em sua Ética a *Nicômaco*, nós as aprendemos fazendo."[5] Esse é o sentido mais próprio da 'definição' aristotélica do homem como vivente político. Esses fins constituem, em última instância, a própria *pólis*, a própria comunidade humana.

É este, quer parecer-me, o sentido fundamental de uma passagem decisiva da *Política*, na qual Aristóteles procura marcar a singularidade da comunidade humana frente as formas de associação dos animais gregários e seu modo de ser. Gostaria de citá-la por inteiro:

> A razão pela qual o homem, mais do que uma abelha ou um animal gregário, é um ser vivo político em sentido pleno é óbvia. A natureza, conforme dizemos, não faz nada ao desbarato, e só o homem, de entre todos os seres vivos, possui a palavra. Assim, enquanto a voz indica prazer ou sofrimento, e nesse sentido é também atributo de outros animais (cuja natureza também atinge sensações de dor e de prazer, e é capaz de as indicar) o discurso, por outro lado, serve para tornar claro o útil e o prejudicial e, por conseguinte, o justo e o injusto. É que, perante os outros seres vivos, o homem tem as suas peculiaridades: só ele sente o bem e o mal, o justo e o injusto; é a comunidade desses sentimentos que produz a família e a cidade.[6]

5 EN, 1103 a 31.

6 Política, 1253 a 6-16.

Na passagem acima citada, Aristóteles acentua como traço distintivo da comunidade humana precisamente o *lógos*, ou seja, a palavra, a linguagem. A palavra, o *lógos* tem a capacidade (a virtude) de fazer aparecer não apenas as sensações do penoso e do agradável, o que os animais conseguem perfeitamente comunicar uns aos outros pela voz, mas o sentimento ou sensação do útil e do prejudicial, do justo e do injusto, do bem e do mal. Daí que só o homem, entre os animais, possua o sentimento destes últimos, sendo a casa e a cidade o compartilhar ou tornar comum (*koinonía poieî*) de tais noções[7].

A essência da cidade, diz Aristóteles, é o tornar comum o justo e o injusto, o vantajoso e o prejudicial, o bem e o mal. Não existe homem propriamente fora desse tornar comum. O que isto significa? Significa que não encontramos nunca o que quer que seja, primeiramente, como simples dado verificável. Encontramos sempre as coisas, primeiramente, por meio de recomendações ou admoestações, por meio da promoção explícita e da recusa igualmente explícita, e isso vale sobretudo para os bens ou os fins das ações. A saúde, por exemplo, não é nunca encontrada, em primeira mão, como um fato constatável, mas como algo recomendado. Nessa recomendação encontra-se originalmente a saúde como um bem a ser buscado e a doença como um mal a ser evitado. Já de início nos descobrimos a nós mesmos agindo de acordo com essas e outras recomendações e prevenções similares. Por essa razão, Aristóteles não hesita em dizer que a tarefa fundamental dos governantes e dos legisladores seja a de incutir bons hábitos nos cidadãos[8]. Ora, isso não é feito mediante violência arbitrária, mas mediante censura e elogio. No fundo, não seria outra a função da própria lei, uma vez que sua autoridade, sua força de lei, repousa inteiramente no hábito[9].

Seguindo recomendações e censuras nós nos habituamos a agir de determinada maneira e aprendemos a reconhecer os fins das ações como

7 O mesmo Aristóteles, em uma passagem muito conhecida de seu tratado Da interpretação, assinala que as palavras são símbolos das disposições da alma (patémata tês psychês), e que estas últimas são as mesmas em todos os seres humanos. Da Interpretação, 16 a 3.

8 "Evidência disto é o que ocorre nas cidades, pois os legisladores tornam bons os cidadãos incutindo-lhes hábitos e este é o intento de todo legislador; malogram os que não o fazem bem, e nisto difere a constituição boa da má." EN, 1103 b 2.

9 Política, livro III.

bens em sentido estrito. Sem o hábito, não teríamos como incorporar os fins das ações como bens. É uma necessidade de primeira ordem, que nós nos capacitemos para agir, que nos tornemos seres de ação, o que só é possível agindo. Isso demonstra também uma compreensão de fundo da própria condição humana como sendo marcada pela fragilidade e ameaçada pelo fracasso. O homem não dispõe desde o início de si e tanto pode ganhar-se como pode igualmente perder-se. O homem pode fracassar enquanto empenho mais próprio de tornar-se o que é. Vem a ser o que tu és, dizia o famoso imperativo pindárico. Essa clarividência a respeito da fragilidade da condição humana é um aspecto fundamental da compreensão do homem como vivente político, ou seja, como aquele que precisa agir para ser.

Mas se o homem é um ser de hábitos, que não estabelece a partir de si, autonomamente, os fins de suas ações, isso não significaria dizer que nós, como seres políticos, necessitamos adotar, acriticamente, os valores e os imperativos que nos são impostos de fora, pela sociedade em que vivemos? Quem diz que em tudo que fazemos, em nossas escolhas mais próprias e supostamente individuais, não estaríamos apenas reproduzindo, de maneira automática, convenções preestabelecidas?

Esta objeção é uma objeção de peso e merece que tratemos dela com o máximo cuidado. É o que faremos considerando a tratamento conferido por Aristóteles àquele que a todos, tanto aos homens vulgares como aos sábios, parece ser o fim último das ações: a *eudaimonia*. Aqui fica claro que mesmo manifestando acordo a respeito desse bem final, os homens nem por isso (e aqui trata-se dos contemporâneos e concidadãos de Aristóteles) deixam de discordar bastante a respeito de sua natureza. A maioria dos homens identifica a felicidade com alguns bens mais visíveis e evidentes, como o prazer, riqueza e honra.[10] Às vezes, o mesmo homem, conforme variam as circunstâncias, ora identifica a felicidade com este ora com aquele bem. Esse desacordo mostra que a unanimidade ou consenso em torno da felicidade como bem final não se traduz em uma mesma concepção a seu respeito. Essa situação torna possível e

10 EN, 1095 a 23.

necessário investigar criticamente a natureza mesma desse bem final[11].

É muito comum que se traduza *eudaimonia* por felicidade. Só não devemos confundir a noção grega de *eudaimonia* com a nossa compreensão mais corriqueira de felicidade como bem estar. Embora certamente envolva prazer, a *eudaimonia* como *télos* e fim último das ações: a obra do homem, é tudo menos algo que dependa da apreciação subjetiva de cada um. A felicidade em Aristóteles não corresponde à aquisição de bens ou mesmo a bens que se possa adquirir, sejam eles objetos ou estados momentâneos. Felicidade, diz Aristóteles, é a atividade da alma segundo a virtude. Felicidade aqui é sinônimo de bem viver(*eu zên*), de bem agir (*eupraxía*). Felicidade corresponde à autossuficiência de um certo modo de agir e de viver, ao agir que tem seu fim em si mesmo. Felicidade corresponde à condição autárquica de um viver bem resolvido em si mesmo e que é facilmente reconhecível por todos. É algo objetivo, como a visão de alguém que demonstra satisfação em ser e viver de certa maneira pelo fato mesmo de viver dessa maneira. É o homem bem disposto com a vida em geral e que, por isso, chega a suportar bem, inclusive, as adversidades.

Ora, ter presente a felicidade como bem final não garante minimamente que as pessoas sejam felizes e muito menos ainda que elas sejam maximamente felizes. É aqui que se faz presente a necessidade tanto da educação quanto de uma investigação acerca da própria felicidade, inclusive no sentido de determinar que tipo ou modo de vida seria aquele plenamente autárquico e feliz, estando, ao mesmo tempo, ao alcance do homem. Semelhante investigação não tem por propósito simplesmente conhecer teoricamente o bem, mas, como diz Aristóteles, que nos tornemos realmente bons. A finalidade aqui é ação e não conhecimento.[12]

Nesse sentido, faz parte dessa investigação saber em que consiste propriamente a felicidade: se ela é alcançável pelo homem a partir de seus próprios méritos ou se é fruto da sorte ou do acaso; se ela depende de bens exteriores e de certas condições naturais, mesmo que não se confunda com eles; e também se ela é passível de ser perdida uma vez tendo sido

11 Aristóteles usa a expressão bem final no sentido de dizer que ninguém busca a felicidade ainda por causa de outra coisa ou bem.

12 EN, 1103 b 25.

alcançada, devendo-se investigar, igualmente, se ela pode ser recuperada uma vez tendo sido perdida. Todos esses pontos tornam claro não somente que a felicidade não representa nenhum condicionante determinístico da ação humana, mas antes que ela representa um desafio ao mesmo tempo prático e teórico colocado à nossa liberdade, liberdade da qual faz parte essencial o poder ganhar-se e o poder perder-se, ou seja, o risco de viver. Finalmente, ao relacionar intrinsecamente felicidade e ação e mostrar que a felicidade depende essencialmente do modo de viver de alguém, ou seja, do fato de alguém alegrar-se mais com a ação propriamente dita do que com seu resultado - ao evidenciar o nexo entre felicidade e virtude - Aristóteles não deixa de notar também que mesmo virtuosos podemos tornarmo-nos infelizes. Se não é a sorte ou o acaso que nos torna felizes, sendo absurdo igualmente a seus olhos atribuir a felicidade à posse dos bens exteriores, tampouco seria possível ser feliz no mais absoluto infortúnio ou miséria. Ser feliz, portanto, não é uma determinação que nos seja imposta de fora, uma espécie de condicionamento, mas o impulso originário para o empenho de auto constituição humano, ou seja, para a nossa própria realização de liberdade.

Retomando agora a compreensão do homem como vivente político, diríamos que a própria incapacidade de deliberar sobre os fins de nossas ações não nos torna prisioneiros desses mesmos fins, no sentido de sermos simplesmente determinados de fora e acriticamente por eles. O homem como vivente político é o ser que encontra sua máxima realização na urgência da própria ação e não em seu simples resultado. É o fato mesmo de já estarmos concernidos por algo como um bem, ou seja, o fato de que as coisas, de início, não nos sejam simplesmente indiferentes, que nos concede o direito e até a urgência de ter de investigar a sua verdadeira natureza.

Não se pode ignorar, por outro lado, que a compreensão do homem como sujeito e subjetividade autônoma trouxe consigo implicações históricas decisivas. O homem concebido como "mestre e senhor da natureza"(-Descartes) torna-se livre para subordinar a natureza, de maneira ilimitada, aos seus próprios fins, os quais se confundem com a ideia vaga de um progresso material infinito orientado para a promoção do bem estar. Mas e a natureza em nós? Não somos seres vivos? Não somos desejantes? Na compreensão do homem como sujeito e subjetividade fica por determinar, justamente, a especificidade do desejo humano.

Pensar o homem, antes de tudo, como ser de ação, como ser que precisa cuidar de seus próprios desejos e afetos, e não como uma consciência isolada e sem mundo que tem diante de si objetos dados, parece ter sido o caminho escolhido por parte significativa da filosofia contemporânea. Em uma passagem importante de sua obra principal, Heidegger diz o seguinte:

> O homem não "é", diz Heidegger, (tal como uma coisa existindo por si isoladamente) e, ainda por cima, possui uma referência ao "mundo", a qual lhe fosse casual e esporadicamente acrescentada. O homem (*Dasein*) não é nunca, em primeira aproximação ('*zunächt*') um ente tal que, livre de 'ser-em' (isto é, livre de toda conjuntura), às vezes, por puro capricho, resolve assumir uma relação com o mundo.[13]

À medida que faz essa inflexão, a filosofia contemporânea se encontra com a filosofia grega. Como ser de ação, o homem tem sempre diante de si não simples objetos dados, aos quais se poderia em seguida agregar este ou aquele valor, e junto aos quais ele poderia ou não demorar-se perceptivamente, mas antes algo como um bem. "Toda técnica e toda pesquisa, assim como toda ação e todo propósito parecem visar um certo bem", diz Aristóteles na primeira frase de sua Ética a *Nicômaco*. Nesse sentido é que o homem seria um vivente político, ou seja, no sentido de que ele se compreende a si mesmo a partir de um direcionamento prévio para uma possibilidade de ser si mesmo, o que já acontece, primeiramente, antes de todo processo de interiorização, na lida com as coisas que nos cercam e na convivência com os outros[14].

13 Sein und Zeit, p. 57, § 12.

14 Essa possibilidade de ser si mesmo, diria Heidegger, já é sempre uma possibilidade de ser no mundo.

Como age o pensamento? Agir é pensar o bem, tomá-lo sobre si, assumi-lo. Mas o pensamento, em si mesmo, parece suspender essa adesão. Quando pensamos não nos postamos numa relação de meios e fins. Não buscamos meios para realizar determinado fim, determinado bem. Pensar a felicidade parece suspender nossa maneira natural de considerá-la e de aderirmos a ela. Somos capazes, pensando, de questionar a felicidade, de tomá-la como questão. A felicidade tornada questão é assumida numa busca concreta de determinação, ela suscita um empenho possível de investigação que faz surgir seus elementos constituintes, até então velados para nós. Pensando, nos projetamos ousadamente no espaço livre da determinação. A felicidade precisa aparecer inteira diante de nós, em tudo aquilo que a constitui, sem que nenhum elemento nos escape, sem que nenhuma precipitação nos leve a empobrecê-la, a simplificá-la, de maneira arbitrária. Pensar é aqui a decisão pela plena manifestação daquilo que nos concerne. Também aqui há risco, exposição e coragem. Na ação do pensamento, a felicidade como bem não cessa de nos concernir. Não se trata de duvidar daquilo que o senso comum institui como certo. O pensamento não possui nenhuma condição de superioridade sobre a prática. Ele é mais frágil, mais vulnerável, ainda mais hesitante.

Bibliografia:

ARISTÓTELES. *Política*. Trad. António Campelo Amaral e Carlos de Carvalho Gomes. Lisboa: Vega, 1998.

_________. *Ethica Nicomachea I 13- III 8: tratado das virtudes*. Trad. Marco Zingano. São Paulo: Odysseus, 2008.

_________. *Da Interpretação*. Trad. José Veríssimo Teixeira da Mata. São Paulo: Editora Unesp, 2013.

BODEÜS, R. *Aristóteles: A justiça e a cidade*. Trad. Nicolás Nyimi Campanário. São

Paulo: Loyola, 2007.

BRAGUE, R. *Introdução ao mundo grego: estudos de história da filosofia*. Trad. Nicolás

Nyimi Campanário. São Paulo: Loyola, 2007.

KANT, I. *Textos seletos*. 7. ed. Petrópolis,RJ: Vozes, 2011.

HEIDEGGER, M. *Sein und Zeit*. Tübingen: Niemeyer, 1993.

MOSS, J. *Aristotle on the Apparent Good. Perception, Phantasia, Thought, and Desire*. Oxford. Oxford University Press, 2012.

NUSSBAUM, M. *A fragilidade da bondade*. Trad. Ana Aguiar Cotrim. São Paulo:

Editora WMF Martins Fontes, 2009.

Acerca do lento como método de estudo

AFFONSO HENRIQUE VIEIRA DA COSTA
Professor Adjunto de Filosofia da UFRRJ.

Para Luiz Bicca, um daqueles professores que me ensinaram a necessidade de ser lento.

O que significa ler um texto? Eis uma pergunta aparentemente ingênua para a grande maioria dos jovens. Ler um texto é, obviamente, atravessar todas as suas páginas e chegar ao seu final. Essa leitura, no entanto, será capaz de nos conduzir ao cerne das questões nele expostas? Tal questionamento vem à tona porque a leitura que normalmente se faz, em não conseguindo perscrutar o que no texto há de essencial, perde-se no mais periférico, fazendo com que o leitor acredite que já se apossou de todo o seu conteúdo.

Importa para o jovem leitor chegar ao final. Mas como fazê-lo compreender que essa é apenas uma primeira leitura e, como toda primeira leitura, é superficial? Aliás, é bom que se diga, não só há leituras e leituras, como também textos e textos. Um texto como "A alegoria da caverna", de Platão[1], é um daqueles que atravessa a história durante aproximadamente 2500 anos. Não é um texto qualquer. Platão também não é qualquer escritor. Antes, é um daqueles fundadores do que podemos denominar de nossa tradição, da tradição ocidental, do mundo mesmo em que vivemos hoje.

Ora, como ler um texto desses? O professor que assim quisesse, poderia apenas contar a estória que nele é apresentada. Os alunos, por seu turno, tomariam conhecimento dela. Isso, aliás, seria muito bom. Mas esse seria o papel da Universidade? Apenas informar sobre os textos de maneira que os alunos deles tomem conhecimento? Ou antes, o que precisamos, enquanto professores, não é esperar que no transcorrer dos cursos os alunos tomem conhecimento dos textos e exijam de seus professores que eles os reencaminhem à sua origem, ao seu ponto de partida, ao seu nascedouro, ao seu processo de organização e de estruturação, que fazem desses textos o que eles mesmo são, a saber, presentes que a tradição nos enviou de modo que, ao nos debatermos com eles, possamos abrir as portas para o futuro?

Assim parece ser, pois não deve nos interessar somente o que escreveram autores como Platão, Aristóteles, Santo Agostinho, Descartes, Kant,

1 Para esse trabalho, fizemos uso do texto de Heidegger A teoria platônica da verdade, contido em Marcas do caminho, produzido pela Editora Vozes, onde encontramos a passagem de Platão acima referida, traduzida e meditada pelo filósofo.

Hegel, Marx, Nietzsche e Heidegger, para citarmos apenas alguns, mas sim o que, no interior mesmo do que pensaram, no não dito de tudo o que disseram, o que repercute em nossa época histórica e pede para ser pensado, pois os textos clássicos não podem ser tomados como letra morta e perdida num passado distante e que não nos interessaria mais, a não ser por uma curiosidade acadêmica distante de tudo aquilo que poderíamos denominar como sendo a realidade em que vivemos.

Dito isto, soa e ressoa novamente o mesmo problema: Como fazer com que os jovens, nossos alunos, consigam perceber que uma primeira leitura é um quase nada? Como fazer com que eles cultivem o lento, a necessidade de se abrirem ao que no texto ainda não foi dito? Como fazer com que eles cultivem o gosto da investigação, isto é, de ir ao encontro dos vestígios deixados pelos grandes pensadores, tais como Platão, tão decisivos para a compreensão do que inicialmente se pensou por educação, formação, *Paideia*, e seu entrelaçamento com a filosofia?

Nossas questões não querem respostas imediatas. Elas repousam na necessidade do lento, do trabalho vagaroso e fundamental de deixá-las brotarem das mais autênticas e sinceras investigações. Nossas questões se fundam na contramão da velocidade exigida pelos tempos modernos, que só querem formar os mais jovens com o objetivo de que eles atendam às necessidades mercadológicas.

Esse não pode ser o caminho da Universidade, caso acreditemos que os jovens sejam as sementes que precisam ser cultivadas, de maneira a, mais adiante, num futuro bem próximo, poder gerar frutos.

Gerar frutos! É o que precisa pensar o professor. Sua aula precisa repousar nessa esperança. Está em jogo não apenas diplomas, mas a formação espiritual dos jovens que, muito mais do que implicada em métodos quantitativos, precisa também ver-se determinada por métodos qualitativos.

A educação, como nos mostra Platão, não se dá de uma hora para a outra, mas ela é o resultado de uma longa jornada, de ascensões e declínios, de alegrias e tristezas, de vontade de desistir e de insistir, ou seja, de desafios que transpõem em muito a vontade de cada indivíduo, tomando conta inteiramente de seu modo de ser.

Em um soneto do poeta Rainer Maria Rilke, pertencente ao livro *Sonetos a Orfeu*, belamente traduzido por Augusto de Campos, lemos o seguinte:

> A nós, nos cabe andar.
> Mas o tempo, os seus passos,
> são mínimos pedaços
> do que há de ficar.
>
> É perda pura
> tudo o que é pressa;
> só nos interessa
> o que sempre dura.
>
> Jovem, não há virtude
> na velocidade
> e no voo, aonde for.
>
> Tudo é quietude:
> escuro e claridade,
> livro e flor[2].

Ouçamos mais uma vez a primeira estrofe do poema:

> A nós, nos cabe andar.
> Mas o tempo, os seus passos,
> são mínimos pedaços
> do que há de ficar.

A estrofe fala de caminhada, de tempo, daquilo que é produzido pelos homens e do que há de ficar, ou seja, do que dura, do que permanece enquanto realizado por um trabalho que sempre visa o duradouro.

2 CAMPOS, Augusto de. Coisas e anjos de Rilke. São Paulo: Perspectiva, 2013, p. 321.

Ler um texto, neste sentido, é trabalhar, é pôr em obra o que ele mesmo envia, é re-traduzi-lo, trazê-lo cá para diante de nós, de modo que se possa, junto com ele, meditar. Tradução, tradição é, sobretudo, transcender, ir para além do dito (trans-dicção), dispor-se ao que fecunda sempre de novo o novo que sempre está por vir desde o velho que nunca morreu.

A nós, nos cabe andar.

É nessa jornada, nas andanças e nas danças com o texto, que forjamos no nosso presente o que está por vir. Pois estes passos

> são mínimos pedaços
> do que há de ficar.

É o próprio tempo se temporalizando, fazendo história. E o trabalho afinado com o tempo precisa respeitá-lo, ser lento, de modo que possa acompanhá-lo, ser seu contemporâneo e poder, a partir daí, vislumbrar o que há de vir. É por isso que

> É perda pura
> tudo o que é pressa;

O tempo que mede o trabalho não é o tempo cronológico, mas o tempo kairológico, isto é, o tempo certo, a hora certa em que medram os trabalhos e seus esforços, em que sua tessitura se faz e se compõe na composição mesmo de tudo o que há e é. O que, pois, está aí em jogo? A unidade de passado, presente e futuro na tessitura do porvir. Por isso,

> Só nos interessa
> o que sempre dura.

O que é que dura no texto de Platão? O que sempre se faz presente quando o lemos a cada vez? Por que se diz que ele é grande? O que há aí que resiste ao passar do tempo? Tratamos esse texto com a devida paciência? Correspondemos à sua grandeza? Por que queremos logo dele nos livrar? Talvez porque não tenhamos percebido que

...não há virtude
na velocidade.

Desprezamos o texto quando não acompanhamos o ritmo de seu revelar-se. Desprezamos o texto quando não ambicionamos atingir a sua grandeza. Desprezamos o texto quando não nos dispomos à sua compreensão por já acreditarmos que o compreendemos antes de meditar acerca de todas as suas implicações. Na linguagem socrática, diríamos que todo esse desprezo se funda na presunção de acharmos que sabemos quando no fundo nada sabemos. Queremos, na verdade, saber antes de saber? Queremos ser educadores sem saber o que é educar? Por isso, o poeta aponta, com dedo em riste, para a ferida:

Jovem, não há virtude
na velocidade
e no voo, aonde for.

Mas o que é virtude? Virtude é força, é a conquista de uma tarefa realizadora no expor-se à própria caminhada, à viagem que é o se projetar para diante da vida, do mundo, pois

Tudo é quietude:
escuro e claridade,
livro e flor.

Na quietude de tudo, no limite entre ser e não ser, entre vida e morte, é quando toda possibilidade de compreensão da leitura se põe em jogo. No trabalho árduo, que se sustenta no seio de todas as tensões, é que livro e flor florescem desde o jogo de luz e sombras, de claridade e escuridão. Neste fazer aparecer, que é um deixar aparecer o livro como livro, ou seja, a flor como flor no seu mais puro florescer, está toda a força, toda a virtude criadora daquele que se impõe um trabalho e que se dispõe para a obra em curso. É, em verdade, um doar-se de todo ao que está por vir, à obra propriamente dita – ao diálogo com a criação.

Mas isso requer silêncio, requer paciência, requer passos de tartaruga. Ser lento é necessário a todo aquele que pretende ir ao encontro do que é grandioso. Se assim não for feito, tudo se perderá na pressa desesperada que se atém a resultados imediatos.

De acordo com isso, ouçamos o que nos diz o poeta Mário Quintana:

> Linha curva
> O caminho mais agradável entre dois pontos[3].

Todos nós aprendemos com a geometria que o caminho mais curto entre dois pontos é uma reta. Repetimos: O caminho mais curto. Mas estaria o poeta preocupado em encurtar caminhos, distâncias? Resposta: Não! Ele troca o "mais curto" pelo "mais agradável". Troca também a "reta" pela "curva". A linha sem imaginação por aquela que delira. O que isso significa? Que o poeta, ao invés de encurtar as distâncias, aumenta-as. Mas, por quê? Por que é mais agradável! É mais agradável saborear, com calma, o caminho a ser percorrido, sem a ansiedade de chegar logo ao seu fim. Saborear o sabor de saber e o saber do sabor no transcurso dos caminhos. Seria isso sabedoria?

Mais uma vez Mário Quintana nos surpreende quando diz que

> Os verdadeiros analfabetos são os que aprenderam a ler
> e não leem[4].

Isso é muito estranho! Sempre ouvimos dizer que analfabetos são todos aqueles que não sabem ler e nem escrever. Como chamar de analfabetos aqueles que sabem ler? Como chamar de analfabetos aqueles que apenas não leem? Ouçamos de novo o que diz o poeta. Ele diz que analfabetos

> são os que aprenderam a ler e não leem.

3 QUINTANA, Mário. Da preguiça como método de trabalho, in Poesia completa. Rio de Janeiro: Nova Aguilar, 2005, p. 667.

4 QUINTANA, Mário. Caderno H, in Poesia completa. Rio de Janeiro: Nova Aguilar, 2005, p. 238.

Em que pese a ambiguidade do texto, que tem como título "Cartaz para uma feira do livro", perguntamos: Ora, quem aprendeu a ler e lê, é analfabeto, mesmo que não entenda nada do que leu? O problema talvez esteja não propriamente no saber ler, mas na leitura, naquilo que se lê e como se lê. Não se trata, ao que parece, de saber identificar as palavras, as frases, os períodos, mas de fazer uma leitura que possa entrar na dinâmica do texto, na sua tessitura forjada a ferro e a fogo, entrar na possibilidade de sua compreensão, de modo que o próprio texto faça eco em todo aquele que o lê.

Caso tenhamos razão, poderíamos, então, dizer que o jovem que ainda não entrou na dinâmica do texto de Platão, lendo-o apressadamente e satisfazendo-se com o que leu, perdendo-se na ambiência de uma primeira leitura, talvez esteja próximo do que Mário Quintana chama de analfabeto, pois analfabeto não é quem não sabe ler, mas quem sabe e não sabe fazer bom uso desse seu saber. É aquele que ainda não experimentou o sabor desse seu saber.

Neste sentido, o que Mário Quintana chama aqui de analfabeto se aproxima bastante daquilo que Sócrates chamou de ignorante. Ignorante é aquele que ignora a sua própria ignorância. Em um movimento que vai ao encontro da assunção de sua própria ignorância, buscando uma abertura para a possibilidade de saber, Sócrates diz "sei que nada sei". A frase não é negativa e nem positiva, ela é transitiva, transformadora, pois ela permite que, a partir mesmo deste nada saber, haja uma disposição honesta e sincera em direção ao próprio saber. Esta possibilidade se impõe diante de outra, a saber, daquela que é presunçosa por presumir tomar aquilo que se leu numa primeira leitura como o já sabido e que não merece mais nenhuma atenção por parte do leitor.

Ao final da *Apologia de Sócrates*[5], de Platão, Sócrates afirma que "uma vida sem exame não vale a pena de ser vivida". O decisivo aqui é a disposição para a investigação, para o questionamento propriamente dito e a não aceitação daquilo que nos é dado como o óbvio. A investigação precisa encontrar no óbvio os vestígios necessários que a levem a ultrapassá-lo em direção ao inaparente, ao sentido da própria realidade que se encontra dissimulado em

5 PLATON. Apologie de Socrate, in Ouvres completes. Traduction de Émile Chambry. Paris: Garnier, 1947, Tome premier, 38 a.

nossa cotidianidade. É por isso que se faz necessário que abdiquemos de resultados imediatos e que nos entreguemos a uma leitura lenta e minuciosa dos textos fundamentais e que constituíram a nossa civilização assim como a conhecemos hoje. Tal atitude é evidenciada em outro texto do poeta Mário Quintana, chamado "Da eterna procura". Nele lemos:

> Só o desejo inquieto, que não passa,
> Faz o encanto da coisa desejada...
> E terminamos desdenhando a caça
> Pela doida aventura da caçada[6].

Ora, o que nos diz o poema? Que o desejo inquieto, que a necessidade da investigação, de caminhar por entre os vestígios, sobrepõe-se a um mero objetivo, a uma finalidade que se pretenderia imediatamente conquistar e que depois seria solenemente abandonada e esquecida. Tal pretensão e tais objetivos são superados gradativamente pelo encanto que atravessa, afeta e toma todo o modo de ser do caçador/investigador, ou seja, são superados pela própria aventura do caminhar, que vai desdobrando-se e revelando situações imprevistas. É neste sentido que a caça é desdenhada em nome da "louca aventura da caçada". Ler um texto não seria um objetivo maior, mas, isso sim, perder-se e encontrar-se no jogo de sua leitura, no âmbito do estar lendo-o e deslendo-o. Aliás, é do mesmo Mário Quintana mais esse texto, cujo título é "Educação":

> O mais difícil, mesmo, é a arte de desler[7].

Ora, mas o que é desler? Desler não pode ser reler e nem tresler. Não se trata de passar e repassar os olhos pelas páginas infinitas vezes. Trata-se de entregar-se na busca por aquilo que o texto não diz em tudo o que diz, isto é, entregar-se àquilo que comumente é chamado de entrelinhas.

6 QUINTANA, Mário. Espelho mágico, in Poesias completas. Rio de Janeiro: Nova Aguilar, 2005, p. 217.

7 QUINTANA, Mário. Caderno H, in Poesia completa. Rio de Janeiro: Nova Aguilar, 2005, p. 281.

Desler é ler e revirar o texto pelo avesso. É uma arte que nos faz tirar leite de pedras. Se já é difícil ler, desler, como nos ensina o poeta, é o mais difícil mesmo. Tal dificuldade, para ser ultrapassada, necessita de trabalho longo, lento, insistente e, sobretudo, solitário. Escutemos o que o filósofo alemão Friedrich Nietzsche escreveu no aforismo 443, intitulado "Sobre a educação", de seu livro *Aurora*:

> Paulatinamente esclareceu-se, para mim, a mais comum deficiência de nosso tipo de formação e educação: ninguém aprende, ninguém aspira, ninguém ensina – *a suportar a solidão*[8].

De acordo com Nietzsche, a impressão que passamos a ter é que todos os nossos movimentos que procuram ler rapidamente os textos, resolvendo ou procurando resolver de maneira displicente as questões neles evocadas, sem saboreá-las, são movimentos que, de algum modo, reagem à solidão. Não suportamos a solidão, não conseguimos ficar sozinhos, pensando conosco mesmos. Parece que precisamos de ruídos, de barulhos, de coisas que nos distraiam e nos retirem da angústia. Esta, por outro lado, exige que suportemos o trabalho árduo de enfrentamento do texto com tudo o que nele nos toca, no mais íntimo de nosso ser.

Suportar a angústia é experimentar o nada de tudo o que é. É dispor-se à possibilidade de ser e de não ser de todo o real, em sua inteireza. É deixar-se conduzir pelo que, nessa hora, provoca estranhamento, medo e admiração ao mesmo tempo. Pois tudo, desde o princípio, se ergue no risco mesmo de não ser, de afundar-se no seio do nada. É por um fio que tudo é o que é. Essa força que conduz à aparição, ao emergir do real no seio do nada, é a que toma o modo de ser de todo aquele que se deixa conviver com a solidão. É nela que o trabalho, o que pede para ser feito, pode crescer, fazendo também nascer, a partir de sua vocação mais íntima, aquele que deixa e se deixa trabalhar pela ação realizadora.

Mas, como nos mostra Nietzsche, o maior problema que enfrentamos

8 NIETZSCHE, Friedrich. Aurora. Tradução de Paulo César de Souza. São Paulo: Companhia das letras, 2004, p. 230.

hoje é o fato de que ninguém aspira ao que, na solidão, está em jogo. Ninguém quer pôr em jogo o seu próprio ser. Aliás, ninguém sabe e nem quer saber que desde sempre o ser de cada um já está sempre em jogo. Basta tal pressentimento para abalar as estruturas do modo de ser de todo aquele que vive apenas da obviedade, isto é, da dissimulação do real na própria cotidianidade.

Ainda no livro *Aurora*, de Nietzsche, na quinta parte de seu "Prólogo", lemos o seguinte:

> Não fui filólogo em vão, talvez o seja ainda, isto é, um professor da lenta leitura: – afinal, também escrevemos lentamente. Agora não faz parte apenas de meus hábitos, é também de meu gosto – um gosto maldoso, talvez? – nada mais escrever que não leve ao desespero todo tipo de gente que "tem pressa". Pois filologia é a arte venerável que exige de seus cultores uma coisa acima de tudo: pôr-se de lado, dar-se tempo, ficar silencioso, ficar lento – como uma ourivesaria e saber da *palavra*, que tem trabalho sutil e cuidadoso a realizar, e nada consegue se não for *lento*[9].

E novamente nos encontramos diante da necessidade do lento. Nietzsche se coloca como um professor da lenta leitura e afirma que também escreve lentamente. Esse ler e escrever lentamente são, sobretudo, um deixar-se ser tomado, perpassado, atravessado pelo que, no jogo do ensinar e do aprender, se dispõe como o essencial. O essencial que se dispõe aí é presenteado, é dado a pensar. Fora dessa "região" do lento, nada é essencial, nada interessa. Por isso, o filósofo afirma que é de seu gosto

> nada mais escrever que não leve ao desespero todo tipo de gente que "tem pressa".

9 NIETZSCHE, Friedrich. Aurora. Tradução de Paulo César de Souza. São Paulo: Companhia das letras, 2004, p. 14.

Por que levar ao desespero? Seria "esse gosto maldoso" algo de grande importância na educação? É que no âmbito do que se escreve com lentidão, também somente com lentidão é que se pode ir ao encontro de sua compreensão. O desespero se dá quando se torna impossível de compreender o que é dito a partir de uma "metodologia" contrária àquela que é exigida pelo próprio texto. Digamos que o texto é que exige uma tomada de posição em relação ao modo de lidar com ele mesmo. Caso isso não ocorra, talvez caiba aquilo que uma vez disse Carlos Drummond de Andrade no final de seu poema de nome "Explicação", presente no livro *Alguma poesia*:

> Se meu verso não deu certo, foi seu ouvido que entortou.
> Eu não disse ao Senhor que não sou senão poeta?[10]

E por que entortou? Porque não o escutamos direito. Não tivemos a paciência necessária para ir ao seu encontro, ao encontro do "lugar" a partir do qual o texto veio a ser o que ele é. O desespero se dá quando não pretendemos trabalhar para compreendê-lo, acreditando que toda compreensão vem de graça, sem exigir nada em troca. Passamos os olhos por sobre o texto e, ao final, quando não o compreendemos, acusamos o autor de não tê-lo feito direito, compreensível. E o autor, por seu lado, morre de rir. É preciso que tenhamos a humildade de, em princípio, assumir a nossa ignorância. Nós é que não nos dispomos à compreensão do texto; nós é que não temos a paciência necessária para ir ao seu encontro; nós é que não esperamos a hora madura em que ele pode se dar em todas as suas complexidades desde a sua mais pura simplicidade, pois, como nos diria Heráclito,

> se não se espera o inesperado, não há caminhos nem vias de acesso.

É preciso, portanto, como nos diz Nietzsche,

10 ANDRADE, Carlos Drummond de. Alguma poesia, in Obras completas. Rio de Janeiro: Nova Aguilar, 2002, p. 37.

> pôr-se de lado, dar-se tempo, ficar silencioso, ficar lento...

Pois assim abrem-se caminhos para a própria realização, para a organização e estruturação da tarefa que é exclusivamente necessária, onde tudo é feito no interior de uma medida própria, que obedece ao que no silêncio, na solidão, pede para ser feito, tal como

> uma ourivesaria e saber da *palavra*, que tem trabalho sutil e cuidadoso a realizar, e nada consegue se não for *lento*.

O trabalho meticuloso e de tartaruga do ourives, ou ainda, de um ourives da palavra, que constitui o texto, fazendo uso apenas daquelas palavras que são obrigatórias na sua conformação, sem a pressa de colocar uma a mais ou uma a menos, lapidando-o a todo o momento, limando-o, retirando as rebarbas, é *lento* e desesperador para todo aquele que quer logo dele se livrar. É exatamente o que percebemos ainda em mais um texto do poeta Mário Quintana, que fala de seu "Método de trabalho":

> - Não sei pensar à máquina. Escrevo, isto é, faço o meu trabalho criativo primeiramente a lápis. Depois, com o queixo apoiado na mão esquerda, repasso tudo à máquina com um dedo só.
> - Mas isso não custa muito?
> - Custar, custa, mas dura mais [11].

O "método de trabalho" de Mário Quintana, conforme vimos, troca a "reta" pela "curva", o caminho "mais curto" pelo "mais agradável", pois todo o seu fazer se desdobra nessa sua ação realizadora, incompreensível para aquele que pergunta "se isso não custa muito". O que não se entende é esse prazer em estar jogado na ação, todo inteiro nela, custe o que custar. Pois é nesta mesma ação que isso que é o real se realiza, fazendo aparecer, neste caso, o próprio escrever, que reúne em si o escritor e aquilo que é escrito.

11 QUINTANA, Mário. Caderno H, in Poesia completa. Rio de Janeiro: Nova Aguilar, 2005, p. 315.

Este "método" toma conta de todo o modo de ser daquele que a ele se entrega, de tal maneira que também se é moldado por ele, feito, realizado. É por isso que Nietzsche pode dizer que tal atitude agora

> não faz parte apenas de meus hábitos, é também de meu gosto...

Em seguida, o filósofo diz que a arte do lento

> Justamente por isso, é hoje mais necessária do que nunca, justamente por isso ela nos atrai e encanta mais, em meio a uma época de "trabalho", isto é, de pressa indecorosa e suada sofreguidão, que tudo quer logo "terminar", também todo livro antigo ou novo: – ela própria não termina facilmente com algo, ela ensina a ler *bem*, ou seja, lenta e profundamente, olhando para trás e para diante, com segundas intenções, com as portas abertas, com dedos e olhos delicados...[12]

A arte do lento não busca facilidades. Antes, pretende ir ao encontro dos obstáculos que impedem uma leitura atenta e minuciosa de maneira a permitir que, em alguma hora, o texto se apresente em sua inteireza, com todas as suas tensões, abrindo caminhos para um diálogo essencial não só com o que é dito como também com o que não é dito em todo dizer.

Entretanto, tomando novamente a passagem supracitada do texto de Nietzsche, lemos que vivemos numa época de "pressa indecorosa e suada sofreguidão, que tudo quer logo 'terminar'". Mas que época é essa? Qual o seu sentido? De que modo todos aqueles que fazem uso de tal pressa indecorosa e de suada sofreguidão já, antes, estão dispostos a um sentido que para eles é inadvertido e ao qual correspondem sem ter a distância necessária para interpretá-lo? Em outras palavras: De onde vem esse *páthos*

12 NIETZSCHE, Friedrich. Aurora. Tradução de Paulo César de Souza. São Paulo: Companhia das letras, 2004, p. 14.

que envolve todo o nosso comportamento em direção contrária ao lento, impossibilitando-nos a ler bem, "lenta e profundamente, olhando para trás e para diante, com segundas intenções, com as portas abertas, com dedos e olhos delicados"?

Possivelmente, enquanto não nos esforçarmos no sentido de ir ao encontro desse *páthos*, que, de algum modo, determina o nosso modo de ser, não conseguiremos nos abrir para essa leitura lenta e minuciosa dos textos filosóficos. Por outro lado, a leitura lenta e minuciosa também nos permite, gradativamente, ir ao encontro desse mesmo *páthos*.

No entanto, no âmbito dessa circularidade, deixando-nos conduzir para dentro dela, é que permitiremos o aparecimento de um esforço pelo descolamento de toda pressa indecorosa e de toda suada sofreguidão, que nos acossam e nos angustiam; é que poderemos também, de outro lado, ir ao encontro de um novo modo de lidar com o trabalho de uma maneira geral: aqui, no nosso caso, a leitura lenta e minuciosa capaz de nos arrastar para uma compreensão até então inaudita da própria realidade.

A mão humana e seu caráter de unidade: reflexão acerca da teoria e da prática

ÉCIO ELVIS PISETTA

Professor de filosofia na Universidade Federal do Estado do Rio de Janeiro – UNIRIO.

Introdução

No que segue perguntamos acerca da *unidade* entre teoria e prática. Para nós, tema difícil, porque se movimenta em conformidade com as variações da existência humana. Igualmente porque a unidade visada não corresponde a nenhuma unidimensionalidade e porque a vida que nos pertence não atende docilmente a nenhum planejamento antecipado. Como sensibilizar nosso intelecto para fenômenos desta espécie? Como farejar algum sentido orientador no conjunto destas experiências? Como encontrar e acolher alguma ordem que seja essencialmente distinta da noção de certeza e asseguramento tão características de nosso tempo? Como não se perder em questões importantíssimas, porém, secundárias, tão próprias deste tema? Onde está a lâmpada de Diógenes?

De há muito o fenômeno da "mão" nos fornece a imagem e a dinâmica desta unidade. Sua compreensão, no entanto, demanda esforço contínuo. Ela pode ser existencialmente considerada através das noções de possibilidade e de abertura. Remetemos, então, de maneira um tanto livre, a algumas ideias de M. Heidegger e A. Koyré que se movimentam, a nosso ver, pelas várias faces deste tema.

Como estímulo nos servimos de pergunta elaborada pelo professor Luiz Bicca[1]. E as parciais respostas nada mais são do que a renovação destas provocações.

> O pensamento da manualidade em *Ser e tempo* e os esclarecimentos ou comentários acerca da mão permitem que se flexibilize e se ultrapasse a separação ou a oposição tradicional, de senso comum, entre prática e teoria; seria possível a seu ver, estender a interpretação de tal pensamento até a afirmação de que nela se encerra uma demonstração radical (talvez a mais radical já empreendida) da unidade de teoria e prática ou será que para

1 A questão, tal como aparece formulada pelo professor Bicca, fez parte de nosso exame de qualificação de mestrado em maio de 1999, no IFCS/UFRJ, sob a orientação do professor Gilvan L. Fogel. Como os desafios ali contidos permanecem vivos em nosso trabalho, agrada-nos recordá-los e presenteá-los.

> tanto seria preciso aprofundar algum aspecto já envolvido nesse pensamento de *Ser e tempo*? (P. ex., a questão da técnica!).

O pensamento de *Ser e tempo* encontra na "mão" (*Hand*) e na "manualidade" (*Zuhandenheit*) o caminho exemplar para descrever o modo de ser humano enquanto *presença*[2] (*Dasein*). Tal descrição é ambígua, à medida que a relação mostra, em última instância, o "ser relação" como sendo o ente privilegiado. E este demanda uma melhor transparência acerca de seu próprio ser.

O manual se encontra numa conjuntura. Nela e a partir dela ele é para... (*Um-zu*). De forma assemelhada, o ser humano é para... Os círculos cada vez mais amplos e hierarquicamente distintos onde visualizamos estas relações nos levam a uma compreensão existencial e não subjetivista do ser humano. Segundo *Ser e tempo*, manualidade e ser simplesmente dado (*Vorhandenheit*) podem ser vistos como estando numa contínua tensão. Chama-nos atenção a precedência ontológica da manualidade sobre o ser simplesmente dado. Esta pode ser legitimamente ignorada para fins teórico-científicos, por exemplo. Mas não o devemos, caso queiramos investigar existencialmente algumas das articulações oferecidas pela unidade entre teoria e prática, inclusive na pesquisa científica. A ciência pressupõe a manualidade, embora se desenvolvam em grande parte de modo independente.

O jogo entre manualidade e comportamento teórico científico, de acordo com as chaves de leitura assumidas, fere muitíssimo nosso modo corriqueiro de abordar as coisas. Corremos o risco de simplificar o que não deve ser simplificado (os afazeres em geral), de nos desencantar com o que deveria nos surpreender (a pesquisa científica, como um afazer determinado), e de ignorar o que deveria dilatar nossas pupilas, o fato de que o questionamento – a investigação teórica – habita o mais íntimo do ser humano. Nisso tudo a manualidade detém sua *exemplaridade*, ou seja, o jeito humano de ser mantém uma relação primordial com a mão. Como a ma-

2 Para este e os demais termos de Ser e tempo usamos a tradução de Márcia Sá Cavalcante Schuback.

nualidade pode nos ajudar na ampliação de nossa compreensão da ciência? Neste sentido, a mão não é interpretada como sendo alguma parte do corpo humano nem algum estágio primitivo do desenvolvimento técnico de domínio da natureza. Antes como a apresentação mimética do modo primário de ser do humano que se mostra também no domínio progressivo da ciência e da técnica, das tecnologias da informação e da realidade virtual, e se cristaliza *paradoxalmente* no fato do ser humano precisar compreender, ver, tudo e cada coisa. Mas, não estamos sobrecarregando o termo? Por meio da manualidade conquistamos uma compreensão da existência; por meio desta e daquela, uma compreensão existencial da ciência e da técnica; por meio deste processo, uma compreensão existencial de nosso ser no mundo em meio aos aparelhos e pesquisas científicas; e, por fim, uma acribia acerca da genealogia teórica e prática de nosso mundo moderno e de nós mesmos... Talvez. "A técnica [*toda* técnica, inclusive a científica] é uma forma de desencobrimento" (HEIDEGGER, 2001, p.17).

1. Um pouco sobre a manualidade.

Afinal, o que é a "mão"? O que há em algo tão ordinário, a "mão", de tão extraordinário? Por ela somos continuamente chamados a pensar o aspecto fazedor e fabricador ou prático do ser humano. O mesmo não se limita ao universo da materialidade, estendendo-se à convivência e à lida consigo mesmo, o que inclui aspectos simbólicos ou imaginários. Estes apresentam a totalidade de uma existência efetiva, já que é no seio dela que um ser humano se ocupa e se preocupa com os outros e consigo. De modo mais preciso, dizemos que não há oposição entre as coisas físicas ou não e os possíveis sentidos que elas têm para nós. Uma e mesma é sempre a coisa e seu sentido a cada vez. A relação com esta e aquela coisa, visível ou invisível, que se dá de imediato ou apenas depois de um árduo percurso, enfim, a relação com toda coisa será sempre de um modo – um *como* – que absorve um *quem* num *o que* e vice-versa. A coisa é sempre para "nós", encontrando-se numa remissão significativa conosco. Por detrás desta não há alguma outra coisa como outro ente que sirva de fundamento. Por detrás não há coisa nenhuma. "'Atrás' dos fenômenos da fenomenologia não há absolutamente nada" (HEIDEGGER, 2006, §7, p.75). No fato de cada coisa ser numa relação conosco vemos a necessidade de refletir acerca da constituição de nosso ser no mundo.

Nestas múltiplas relações, que são também relações de *saber*, encontramos o lugar do humano. Ele é relação. Torná-las transparentes para si, segundo as mais diversas necessidades, não é algo ocasional nem secundário, mas vital. O saber pode ser visto como relação que expõe relações. Compõe a própria textura da existência, atendendo sua multiplicidade. Assim, a busca por algum grau de transparência perfaz nosso comportamento teórico e prático, como aquela paisagem iluminada que capacita nossos movimentos. Do contrário não haveria relação nenhuma. Por mais que notemos o aspecto teórico desta existência ocupada e preocupada consigo mesma, não ignoramos que ele expressa simultaneamente seu modo de ser prático, de estar em algum grau envolvido, atido, entretido com seu próprio ser numa ação determinada junto às coisas, aos outros e consigo mesmo.

Cada uma destas ações, a cada vez e à sua maneira, acolhe as demais. Na marcenaria, não nos ocupamos com as ferramentas, os diversos materiais e os prováveis clientes na contramão da preocupação conosco mesmos. E na contemplação abstrata de uma ideia, extremamente solitária, tanto a presença dos outros quanto as mais diversas relações artesanais podem ser sopesadas e descobertas em sentido inteiramente diverso. No viés prático aludido já se mostra a auto compreensão – obscurecida como tema – de que nosso ser não nos está dado, pronto e acabado. Do contrário, por que nos moveríamos em prol de algo?

A teoria de que dispõe o ser humano ocupado a cada vez não é menor nem maior do que esta praticidade. Ela se mostra na antecipação de si por meio da qual um ser humano situado projeta sua existência como um horizonte aberto de atividades possíveis. Como poderia a mão pegar algo, se algo já não se apresentasse como possível de ser pego de determinada maneira? Algo já sempre se ofertou à mão. Dessa forma, a ação em curso previu ou antecipou toda a atividade dada. Esta compreensão não perde seu sentido com a inclusão de possíveis interrupções. Pois, tanto nestas como nas soluções subsequentes, a manualidade se mantém: ora na paralisia reflexiva para consertar de alguma maneira a atividade deixada em suspenso, ora na entrega a uma nova e mais desejável ocupação. Dessa forma, como algo poderia ser de alguma maneira, numa determinação, se não se submetesse à mão? Assim como o barro nas mãos do oleiro: algo que se ofertou ganha os moldes da mão envolvida na atividade. E a própria mão aprende a ser a mão de um oleiro à medida que se envolve com o barro e *o deixa tocá-la*. A mão treinada é a mão *em treinamento*, aberta ou disposta para... Como o ser humano poderia mover todas as suas forças numa ação determinada se não contasse antecipadamente com o jogo do mundo que se cristaliza num sentido determinado (alimento, perigo, abrigo, segurança, responsabilidade, cooperação, poder, beleza, angústia, tédio, etc.)? O caráter antecipado aludido não equivale ao planejamento prévio em vista de um melhor asseguramento dos fins pelo controle dos processos. Este não tem olhos para o aspecto constantemente aberto, imprevisível e enigmático do mundo.

Tal situação atesta o lugar que pertence ao ser humano e que o coloca antecipadamente no afastamento das coisas. Isto faz com que a visão que tenha e precise ter não se assemelhe a um plano meramente abstrato, mas a um comportamento existencial que acolhe a vida humana em seu caráter de possibilidade, isto é, como essencialmente efetiva e atravessada pela imprevisibilidade. Neste sentido equivalem existir e ver. Imaginamos alguém fazendo algo e tendo a devida competência para ver e entender sua atividade. Imaginamos, também, outra pessoa vendo ou analisando os mais diversos afazeres e suas peculiaridades, alcances, etc. Num, um sentido restrito; noutro, mais geral. E, por último, imaginamos também a situação ímpar de alguém cuja ação resida somente na compreensão ou visão da própria ação de ver. Em cada caso se mostra uma existência possível. A visão, sempre já inserida em toda atividade segundo suas possibilidades, nos mostra que o ser humano efetivo, para orientar o curso de sua vida, dispõe de um saber antecipado de si e do mundo. No sentido aludido, a ação manual é simultaneamente prática e teórica.

A manualidade ocupa, em *Ser e tempo* de M. Heidegger, lugar especial. Ela não é um existencial. "(...) É a determinação categorial dos entes tais como são 'em si'" (HEIDEGGER, 2006, §15, p. 120). Igualmente seu antônimo, o ser simplesmente dado. Os dois expressam caracteres ontológicos – uma tensão – que atravessa todos os existenciais e, portanto, toda a estrutura da realidade. Mas os dois não detém a mesma equivalência ontológica. A nosso ver, não devem ser pensados meramente segundo a oposição *ou* manualidade *ou* ser simplesmente dado. O "ser-no-mundo [a *presença*] só chega a explicitar o que é simplesmente dado, através do que está à mão na ocupação" (HEIDEGGER, 2006, §15, p.120).

A mão é convocada a demonstrar o modo de ser do humano, o ente privilegiado, como descobridor ou revelador de realidade em primeiro grau. Ela expressa nossa humanidade de forma prática, efetiva, isto é, o ser humano sendo, a cada vez, na lida diária com as coisas, com os outros e consigo mesmo. Neste lidar com algo de forma ampla chama-se a atenção para o fenômeno do mundo, para o mundo como abertura de sentido não subordinado a alguma racionalidade intelectual que o pode esquadrinhar exclusivamente em suas possibilidades extensivas dadas. O afazer manual acontece numa conjuntura e, de certa forma, o modelo permanece no afazer científico, embora subordinado a certas modificações. Esta constatação nos leva a considerar a manualidade antes como o modo humano de ser – primário e exemplar – do que como o primeiro nível dos afazeres humanos numa escala hierárquica.

Na conjuntura, a mão remete a outros entes de modo cada vez mais amplo (remissividade), demonstrando um sentido que, a cada vez, é apreendido a partir destas referências (significância). Com isso, a mão se mostra como atida, entretida, remissiva, significativa. A conjuntura prévia, sempre familiar à mão ativa, não é alcançada pela soma das partes. Uma coisa isolada, neste sentido, é impossível. Assim, a singularidade de cada coisa se manifesta na unidade ou totalidade da experiência manual em conformidade com os usos ou serventias. Olhar a coisa, o ente, corresponde a encontrá-lo ou visualizá-lo em sua teia de correspondências.

Em última instância, este mesmo caráter da mão (de ser para...) remete para o modo humano de ser. A mão pega, por assim dizer, sua humanidade agarrando seu próprio modo relacional de ser. Por certo, uma tarefa ímpar da mão. Mas não encontramos aqui um eco daquela mão entretida e absorvida em algum afazer prático? Em todo caso, vemos a remissividade e a significância, a prática e a teoria, voltando-se para a *presença* ela mesma, numa estranha circularidade.

> Esse para quê (*Wozu*) primordial não é um ser para isso (*Dazu*), no sentido de um possível estar junto numa conjuntura. O 'para quê' (*Wozu*) primordial é um ser em virtude de (*Worum-willen*). 'Em virtude de', porém, sempre diz respeito ao ser da *presença*, uma vez que, sendo, está essencialmente *em jogo* seu próprio ser (HEIDEGGER, 2006, §18, p.134-135).

Dessa maneira somos levados a pensar a mão de forma incomum. Por um lado, temos sempre nossa mão, esta que pega, acena, indica, força, acalenta, etc. Por outro, a mão como modo de ser do humano. Este sentido, ontológico, fundamenta o anterior. A mão se mostra como modo de ser, como jeito, como a memória materializada do que nos é mais próprio, essencial e intransferível. Ela detém a possibilidade de revelar nosso ser em nossa situação humana no mundo, nosso ser como atividade. A obviedade de uma afirmação destas deve nos chamar a atenção, pois não estamos a pensar a atividade como alguma espécie de predicação. Em sendo, isto é, na familiaridade constitutiva dos usos e atividades não há necessidade de uma *especial* transparência teórica. Cada ocupação detém sua visão. Uma transparência teórica maior, essencialmente reveladora, atende e responde (corresponde) ao *para quê* primordial ou último, dizendo respeito ao próprio ser do humano. A prática desenvolve tal como uma mão treinada seu próprio saber fazer, saber proceder, saber cortar, saber furar, saber pegar, etc. Por meio do treino a mão aprende a ser mão, aprende a ser *a mão que sempre foi*.

> A atitude "prática" não é "ateórica" no sentido de ser desprovida de visão. A sua diferença para com a atitude teórica está não somente em que uma *age* e a outra contempla e em que, para não ficar cego, o agir faz uso de conhecimentos teóricos, mas, sobretudo, porque originariamente tanto o contemplar é uma ocupação como o agir possui *sua* visão. A atitude teórica visualiza meramente, sem circunvisão. Embora destituído de circunvi-

> são, visualizar não é por isso desprovido de regras. É no *método* que constrói o seu cânon (§15, p.118).

Apesar das dificuldades que esta citação nos traz, faremos pequena incursão por aquilo que Heidegger chama em *Ser e tempo* de "comportamento teórico". Assumiremos como exemplo deste a teoria e a prática científica da modernidade. Trata-se de um recorte, intencional e modesto, inspirado também nos trabalhos de A. Koyré.

O comportamento teórico e a ciência moderna.

Descrevemos alguns aspectos da manualidade. Ocorre, no entanto, que uma atividade pode cessar e, a partir disso, sofrer uma modificação fundamental. Esta modificação possui um caráter de *restrição* em relação à manualidade. No entanto, *abre* existencialmente uma nova possibilidade de ser-no-mundo (Cf. HEIDEGGER, 2006, §13, §19, §33, §44, §69b). A modificação é ontologicamente responsável pelo surgimento do modo de ser do comportamento teórico em geral (a filosofia e as ciências antigas e medievais, por exemplo) e, em sentido estrito, do comportamento teórico-científico que surge na época moderna.

Como isso se dá? Em determinado momento os elementos que estavam envolvidos na atividade perdem seu caráter remissivo e significativo. A atividade, segundo o modo de ser da manualidade, fica em suspenso. Isso se esclarece melhor ao imaginarmos o que acontece quando as coisas "quebram", ou seja, quando não funcionam, ou faltam, ou não estão mais à mão. O agente, perturbado diante desta atividade interrompida, colocará logo mãos à obra. Afinal, não suportamos um estado negativo destes durante muito tempo. A tendência da mão é consertar as coisas, ou substituir o que falta, ou usar de modo alternativo algo que esteja à mão. No entanto, quando o uso e o manuseio sofrem uma suspensão, abre-se nova possibilidade de relação. Esta nova atividade remete a um conjunto de entes característicos e/ou descobre um mundo de possibilidades antes encobertas. Ela (no caso da ciência moderna) constrói, para seus fins, instrumentos de pesquisa e, às vezes de modo colateral, objetos de uso e manuseio e produtos antes desconhecidos. Todo este mundo de coisas encontra neste momento ontológico da suspensão da lida manual a sua origem.

A mão em seu afã de pegar o que se oferece (mundo) sempre o faz submetendo-se ou obedecendo à coisa dada. Como, agora, se oferece esta coisa "dada"? A espécie de atividade que nasce neste interstício possui um caráter derivado ou secundário. Derivado porque pressupõe – embora desconsidere teoricamente tal fato – a primeira abertura de mundo fornecida pela manualidade e, de certa forma, a própria manualidade. A desconsideração aludida efetiva-se na consideração do que se mostra como ser simplesmente dado e na exploração destas possibilidades. As relações entre os seres simplesmente dados, no caso da moderna ciência da natureza, se efetivarão tendo como base algo de artificial e antinatural. Mas, como é isso? Repetindo: que "algo" (mundo) agora se torna acessível à mão?[3]

Um exemplo se faz necessário. A atividade de escrever foi suspensa. Neste momento estamos diante de coisas simplesmente dadas, isoladas, em si, aí. Antes a totalidade instrumental as revelava no uso e manuseio como sendo para esta ou aquela serventia. O ser humano, então, direciona suas forças para a única atividade disponível e que nos chama a atenção quando nada mais podemos fazer: a consideração teórica ou o pensamento. Esta atividade *pode descobrir* o que assim se mostra – o ser simplesmente dado – em suas possibilidades simplesmente dadas, gerais ou universais, como propriedades ou categorias. Trata-se de nova possibilidade ou descoberta dos entes. Por exemplo: a coisa é bela, grande, está

3 Quando algo está à mão, no sentido da manualidade, indica a relação de uso e manuseio práticos. Algo encontra seu ser remetendo a uma totalidade instrumental. Quando algo está à mão, no sentido do comportamento teórico a ser brevemente descrito, indica que algo aparece ali como ser simplesmente dado disponível à consideração teórica. Algo encontra seu ser, por exemplo, remetendo a uma cadeia causal ou a alguma harmonia universal passível de matematização. Podemos pegar algo "material" e, de forma didática, descrevê-lo segundo a tábua aristotélica das categorias ou segundo suas propriedades geométricas. A descrição teórica constrói suas próprias leis. Em sentido estrito, ainda, este algo à mão remete ao objeto de estudo de uma ciência especializada, aos elementos químicos ou aos números, por exemplo. Em cada caso o "dado" possui sua mobilidade. O que se preserva nestes usos é o caráter de relação (remissão e significação), distinto a cada vez segundo o caráter ontológico dominante, ora o da manualidade ora o do comportamento teórico. Isto não significa que estes caracteres devam ser abordados no sentido da oposição entre saber pré-científico ou artesanal e saber científico.

aqui, é antiga, foi feita na fábrica "X", etc. A esse tipo de consideração das coisas Heidegger chama de "comportamento teórico" e remete, em muitos lugares, à ciência moderna e sua descoberta do mundo e do sujeito. Nela percebemos o nascimento de possibilidades fundado num característico afastamento e reconsideração ou ressignificação da manualidade.

Segundo o modo de ser da ciência moderna que se mostra, por exemplo, no afã pela precisão, exatidão, certeza, asseguramento, servindo-se, para tanto, da única linguagem[4] adequada para estes fins, a matemática ou físico-matemática, poderíamos dizer que a coisa *material* é dotada de três ou quatro dimensões: altura, largura, profundidade e tempo. Interessa agora a coisa quantificável matematicamente. Esta vale, "tem" ser! Algo de caráter subjetivo, como um símbolo ou uma obra de arte, torna-se secundário, fora do interesse, pois ainda não foi objetivado. A perspectiva matemática e quantitativa pertence ao caráter imaginativo da ciência moderna. Galileu, modelo desta ciência, concebe ou imagina na mente, um determinado comportamento que os objetos naturais (físicos, materiais) devam ter. A natureza assim *descoberta,* a do biólogo, por exemplo, não equivale à natureza que o andarilho *encontra* em sua caminhada. Da mesma forma a caneta descoberta pelo escritor em seu uso não equivale à coisa material descoberta pelos sistemas de medição da moderna ciência da física. Esta *ação de descoberta*, teórica e prática, possui sua grandeza e seus limites. Segundo o que dissemos, a ciência moderna nasce a partir de uma apropriação da realidade como ser simplesmente dado, isto é, uma consideração das coisas independente de seu uso e manuseio. Um novo mundo de sentido se apresenta e, com ele, uma nova compreensão de ser humano. Nesse novo mundo – imaginemos nossa atualidade – lidamos com as coisas, com os outros e conosco. Mas não podemos deixar de sentir o impacto dessa "nova lida", isto é, a criação e o uso de objetos tecnológicos possuem textura distinta da cria-

4 Assim nos expressamos para indicar que esta linguagem não se ocupa e não contempla em princípio o caráter fugidio, erosivo, mutável do mundo do devir. Como tal, trata-se de uma linguagem ideal que habita um lugar hierarquicamente superior. A modernidade fez dela a ferramenta adequada para intervir na natureza. Assim, o lugar habitado pela matemática (a mente ou razão) tornou-se parâmetro da pesquisa científica e, em geral, modelo orientador para reeducação do homem moderno em sua relação com a realidade natural, social e psicológica.

ção e uso dos objetos tradicionais. Outras e distintas habilidades e perspectivas de sentido são acionadas. A "mão" modificou-se. "Agarra-se" a realidade em sentido diverso. Ou isto apenas quer dizer que os produtos e objetos técnicos, produzidos segundo leis e princípios científicos, ao se tornarem objetos de uso retornam à manualidade primária como a um paraíso perdido?

De acordo com citação já apresentada (Cf. HEIDEGGER, 2006, §15, p.120), o ser simplesmente dado somente pode ser explicitado tendo por base a manualidade. Assim, o que a manualidade disponibilizou *como base e fundamento ontológico* para o comportamento teórico científico?

De modo impreciso e pouco sucinto constatamos que o comportamento teórico científico já conta (a) com uma determinada concepção da verdade, uma adequação, por meio da qual traz à luz e estabelece o que é válido. Já conta (b) com uma abertura do ente em geral, um sentido dominante de mundo ou natureza. Mas não foi a ciência que descobriu a natureza pela primeira vez. Uma modificação desta acontece com base nas experiências prévias compartilhadas. Já conta (c) com uma linguagem específica, o enunciado ou a proposição, correspondendo a cada abordagem especializada e fixando seus princípios. Mas não foi a ciência que inventou a linguagem e liberou o dizer e o falar acerca da realidade pela primeira vez. Já conta (d) com uma concepção específica de mundo e de espaço, aquela proporcionada pela aplicação metódica da geometria euclidiana e das matemáticas na construção e fixação de seus princípios. Mas não foi a ciência moderna que descobriu nem o espaço, nem a matemática e a geometria, pela primeira vez. Já conta sempre e a cada vez (e) com uma determinada expectativa em relação à natureza, isto é, como a natureza e a realidade em geral devem responder às investidas científicas. O que se espera da natureza está diretamente relacionado à concepção matemático-quantitativa da realidade. Pois contar com um mundo aberto de sentido, esperar algo dele, é coisa sumamente humana e pertence à estrutura manual do ser humano. No entanto, esperar que o mundo atenda de modo matemático moderno a esta expectativa, é espera em segundo grau, derivada, restrita em relação àquela e fundada ontologicamente naquela. Em termos históricos a ciência moderna nasce em conflito com a ciência antiga e medieval precedentes. Mas isso não significa que delas derive de forma causal e progressiva.

Heidegger, em trabalho posterior, diz algo significativo para este contexto: "A técnica é uma forma de desencobrimento" (HEIDEGGER, 2002, p.17), ou seja, *também* na técnica científica acontece uma descoberta das coisas, dos outros e de si mesmo, mas não segundo o uso e manuseio próprios da manualidade. Assim, a ciência pode ser vista como uma possibilidade da mão? Um modo possível de ser-no-mundo? Um modo de existência? Estamos às voltas com a possibilidade de uma interpretação existencial da ciência (Cf. HEIDEGGER, 2006, §69 b).

Quando da suspensão de todo uso e manuseio a mão pode se colocar diante das coisas como simplesmente dadas e interpelá-las em suas possibilidades simplesmente dadas, independentes do uso e do manuseio prévios e passíveis de universalização. Trata-se do comportamento teórico, como dito, e que tem na moderna ciência matemática da natureza uma amostra. A remissividade e a significância persistem, mas de forma inversa ou derivada. Isto é, na manualidade a referência residia no modo de ser da relação que, em cada caso, deixava ser o manual. Um manual específico se mostrava a partir da remissividade e significância, ou seja, a partir de uma totalidade conjuntural como um espaço aberto de atividades. Por outro lado, o espaço aberto de atividades que se mostra no comportamento científico parte de um conjunto de exigências que, como axiomas fundamentais, determinam todo o desenvolvimento da ciência e que não podem – a rigor – serem postos em suspeita. É o que ocorre com a concepção matemática e geométrica da natureza, como intuída por Galileu. A partir disto todas as relações das pesquisas terão como propósito a exploração e comprovação daquela estrutura básica da natureza. Cabe ao cientista a descoberta de suas leis intrínsecas. O aspecto dado de mundo não corresponde a um mundo já sabido e já compreendido, mas apenas que o mundo pode ou deve se mostrar desta maneira. Remissividade e significância estão a serviço de uma concepção geométrica ou matemática da realidade. A ligação de um ente a outro ente, o estabelecimento de grupos de entes e de objetos de pesquisa, se dará tendo por base o modo como a natureza deve se mostrar ou responder ao projeto físico-matemático. As relações válidas entre os entes envolvidos em cada caso devem ser relações calculáveis, exatas ou precisas, em correspondência com o projeto de objetivação. Quando o andarilho conta com o chão, com a noite estrelada, com as árvores, com os animais, etc., ele o faz de forma prática atendendo a longa jornada em curso. Ali as coisas à mão significam algo a partir da caminhada. O mesmo não ocorre com o cientista. Este abstrai da caminhada empírica, por assim dizer, e considera tudo o que aparece em suas possibilidades "objetivas", razoavelmente independentes do modo da manualidade. Ele se depara com os astros *da* astronomia, as pedras *do* geólogo, os animais e as plantas *dos* zoólogos e biólogos, etc. São entes descobertos e estabelecidos cientificamente. Assim, o uso que nasce da atividade científica moderna traduz uma expectativa distinta em relação à manualidade. Dizer que a prática científica é também uma forma de usar e manusear apenas confirma a necessidade de refletirmos acerca do modo como isso se dá.

O caráter simplesmente dado da natureza é fixado em leis físico-matemáticas, como o dissemos. Assim, o que é descoberto é o caráter matemático da natureza. Não interessa ao cientista os aspectos tradicionais e sensíveis. Interessa sua estrutura matemática que possibilita a apropriação ou exploração das forças quantificáveis da natureza. O cientista conta previamente com esta resposta matemática da natureza às suas intervenções experimentais. Caso tal expectativa não se confirme da forma desejada, novo experimento será realizado. O modo como a ciência moderna espera que a natureza se mostre distingue-se do modo como a experiência da manualidade descobre e conta com a natureza. Matemática e geometria fundam-se numa teoria e numa prática que nasce na mente, na razão, e não na natureza empírica ou no mundo do devir sujeito à infinita geração e corrupção. A mente é o espaço eterno e incorruptível que agora serve como referência para interpretar, gerenciar e modificar idealmente a natureza. Por isso autores como Koyré e Heidegger insistem no aspecto teórico da ciência moderna.

2. Outras observações sobre manualidade e comportamento teórico.

Mas não é a ciência moderna algo de experimental e concreto, empírico, baseada na experiência, e não algo de teórico e abstrato como a ciência anterior? Se a ciência antiga e medieval, fundada principalmente em Aristóteles, queria compreender a natureza pela reflexão metafísica, a moderna ciência não procurou interferir na natureza, por meio da experiência, transformando-a? Não é isso prova de seu caráter prático?

No entanto, precisamos olhar as coisas com mais cuidado. Usaremos, com pretensão didática, a antinomia artesanato *versus* ciência moderna. Apesar da inadequação deste modelo, temos em vista o sentido fundamental que, em cada caso, serve de orientação.

No artesanato em geral a atividade busca sua orientação na realidade empírica a cada vez, ou seja, nos elementos materiais que devem ser manipulados para que a coisa se concretize. Como se apresenta este referencial? O artista, no esforço de levar a cabo algo, molda os materiais. Mas não o faz de qualquer maneira. Seu sucesso depende da obediência aos materiais e à natureza em geral. Dessa atenção nasce sua habilidade. Ao moldar algum material o artesão conta previamente com a natureza particular de cada elemento. Por certo, as culturas mais variadas e os ofícios mais diversos acumulam um saber empírico, transmitido e aprimorado teoricamente. Por mais que determinada arte tenha as características próprias de sua cultura ou escola, ela depende da habilidade de seus agentes, renovada através de um aprendizado contínuo. Vemos distinção em relação ao técnico moderno-contemporâneo. Este é ensinado a dar atenção maior não à natureza e às regras experimentais do ofício, mas aos princípios norteadores, prévios, de caráter matemático, precisos e uniformes para todos os casos. Não está em questão um maior ou menor sucesso em relação à natureza! A arte e seus produtos estão disponíveis para todos segundo o alcance e os limites de seus agentes no domínio dos materiais usados. Por mais teoria que se produza nas diversas oficinas para perpetuar e aprimorar as diversas habilidades, a realidade empírica ainda detém a primazia. A natureza resiste empiricamente ao artista. Parte-se do princípio de que há uma realidade (ser) à qual os seres humanos devem se conformar. Semelhante atenção produz sua espécie de individuação/identidade que, nas devidas proporções, continua a vigorar.

Quando pensamos na substituição de um ofício artesanal por outro com viés científico e técnico encontramos diferença essencial. Tanto seus agentes quanto o processo tomam como orientação não mais a natureza dada empiricamente. Seus agentes não se tornam hábeis seguindo simplesmente a experiência empírica com a natureza. Aprendem a lidar com a natureza de modo diverso, por meio de outro referencial. Agora as regras matematicamente fundamentadas orientam toda lida com os materiais. Encontramos diferenças significativas entre o mestre de um ofício, o cientista criador e o técnico em sentido moderno e contemporâneo. O cientista moderno corresponde àquele indivíduo sagaz que, teórico e experimentalmente, força a natureza a mostrar sua estrutura íntima em determinada especialização. Grosso modo, o técnico equivale àquele que se torna exímio executor ou aplicador destas leis. A utilização crescente de instrumentos e máquinas afasta cada vez mais seus agentes da experiência empírica. A natureza empírica torna-se, grosso modo, irrelevante, deixando de ser o referencial dominante. Os primeiros cientistas descobriram que apenas fariam a ciência progredir se deixassem de obedecer à natureza e se posicionassem frente a ela como um juiz que força a testemunha a responder a perguntas previamente organizadas. A natureza assim buscada não é mais de ordem empírica. O homem moderno percebeu que poderia maximizar as potências naturais impondo à natureza uma "nova natureza".

O artesão não corresponde ao técnico. O espírito que move o artesão mistura-se com o mundo dos sentidos. Seu sistema de medidas não é exato, sendo fruto da arte. Mesmo quando comprovamos medidas precisas (nas colunas gregas, nas balanças dos alquimistas medievais), estas são fruto do engenho de seus criadores e não da orientação de princípios exatos de medição. Falta ao artesão a linguagem precisa das matemáticas porque ele não pensa matematicamente. Falta-lhe a ideia de que a natureza seja algo de matemático em sentido moderno. Não foi matematicamente que ele aprendeu seu ofício. Por isso falta-lhe a ideia de aplicar ao mundo do devir uma linguagem precisa ou exata. Predomina nas práticas artesanais um sistema de medidas alcançado por ensaio e erro que é, segundo o ponto de vista científico, altamente impreciso. O artesão pertence ao mundo do mais ou menos e não ao universo da precisão. Os instrumentos que produz nascem e se direcionam a este mundo sensível, ampliando seu alcance: o machado, os óculos, a luneta, a balança, etc. Segundo Koyré, foi Galileu quem ensinou os artesãos italianos de lentes – óticos – a serem técnicos. Isto se deu através da incorporação de medidas mais precisas na escolha, produção dos materiais e no corte geométrico – e não "a olho" – dos vidros. Dessa forma, aqueles princípios típicos do mundo prático e artesanal e que no máximo ampliam as potencialidades sensíveis são gradativamente abandonados e substituídos por outra gama de expectativas (Cf. KOYRÉ, 1991, p. 278-279; tb. nota 14).

O comportamento teórico e experimental típico da ciência moderna pode ser caracterizado como uma *inversão* em relação ao saber artesanal, prático e teórico bem como em relação a toda ciência anterior. Sua origem não está na experiência sensível embora possa ser por ela estimulada. A atividade teórica procura driblar, idealmente, todas as resistências empíricas. Temos então uma teoria e uma prática que se distingue da artesanal. A modificação ocorrida pode ser descrita como uma *conversão* da teoria na prática, segundo A. Koyré em seu texto *Do mundo do mais ou menos ao universo da precisão*, ou seja, aquilo que é forjado na mente serve como modelo para as novas técnicas científicas, para toda experimentação, para toda extração das leis ocultas na natureza. A conversão aludida não equivale a uma simples inversão, onde um lado perde a primazia para outro. Esta conversão traz consigo uma transformação ou modificação do sentido fundamental e com isso de toda uma percepção de mundo. Não é mera troca de lado. A natureza é interpretada a partir da teoria científica forjada na mente; igualmente o artesanato é visto como "impreciso e pré-científico" a partir dos modelos de precisão e exatidão matemáticos, essencialmente "mentais ou racionais". A perspectiva do comportamento teórico converte-se em práxis matemática ou científica sobre a natureza. Temos, no texto abaixo, uma ilustração do que descrevemos:

> (...) [Descartes viu] a possibilidade de fazer a teoria penetrar na ação, quer dizer, da possibilidade da *conversão* da inteligência teórica ao real, da possibilidade ao mesmo tempo, de uma *tecnologia* e de uma *física*. (...) Logo, não é do desenvolvimento espontâneo das artes industriais [artesanato] por aqueles que as exercem, mas da conversão da teoria na prática, que Descartes espera os

> progressos que tornarão o homem "senhor e dono da natureza" (KOYRÉ, 1991, p.274-275).

A teoria assim concebida converte-se no modelo a ser seguido em todas as atividades. O pesquisador não abdicará do projeto físico-matemático da natureza, isto é, formulará um novo esquema e o aplicará à natureza até que esta, em algum momento, ceda. Trata-se de produzir um esquema teórico ou mental para enquadrar a realidade. A ciência, no sentido exposto, é teórica. O interesse não está na natureza que os seres humanos experimentam corriqueiramente. Apenas interessa aquela natureza descoberta à luz do método científico, ou seja, suas leis. Por isso nos diz Heidegger sobre a essência da ciência moderna: "a ciência é a teoria do real" (HEIDEGGER, 2001, p. 40). E, de acordo com o espírito matemático moderno, repete também uma frase do físico M. Planck: "real é o que se pode medir" (HEIDEGGER, 2001, p. 49).

A medição refere-se à precisão ou exatidão matemática. Mas o que busca esta medição? Os aspectos quantitativos enquanto possíveis de serem estabelecidos matematicamente. Ou, a estrutura matemática da natureza, não a natureza qualitativamente experimentada por nossos sentidos. A ciência ocupa-se com corpos matemáticos ou geométricos ou passíveis de matematização. Uma citação de Koyré, em seu texto *Galileu e Platão*, não deve nos escandalizar. Neste texto a decisão galileana de "conceber na mente" é pensada com certa radicalidade. Diz Koyré: "Só os corpos geométricos podem ser 'colocados' num espaço geométrico" (KOYRÉ, 2011, p. 179). A mente ou a razão corresponde àquele lugar privilegiado onde nasce o planejamento de como os corpos devem idealmente se comportar. Esta imaginação, de pedigree distinto daquela empírica ou sensível, ergue-se como um projeto da natureza a orientar os passos dos pesquisadores e, futuramente, servir de referência para toda uma época. Aquilo que, porventura, não atender às regras assim estabelecidas, não corresponde à realidade em seu mais elevado grau.

Até que ponto nos é permitido tecer estas reflexões? Fizemos apenas, em primeiro lugar, uma descrição comparativa, geral e simplificada, entre a atividade artesanal e científica. Assim observamos certa transformação de uma para outra e o que acontece quando a ciência adquire proeminência. Nesta oposição facilmente encontramos a experiência empírica/artesanato sendo suplantada pela ciência em múltiplos aspectos. Por outro lado, vemos a ciência em meio ao predomínio de seus métodos, aparelhos e produtos científicos não tendo olhos para a autonomia das relações artesanais e do senso comum. Mas, por que ela deveria ter olhos para esta autonomia, já que, em princípio, não lhe interessa? O primitivo artesanato não foi suplantado? Acaso, a perspectiva artesanal tem olhos para a ciência? No entanto, o fato é que produtos oriundos da ciência caem nas mãos dos usuários e da sociedade. As descrições e raciocínios comparativos ainda não nos fornecem uma resposta suficiente. Faz-se necessário dar atenção à modificação ontológica para ter certa clareza acerca do sentido dominante que, em cada caso, subjuga o outro.

Podemos observar brevemente este fenômeno na citação anterior de Koyré, onde se diz que somente corpos geométricos podem ser colocados num espaço geométrico. A remissividade que se estabelece na ciência moderna é de ordem precisa ou exata. Na ciência há lugar para tudo, caso a realidade corresponda a esta expectativa. Esta compreensão unidimensional nos mostra que suas relações significativas são de ordem mental ou racional. Assim, quando se chega ao empírico e sensível, este estará submetido aos ditames do projeto racional. Vemos o usuário movendo seu corpo e tocando o aparelho sob a orientação do mesmo. Pensemos no manual do usuário! Mas o artesão pode mover seu corpo, tocar e experimentar a coisa-aparelho de modo completamente inadequado ao projeto criador do aparelho. Pensemos nos usos que não atendem ao manual do usuário! A compreensão ontológica nos permite considerar os temas tratados de modo mais amplo observando o jogo a existência. Com isso destacamos o caráter de abertura e de possibilidade próprios da mão, representado pela manualidade em seu modo de ser para...!

Considerações finais: um esboço para a compreensão da unidade.

O que ainda permanece enigmático é a questão da exemplaridade atribuída à manualidade e assumida por nós. Pois é com base nesta que compreendemos a unidade de teoria e prática. Façamos uma última tentativa.

O que é exemplar, dizemos, inspira, estimula, provoca, ilumina e serve como modelo. Seu aspecto desafiador não é esgotado nas possíveis representações. Nem o artesanato (ou a compreensão artesanal da manualidade) e nem o comportamento teórico-científico esgotam a manualidade. As atividades descritas, exclusivamente por si mesmas, não têm condições de apresentar o fio condutor de sentido (a manualidade) que, ao mesmo tempo, as une e distingue. Se a manualidade é, de fato, visualizada nas ocupações artesanais e permanece pressuposta nas descrições científicas em geral, isto não significa que a elucidação de seu ser se deva pura e simplesmente a estas atividades. Há diferença de sentido entre *uma* atividade e o *modo de ser da atividade*, ou seja, seu *ser atividade*.

A lida com as coisas detém uma compreensão teórica e prática de seu campo de atividades. Da mesma forma o comportamento teórico representado pela ciência moderna. Ambos, à sua maneira, são modos de ser da *presença*, por meio dos quais o ser-no-mundo se efetiva junto às coisas, os outros e a si mesmo. No entanto, como estamos a pensar estes momentos? De forma suficientemente existencial? A manualidade não é exatamente um existencial. Ela é o "jeito" dos entes, "tais como eles são em si" (Cf. HEIDEGGER, 2006, §15, p. 120), isto é, *a partir de si mesmos*. Sua estrutura relacional, remissiva e significativa, atravessa a totalidade do ser humano permanecendo, em geral, obscura e não tematizada. Então, o que falta apresentar?

Observamos na manualidade o modo de ser que nos apresenta nosso *próprio* modo de ser. Para tanto, nosso olhar deve ultrapassar a consideração da realidade como simplesmente dada. Entendemos que a manualidade funda outro comportamento, mas não no sentido de uma fundação regional dos saberes ou como descrição escalonada de estágios primitivos de relação com o real até estágios mais avançados. A fundação que pertence à manualidade tem "jeito" ôntico-ontológico (repetindo Heidegger), isto é, o ser humano sempre compreende o mundo e a si mesmo em algum grau. O ser humano já compreende tanto nas atividades manuais quanto nas científicas a despeito de todas as aparências. Compreender e ser "assim" para e a partir da compreensão acenam para experiência de unidade. A possibilidade de ser de tudo o que é passa pela compreensão, ou seja, a realidade é para nós. Nesta direção, os caracteres de abertura e de possibilidade de mundo, descobertos pela primeira vez na experiência manual e disponibilizados para a consideração teórica e também científica, referem-se antes de tudo ao ser humano como "poder-ser para possibilidades". Agir junto às ocupações manuais e junto à pesquisa científica é sempre uma apreensão unitária e/ou compreensiva da realidade. Desperta então aquela *exigência* que melhor contempla o modo de ser do humano como manualidade e que permanecia pressuposta tematicamente na lida manual e no comportamento teórico em geral. Mostra-se a *possibilidade prática e teórica* do ser humano remeter para "nenhuma conjuntura", o que significa: ser para a estranheza de seu próprio ser (Cf. HEIDEGGER, 2006, §18, p. 134-135). Ele se depara com a ausência de fundamento de/para de si mesmo. A partir desta experiência é possível que ele se imponha, como sua tarefa mais radical, a necessidade de agarrar este abismo de si. Mas não o pode fazer simplesmente segundo as ocupações apresentadas. A compreensão, restrita à prática manual ou científica, deve remeter àquele elemento que transcende estes setores e que corresponde ao modo de ser do humano. Somente assim obtém-se uma visualização suficientemente ampla – a nosso ver – da unidade indissociável entre teoria e prática e, desse modo, uma compreensão adequada da manualidade em sua exemplaridade.

A "mão" sempre acolhe o mundo em suas possíveis determinações. Seria adequado, então, falar da "mão" como acolhendo e pegando o ser humano numa possibilidade de seu ser e, ainda, *em seu ser para possibilidades*? Não é pedir demais? No entanto, "mão" e "ser humano" não dizem o mesmo?

Destacamos que a *visão* das mais diversas remissões, de seus significados, de toda a cadeia conjuntural – própria da manualidade e do comportamento teórico científico – corresponde ao existencial da "compreensão" por meio do qual se alude ao comportamento prévio e íntimo da *presença* de significar "para si" (Cf. HEIDEGGER, 2006, §18, p. 137), segundo os limites de cada caso. A lida manual não vê e age como o comportamento científico e vice-versa. O mundo é sempre um mundo significativo em algum grau, inclusive em seu aspecto enigmático e perigoso. Mas a compreensão não se restringe aos limites de uma possibilidade em curso. A visão aludida não se limita a uma realidade efetiva. Ela é também e essencialmente, mesmo que de forma não tematizada, uma visão da existência como possibilidade. Esta exigência possui alcance e significado distinto, podendo ser descrita como uma visão-compreensão de todas as visões ou modos de ser do humano. Por outra, podemos falar da compreensão que impera em cada setor da vida e também podemos falar de uma compreensão destas compreensões. Abre-se a possibilidade de falarmos de uma compreensão que não remete nem às mais diversas atividades, nem às suas justificativas teóricas ou fundacionais, mas à própria atividade da compreensão. Uma compreensão cuja "praticidade" consiste na investigação – questionamento – de toda outra compreensão!

Por meio da compreensão o ser humano torna transparente para si mesmo toda a conjuntura ocupacional. Do contrário não agiria, tanto num sentido restrito quanto num sentido lato. No entanto, a busca por transparência não é algo de fortuito, embora possa ser assim interpretada na maioria das vezes. Nesta busca, o ser humano assume seu "para quê" primordial, isto é, "assume a tarefa de interpretar originariamente o seu ser e suas possibilidades ou até o sentido de ser em geral" (HEIDEGGER, 2006, §18, p.137). "Visualizar, compreender, escolher, aceder a são atitudes constitutivas do questionar e, ao mesmo tempo, modos de ser de um determinado ente, *daquele* ente que nós mesmos, os que questionam, sempre somos" (HEIDEGGER, 2006, §2, p. 42). Sem compreensão, a mão não pega nada. E, por sua vez, aquilo que é pego já é sempre compreendido de alguma maneira. Dizemos que "é". Por isso, a mão é compreensão em graus distintos. Que compreensão é esta capaz de acolher numa única experiência a totalidade do real? Ela, a mão, alcança maximamente seu ser, na compreensão de si mesma como atividade, isto é, como ser para algo, expresso pela manualidade. A manualidade se mostra ou se esclarece como compreensão. Esta compreensão, dirigindo-se aos afazeres manuais e científicos em sua totalidade, não os apanha simplesmente em suas finalidades específicas, mas como possibilidades existenciais, porque o ser humano os acolhe a partir da autocompreensão de seu ser como *poder ser para* possibilidades. Ora, não é disso que nos fala a manualidade (*Zuhandenheit*) em suas camadas sucessivas de problematização? De um lidar, apanhar, agarrar até ter que se a ver com a tarefa de ser para nenhuma conjuntura? Estamos a dizer, então, que a compreensão que o ser humano conquista acerca de seu modo de ser corresponde ao "jeito" da mão? Que a manualidade como "jeito" de ser se concretiza maximamente na compreensão?

A exemplaridade da mão demanda outro olhar. Somente uma visualização do ser nos permite ver o espaço de jogo de sentido no qual, a cada vez, teoria e prática se movimentam. E somente uma visualização do ser daquele ente que necessita visceralmente saber nos permite compreender que o ser humano é tão somente "mão", isto é, atividade ou invenção de si. Esta desconfortável visualização possui a característica de um comportamento teórico singular. Trata-se de uma atividade por meio da qual o ser humano torna visível para si ou transparente para si as possibilidades de seu ser. O desaparecimento formal das coisas e dos outros, mera aparência, corresponde à sua inclusão na consideração de seu ser como possibilidade. Queremos com tudo isso expressar a suspeita de que o aspecto primário e exemplar da manualidade adquire sua resposta mais decantada na compreensão que o ser humano adquire quando assume a tarefa de visualizar seu próprio ser; que a "mão" é "mais mão" quando aprende a ver (compreensão) a quantas anda seu próprio ser como poder-ser; que o ser humano é maximamente ativo quando assume seu ser teórico como sua atividade mais própria. Por certo, expressões deste tipo dão espaço a preconceitos, especialmente aqueles que privilegiam as atividades teóricas frente às práticas. Mas se trata de uma incompreensão. Pois a teoria é coisa humana e cada um já experimentou, em algum grau, o quanto de realização encontra quando conquista algum saber acerca de algo. Na teoria é a "mão" que pega seu "ser-mão".

Para uma compreensão devidamente ampla faz-se necessário que desloquemos nosso olhar da mão como "coisa ou parte do corpo" para a atividade, a ação por ela exercida: o manusear, o pegar, o agarrar. Assim poderemos acompanhar níveis, envergaduras, forças diversificadas conforme o caso. O momento máximo não se define, para nós, como uma fuga do mundo ou como um isolamento do pensamento em suas possibilidades subjetivas. A mão que, sendo, compreende e se autocompreende, é o momento clarificador. Ela agarra as perspectivas de seu ser. E quando agarra seu ser como um poder-ser, agarra a totalidade da existência. A tradição filosófica conhece a memória desta espécie de saber como a atividade do pensamento. "Pensar reúne tudo", como diz Heráclito no fragmento 113 (HERÁCLITO, 1991, p. 89). Nesta linha expressamos o pensamento como "mão", como a mão que se abre, acolhe, guarda e, assim, agarra o que se dá (mundo) numa determinação. Não é por acaso que a atividade teórica pode ser definida como atividade de conceituação, a exemplo do que as palavras alemãs nos fazem pensar (Conceito = *Begriff*; compreender os fundamentos e as razões = *begreifen*; tomar, pegar = *greifen*).

Assim, *onde* reside a unidade de teoria e prática? Ela compõe, de saída e não posteriormente, a estrutura da existência e, portanto, do ser-no-mundo. Segundo a articulação da obra já citada, a *presença* é una, prática e teórica, sendo a cada vez ou existindo desde que é, numa relação possível com as coisas, com os outros e consigo mesmo. "A substância do homem é a existência" (HEIDEGGER, 2006, §63, p.397). Toda relação, a nosso ver, deve ser pensada como possibilidade e não como realidade dada ou obviedade. O que nosso pensamento ganha com isso reside na insistência de retornar, a todo o momento, ao fato de que a unidade da existência humana é uma condição em aberto, como a própria "mão"! Finalizando, citamos Fernando Pessoa:

> Pensar, ainda assim, é agir. Só no devaneio absoluto, onde nada de ativo intervém, onde por fim até a nossa consciência de nós mesmos se atola num lodo – só aí, nesse morno e úmido não ser, a abdicação da ação competentemente se atinge (PESSOA, 2016, N. 252, p. 210).

Referências bibliográficas

ANAXIMANDRO, PARMÊNIDES, HERÁCLITO. Os pensadores originários. Petrópolis: Vozes, 1991.

HEIDEGGER, Martin. Ensaios e conferências. Petrópolis: Vozes, 2002.

HEIDEGGER, Martin. Ser e tempo. Petrópolis: Vozes, 2006.

KOYRÉ, Alexandre. Estudos de história do pensamento científico. Rio de Janeiro: Forense Universitária, 2011.

____________. Estudos de história do pensamento filosófico. Rio de Janeiro: Forense Universitária, 1991.

PESSOA, Fernando. Livro do desassossego. São Paulo: Mediafashion, 2016.

Sobre a heurística do temor, em Hans Jonas

EDGARD JOSÉ JORGE FILHO
PUC-Rio

Neste pequeno texto, escrito em homenagem ao meu grande amigo Luiz Bicca, cuja amizade tenho desfrutado desde a adolescência, gostaria, antes de mais nada, de agradecer-lhe imensamente pela dedicatória (*in memoriam*) do seu belo livro *Vida Cotidiana e Pensamento Ecológico* ao meu saudoso pai, Edgard José Jorge, de quem ouvimos, nos anos setenta, os primeiros ensinamentos sobre a gravidade e urgência da questão ambiental e os impasses da civilização.

Em sua notável apreciação do pensamento ecológico, Luiz Bicca aborda uma plêiade de autores e correntes, entre eles Hans Jonas, a quem atribui "uma preocupação ética, com amplo alcance e forte repercussão no contexto dos debates ecofilosóficos".[1] Ele destaca a reforma da ética defendida por Jonas, segundo a qual "a ética da relação com a natureza deve ser uma ética de autocontrole e de renúncia – renunciar ao conhecido em favor do desconhecido", chamando-lhe a atenção o fato de que nessa ética um sentimento "exerça um lugar e uma função central: o medo".[2] Esta observação serviu de sugestão à escolha do tema deste estudo.

Em seu livro *O Princípio Responsabilidade*, Hans Jonas formula o conceito de "heurística do temor (Heuristik der Furcht)". Neste breve estudo, busca-se interpretar seu significado bem como compreender sua função na ética do futuro jonasiana.

Pretende-se sustentar que a heurística do temor é um modo de conduzir ao saber dos princípios da ética do futuro. Ela não é tanto uma opção ética, mas uma adesão metodológica que, com base no conhecimento factual (de caráter científico) das consequências futuras previsíveis das ações humanas e ativada por um sentimento suscitado pela imagem do mal futuro inspirada por esse conhecimento, leva ao saber dos princípios que fundamentam aquela ética.

Cabe, pois, esclarecer a relação da heurística do temor com o saber científico prospectivo das consequências futuras previsíveis das ações humanas e com o saber dos princípios éticos fundamentais; em outros termos, trata-se, de certo modo, de situar essa heurística no edifício ético

1 Luiz Bicca, Vida cotidiana e pensamento ecológico. (Rio de Janeiro: Ed. PUC-Rio / 7 Letras, 2018), 193.

2 Bicca, Vida cotidiana e pensamento ecológico, 193.

jonasiano. Neste, há três níveis: o do saber ideal dos princípios metafísico-éticos fundamentais, o do saber factual das consequências futuras previsíveis das ações humanas e o do saber pratico da ação política efetiva: "esse saber real e eventual, relativo à esfera dos fatos (que continua sendo teórico), situa-se entre o saber ideal da doutrina ética dos princípios e o saber prático relacionado à utilização política, o qual só pode operar com os seus diagnósticos hipotéticos relativos ao que se deve esperar, ao que se deve incentivar ou ao que se deve evitar".[3]

Antes de propor a heurística do temor, Jonas considera dois "deveres introdutórios" do que seria uma ética do futuro: o dever de visualizar (imaginar) as consequências de longo prazo das ações humanas e o dever de despertar o sentimento adequado a essa representação do mal futuro imaginado -- o sentimento do temor.[4] Para a visualização não arbitrária dos efeitos de longo prazo das ações humanas moldadas pela técnica, é necessário recorrer ao saber científico, capaz de diagnósticos hipotéticos, dotados de certa objetividade e confiabilidade, sobre o futuro provável. Esse saber factual científico situa-se entre o saber ideal dos princípios éticos e o saber prático, que orienta a ação política efetiva do agente coletivo, pois é sob a égide dos princípios que o saber do futuro possível ou provável pode guiar o agir político.

De certo modo, tal saber factual está presente no próprio saber ideal dos princípios, porquanto é com base naquele que a heurística do temor conduz a este, ou seja, o saber factual está heuristicamente presente nos princípios: "Esse elo intermediário de união e concretização, que descreve as situações futuras, não está separado da parte que se refere aos princípios fundamentais; ao contrário, ele está presente nesses próprios princípios, de modo heurístico".[5]

O mal futuro imaginado se representa com base no saber factual, científico, das consequências futuras previsíveis das ações humanas. Mas,

3 Hans Jonas, O princípio responsabilidade / Ensaio de uma ética para a civilização tecnológica. Translated by Marijane Lisboa and Luiz Barros Montes (Rio de Janeiro: Contraponto / Ed. PUC-Rio, 2006), 70.

4 Cf. Jonas, O princípio responsabilidade, 72.

5Ibid., 70.

este mal, mais ou menos distante do presente, que possivelmente recairá com peso sobre as gerações futuras, não é capaz de sensibilizar os humanos atuais como o faria um grande mal presente, de modo que é preciso despertar um intenso sentimento capaz de ativar a heurística que conduz da representação do mal futuro imaginado ao saber dos princípios da ética do futuro. Tal sentimento seria o temor.

Segundo Jonas, se o temor exerce tal função heurística é porque o conhecimento de um bem ou valor é geralmente possibilitado ou induzido pelo conhecimento mais direto e certo de um mal que tememos e queremos evitar. Assim, sabemos o valor da vida quando conhecemos e tememos o assassinato, o valor da liberdade quando conhecemos e tememos a escravidão, etc.:

> "Assim como não saberíamos sobre a sacralidade da vida caso não houvesse assassinatos e o mandamento "não matarás" não revelasse essa sacralidade, e não saberíamos o valor da verdade se não houvesse a mentira, nem o da liberdade sem a sua ausência, e assim por diante (...), nos auxilia antes de tudo a previsão de uma deformação do homem, que nos revela aquilo que queremos preservar no conceito de homem. Precisamos da ameaça à imagem humana – e de tipos de ameaça bem determinados – para, com o pavor gerado, afirmarmos uma imagem humana autêntica. Enquanto o perigo for desconhecido não se saberá o que há para se proteger e por que devemos fazê-lo".[6]

Na ética material de Jonas, em que um bem, ou valor (a humanidade futura autêntica), é o fundamento de determinação da vontade à ação com valor ético, o temor conducente ao saber desse valor possui uma função heurística.

É preciso esclarecer a natureza do sentimento presente nessa heurística. Segundo Jonas, o temor em questão não é um medo de origem

6 Jonas, O princípio responsabilidade, 70-71.

"patológica", ensejado por uma imagem do futuro capaz de suscitar na receptividade passiva do sujeito particular um sentimento de desprazer ou aversão, diferente numa pessoa e noutra, e contingente. Pois, esse medo, enquanto particular e contingente, não poderia conduzir reta e firmemente ao saber a priori dos princípios. O temor a que Jonas confere a função heurística de guiar ao saber metafísico-ético dos princípios é de caráter "espiritual", fundado não na passividade do sujeito, mas sim em sua atividade livre, um sentimento suficientemente intenso evocado pelo próprio sujeito cumpridor do dever (introdutório) face àquela imagem do futuro ameaçadora ou desalentadora. Trata-se de um temor que se deve sentir, suscitado por uma atitude deliberada do sujeito, não entendido como particular, mas sim como universal, de cumprir o dever de se deixar sensibilizar por aquela imagem do mal futuro:

> "Portanto, aqui não se pode tratar, como em Hobbes, de um temor de tipo "patológico" (para usar termos kantianos) que nos acomete de forma súbita diante do seu objeto, e sim de um temor de tipo espiritual, que, como resultado de uma atitude deliberada, é nossa própria obra. A adoção dessa atitude, ou seja, a disposição para se deixar afetar pela salvação ou desgraça (ainda que só imaginada) das gerações vindouras é o segundo dever "introdutório" da ética almejada".[7]

Parece razoável admitir que o temor despertado dê à imagem do mal futuro contornos mais nítidos e cores mais fortes, o que, por sua vez, reforça a intensidade daquele sentimento, num processo de realimentação que incentiva e favorece o saber dos princípios.

O primeiro dever introdutório da ética do futuro, o de visualizar os efeitos de longo prazo das ações humanas (imaginar o mal futuro), exige o conhecimento científico dos efeitos previsíveis de nossas ações sobre as condições futuras de existência da espécie humana; o segundo exige

7 Jonas, O princípio responsabilidade, 72.

o suscitar do sentimento capaz de motivar ao saber dos princípios que fundamentam a ética do futuro. Ambos são deveres incondicionais, cujo cumprimento tem por fim último promover a continuidade indefinida da existência autêntica da espécie humana. Isso não significa que Jonas se renda ao antropocentrismo, pois há nele a intenção de reconhecer o valor intrínseco de outros seres que não apenas os humanos.[8] Mas, sobre isso não cabem considerações aqui. Voltando ao ponto, enquanto incondicionais e direcionados para o mesmo fim último, tais deveres particulares parecem derivados de algum princípio universal fundamental. Mas, qual poderia ser este, se a heurística do temor, ativada pelo cumprimento do dever de visualizar os efeitos de longo prazo de nossas ações, é que supostamente levaria ao saber dos princípios fundamentais? Se a heurística do temor é condição para se chegar justamente a esse saber dos princípios, como poderia ela pressupor algum princípio universal e ser por ele condicionada? Antes dela ou à sua falta, não haveria nenhum saber daqueles princípios? Conquanto seja alimentada por aquele saber científico, a manifestação dela seria gratuita ou fruto de um "acaso feliz"?

Uma hipótese para se tentar resolver essas questões e a aparente circularidade é que os princípios fundamentais seriam tomados em sentidos diferentes, um deles correspondente a sua representação mais imediata, direta, um tanto obscura; o outro corresponderia a sua representação mediata, mais clara e exata. Com efeito, Jonas admite um princípio, ou "axioma básico", assumido como trivial: "deve haver de qualquer maneira um futuro".[9] Com base neste princípio, impõem-se, como deveres éticos introdutórios, o dever de visualizar os efeitos de longo prazo das ações humanas, que condicionarão a possibilidade e existência autêntica da humanidade futura, e o dever da mobilização do sentimento adequado à representação desse mal futuro imaginado. Por sua obviedade, aquele axioma seria atribuível ao senso comum, âmbito diverso daquele do aspirado saber dos princípios. Com base neste, por sua vez, produzem-se imperativos, representações mediatizadas pelo cumprimento do dever introdu-

8 Cf. Ibid., 35, 97.

9 Jonas, O princípio responsabilidade, 69.

tório da visualização dos efeitos de longo prazo e pela heurística do temor. O saber factual científico enseja uma imagem do futuro, que, enquanto mal imaginado, suscita, no sujeito obediente ao dever de despertar em si o sentimento adequado a essa representação, o temor conducente ao saber ideal dos princípios da ética do futuro e sobretudo daquilo que se reconhece ameaçado: a própria essência e existência do homem. É sobre esse saber, de caráter metafísico, concernido com a ideia do homem, que se funda a ética, enquanto doutrina do fazer, regida por imperativos. Estes seriam propriamente incondicionais, categóricos, consistindo em fórmulas mais claras e exatas, compatíveis com o princípio trivial mencionado.

Um ponto a esclarecer é o da relação entre o princípio fundamental, ou "axioma básico", da ética do futuro – "deve, de qualquer maneira, haver um futuro" – e os imperativos dessa ética, por exemplo, "Age de modo a que os efeitos da tua ação sejam compatíveis com a permanência de uma autêntica vida humana sobre a Terra".[10] Tais imperativos seriam fórmulas, com certa clareza e precisão, estabelecidas com base no saber metafísico-ético dos princípios, alcançado mediante a heurística do temor, ativada pelo cumprimento dos dois deveres introdutórios – o da visualização dos efeitos de longo prazo e o do despertar do temor – fundados sobre aquele axioma básico. Portanto, este axioma não teria propriamente o status de princípio da ética do futuro, mas parece estabelecer-se a nível de uma espécie de senso comum moral.

Um paralelo com o pensamento moral de Kant parece instrutivo no que concerne à questão da relação entre o referido axioma básico e os imperativos (do saber dos princípios) da ética do futuro. Kant adverte o leitor, na Introdução à *Crítica da Razão Prática*, de que ele não pretende haver descoberto nenhum novo princípio da moral, mas reivindica apenas a paternidade de uma fórmula (o imperativo categórico enquanto fórmula do mandamento moral) do mesmo princípio moral válido para a razão moral comum.[11] Este princípio seria enunciado primeiramente do seguinte modo: "Não há nada em lugar algum, no mundo e até mesmo

10 Ibid., 47.

11 Cf. Immanuel Kant, Crítica da Razão Prática, Translated by Artur Morão (Lisboa: Edições 70, 1994), 16, nota 1.

fora dele, que se possa pensar como sendo irrestritamente bom, a não ser tão-somente uma *boa vontade*".[12] Transitando desse ponto de vista da razão moral comum para o de uma filosofia moral popular, Kant chega, pela análise do conceito de dever, que contém em si o conceito de boa vontade de um ser racional finito, à formulação de três proposições – a boa vontade é aquela que age por dever; uma ação por dever tem seu valor moral *não no intuito* a ser alcançado através dela, mas, sim, na máxima segundo a qual é decidida; *o dever é a necessidade de uma ação por respeito à lei* – e daí à representação da lei moral para seres racionais finitos. Chega-se, então, à enunciação preliminar do imperativo categórico, fórmula dessa lei moral. A fórmula canônica desta – "Age apenas segundo a máxima pela qual possas ao mesmo tempo querer que ela se torne uma lei universal" –, bem como outras fórmulas, serão enunciadas já do ponto de vista da metafísica dos costumes, para onde se transita a partir da filosofia moral popular, na qual não há ainda clareza suficiente da necessidade de distinguir, na filosofia moral, o puro do empírico.[13]

Em Jonas, há um ponto de partida num "axioma básico", segundo ele aceito talvez com excessiva facilidade – "deve haver de qualquer maneira um futuro" – e possivelmente evocado por um saber comum das ameaças à permanência de uma humanidade autêntica sobre a Terra:

> "avançamos do axioma básico – quase não contestado e talvez admitido com excessiva facilidade -- de que deve haver de qualquer maneira um futuro (uma afirmação que parece dispensar toda e qualquer persuasão, embora seja o ponto de partida mais importante dessa reflexão) e chegamos a proposições mais específicas de que deve haver, ou não haver, um futuro de tal ou tal feitio".14

12 Immanuel Kant, Fundamentação da metafísica dos costumes, Translated by Guido Antônio de Almeida (São Paulo: Discurso Editorial / Barcarolla, 2009), 101.

13 Kant, Fundamentação da metafísica dos costumes, 115, 125, 127, 215.

14Jonas, O princípio responsabilidade, 69.

Tal axioma impõe os dois deveres introdutórios (o de visualizar os efeitos de longo prazo das ações humanas e o de despertar em si o temor adequado à imagem do mal futuro) ao saber dos princípios sobre os quais se funda a ética do futuro. Aqui há como que uma transição do axioma básico, estabelecido ao nível de um saber vulgar pouco informado, ao saber ideal dos princípios da ética do futuro, mediante o cumprimento daqueles deveres introdutórios e a consequente heurística do temor.

Se, em Kant, a transição do ponto de vista da razão moral comum ao da metafísica dos costumes é mediada pelo da filosofia moral popular, em Jonas a transição do senso comum moral concernido com o futuro ao saber dos princípios é mediada pelo cumprimento daqueles deveres introdutórios e pela heurística do temor, isto é, pela função heurística desse sentimento. Há outra diferença das duas linhas de pensamento: a metafísica dos costumes, fundamento da filosofia moral kantiana, é uma ciência do dever-acontecer pela ação livre, em outras palavras, uma doutrina do dever-agir; já a filosofia prática de Jonas se funda no saber metafísico-ético dos princípios, uma doutrina do Ser, o qual é pensado como contendo em si valor e o fim da auto-afirmação, tal que o Ser deve ser. Este dever-ser, diante de uma vontade consciente e livre, impõe-lhe um dever-agir, voltado para a afirmação do Ser como dever incondicional, particularmente a afirmação do ser do homem.[15] Ora, é sobre esta metafísica, enquanto ciência do Ser, que se funda a ética do futuro, enquanto ciência do agir com vistas à preservação ilimitada de uma humanidade futura autêntica. Ademais, em Jonas, é este fim (matéria) da ação que é o fundamento da determinação da vontade à ação com valor ético; em Kant, é a forma universal da máxima da vontade que é o fundamento de determinação da vontade à ação com valor moral.

Outro paralelo possível entre Jonas e Kant diz respeito a suas concepções do temor e do respeito. Já se esclareceu que o temor, em Jonas, não tem um caráter "patológico", dependente de afecções, mas sim um caráter "espiritual", fundado na atividade livre do homem enquanto sujeito universal, cônscio do dever de suscitar em si tal sentimento, ao se deparar

15Jonas, O princípio responsabilidade, 97, 150-155.

com as imagens do mal futuro inspiradas pelas previsões do saber factual científico. Assim, o temor se assemelha ao sentimento do respeito, de Kant. Pois, também o respeito tem sua fonte não em uma afecção por algum objeto, mas sim na razão prática pura, e seu objeto exclusivo é uma representação desta, a lei.[16]

Há, contudo, diferenças importantes entre o respeito kantiano e o temor jonasiano. Enquanto que o respeito já se manifesta a nível da razão moral comum, independentemente da filosofia e do saber científico, pois a razão moral comum já tem consciência, ainda que obscura, de seu princípio, o temor com função heurística é condicionado tanto pelo axioma básico ("deve haver de qualquer maneira um futuro") quanto pela imagem do mal futuro inspirada pelo saber factual científico do futuro previsível, sendo, pois, de certo modo, um temor esclarecido. Ademais, esse temor tem como condição tal axioma básico, que é um princípio material, porquanto contém a determinação de uma matéria, ou fim – o futuro ou a humanidade futura – como valor; o respeito, por sua vez, tem como condição o princípio moral (a consciência da lei prática suprema), que é um princípio formal, segundo o qual a simples forma da universalização possível da máxima é condição necessária da obrigação moral, conquanto numa de suas fórmulas (imperativos) contenha a determinação de uma matéria (a humanidade na pessoa de cada um como fim em si).

Outra diferença entre o temor jonasiano e o respeito kantiano: enquanto o respeito, em Kant, é o móbil suficiente da ação moral ou, ao menos, o móbil dominante desta, sendo o móbil subordinado o amor-de-si, em Jonas, o temor não constitui o incentivo da ação ética propriamente dita. Pois, este sentimento, embora conduza ao saber dos princípios da ética do futuro, parece, em termos práticos, inibidor, imobilizador ou neutro. O sentimento ao qual Jonas atribui a função de mobilizar a vontade, incentivando-a à ação, é o sentimento de responsabilidade; este mobiliza o agente, individual ou coletivo, para a ação cujo fim é a preservação de uma humanidade autêntica no futuro: "só o sentimento de responsabilidade, que prende *este* sujeito àquele objeto, pode nos fazer agir em seu

16Kant, Crítica da Razão Prática, 94-95.

favor. Esse sentimento, mais do que qualquer outro, é capaz de produzir em nós a disposição de apoiar a reivindicação de existência do objeto por meio da nossa ação".[17] O temor seria como que um meio para o sentimento de responsabilidade pela humanidade autêntica futura, e a excitação deste último é condicionada pelo saber dos princípios.

Para finalizar, uma questão relativa àquele axioma básico ("deve haver de qualquer maneira um futuro"). Conquanto se trate de um princípio do senso comum moral, e nesta medida não consista numa proposição de uma ética ou uma metafísica enquanto doutrinas filosóficas, pode-se indagar: o seu teor é ético ou metafísico? Afinal, é com base nesse axioma, que se é conduzido, mediante o cumprimento dos deveres introdutórios dele derivados e a heurística do temor, ao saber dos princípios da ética do futuro. Ora, Jonas sustenta que o fundamento de sua ética tem de ser metafísico, ou seja, que uma doutrina do dever-agir tem de fundar-se numa doutrina do Ser.[18] Por um lado, o axioma parece de teor metafísico, na medida em que não contém nenhum dever-agir, por outro lado, contém um dever – o dever-ser de uma humanidade futura. Mas, uma metafísica é comumente entendida como uma simples doutrina do Ser, não do dever-ser. Ora, Jonas ensaia uma metafísica original, liberta do dogma "nenhuma passagem do Ser ao dever", segundo a qual o Ser é como tal valor e, nesta medida, contém intrinsecamente um dever de auto-afirmação, um dever-ser.[19] Mas, como não implica necessariamente um dever-agir, pois este tem como condição uma vontade livre, tal metafísica não constituiria uma doutrina ética. Todavia, quando se pensa um patamar do Ser em que se faz presente uma vontade livre, neste caso o dever-ser é alçado a um dever-agir e, então, a metafísica implica a ética. Assim, aquele axioma básico poderia ser, quanto ao seu teor, metafísico e também ético.

17 Jonas, O princípio responsabilidade, 163.

18 Jonas, O princípio responsabilidade, 96-97.

19 Ibid., 95, 149-153.

A Arte de se Ausentar como Introdução à Filosofia – Homenagem (*Festschrift*) a um grande Mestre

FABÍOLA MENEZES DE ARAÚJO

Pós-doutora pela UFRJ

Doutoranda pela PUC-Rio

Se filosofar é *pensar o pensar*, e esta realização se dá por meio da dialética, isto é, por meio de um *logos* que se desenvolve com base de afirmações e negações, o modo como se alcança esta *práxis* permanece uma questão. Por exemplo: para se aprender a filosofar é preciso refletir apenas? Ou no ato de caminhar pode-se anunciar a filosofia? Ou ao menos um mais pleno aprendizado a respeito de *como* se filosofa... Há também a questão do tema: a possibilidade de filosofarmos sobre a questão do Ser é mais propícia para tornar real, *realizar*, uma autêntica introdução à filosofia, ou a questão da liberdade é a questão iniciática por excelência posto que capaz de nos fazer submergir no ´*como*´ e no ´*quando*´ surge a liberdade no/do pensamento? Para alguns, um autêntico filosofar só se fará pertinente se antes tivermos nutrido, por um longo tempo, um amor (*Philos*) capaz de ser transferido para o saber (*Sophia*) que se sabe como *ausência de saber*. Haverá ainda quem diga que a questão da *verdade* é a mais importante, posto que todas as demais, a exemplo da liberdade, do Belo e do amor só poderem surgir se acaso estivermos nos ocupado dos *a priori*, e isto já sendo em meio à verdade, portanto. Ou será possível sermos livres, ou enxergar o Belo, em meio à mentira, à falsidade? Amigos do falso, ou amigos em meio ao falso, ainda seremos amigos? Talvez sim, mas por menos tempo creio. Por meio de uma singular *práxis* peripatética, esta que se enuncia aqui como um caminhar em meio a palavras, ousaremos investigar a tese de ser a contemplação do Belo na figura de um belo professor o que pode haver de mais oportuno para tornar nítida a nossa medida de um pleno filosofar.

Até hoje só conheci um pensador que se tornou belo justamente por ter conseguido superar todas as acima pontuadas definições e *práxis* em proveito de uma outra, talvez inédita: do ***ausentar-se*** como a prática mais oportuna e profícua para um pleno filosofar. O ´ausentar-se´ como ato de tornar pleno o filosofar: o que quer dizer este aforismo, o que querem dizer estas palavras -- O que quer dizer ´ausência´, e o que quer dizer ´presença´?

Estes termos são recorrentes no vocabulário heideggeriano. Justamente em função desta recorrência é justa a polêmica em torno da tradução da noção de *Dasein* por 'presença'. Ao contrário de 'Ser-aí', o termo presença poderia redundar em um estado de coisas já realizado. O termo

´presença´ será chave no transcurso do pensamento heideggeriano na medida em que este pensamento vier a duelar com a chamada ´metafísica da presença´ (Derrida, 2008, p. 4). Enquanto metafísica do 'ente simplesmente dado' (*Vorhandenheit*) (Araújo, 2007, p. 28-80) neste *aí* em que habitamos talvez seja até mesmo impossível a ausência: no lugar em que os seres podem vir a ser tomados como entes simplesmente dados ou mesmo como permanentes ou independentes da época em que vêm a ser, a filosofia pode não vir a ser mais possível. Nisto o maior perigo. Mas talvez a maior salvação. Porque talvez a filosofia precise de seu oposto, a 'ausência de pensamento', para vir a ser. Neste aí contemporâneo talvez possamos pré-anunciar a grande potência da filosofia, qual seja: tornar possível uma outra época?

Uma outra época... até hoje somente em um filósofo vi realizada plenamente esta arte -- de tornar patente, evidente uma outra época. Creiam: realizar o ato de 'se ausentar' foi chave nesta "grande realização" a que chamam introdução à filosofia; ousaria dizer: ´o ato´ mais pertinente para tornar pleno o "meu" filosofar. Poderão supor que há nisto ironia, já que o filósofo em questão é reconhecido eremita, habitante das montanhas, mas não. Sem querer desfazer do potencial filosófico da ironia, há aqui antes uma constatação: o verdadeiro filósofo, mesmo em casa, é capaz de se ausentar, e talvez até *de si mesmo* ele quer, e consegue, se ausentar. *Poderá neste aí*, onde o mortal se ausenta, permanecer apenas o imortal, realizado enquanto pensamento? Mas o que é ´pensamento´? *Coisa nenhuma*. Então a pergunta pelo ´que´, ou pela ´*quididade*´ do pensamento é inoportuna. Melhor seria perguntarmos a respeito do *como* e do *quando* o pensamento se dá.

Até hoje pouquíssimas pessoas conheci em quem o acontecimento do pensar pôde se realizar plenamente. Tudo é muito diferente quando um verdadeiro filósofo tem lugar. Porque *aí*, vejam que curioso, não tem destaque a pessoa, ou o seu dizer, mas apenas "uma" ausência. Quando o verdadeiro filósofo se ocupa disto que é capaz de nos tornar plenos, quando o pensar se faz autêntico, apenas um ausentar-se "meio delirante" pode ser notado. A partir desta ausência, e nesta ausência, é preciso trabalhar para ser.

Em um dia de sol do ano de 2001 tive oportunidade de experimentar uma ausência tão oportuna quanto as referidas acima: ausentando-se, um professor permitiu que eu desse aula em seu lugar. Na condição de monitora, pude descobrir o que viria a querer ser por toda a minha vida: professora. Lembro-me de ter falado jocosa e silenciosamente para mim mesma enquanto escrevia no quadro à giz, sorriso nos lábios: -- Nasce uma estrela. Sem a ausência do professor em questão, a ausência de um verdadeiro professor reflexo mais concreto de como pode vir a ser pleno um filosofar, posso dizer sem exageros: eu não seria possível, a existência que vos convoca a pensar não teria sido possível.

Hoje, portanto, posso dizer que conheci um filósofo da maior estirpe, capaz não apenas de *ser* mas de *não-ser*, e de *ser* mais do que de falar, de modo que mesmo em sua ausência o pensar pôde continuar "trabalhando" em mim. Quem foi este que pôde tornar pleno o meu filosofar? Quem foi este que ainda pode revelar o caráter imortal do pensamento, e isto mesmo em estando ausente? Quem foi este que tornou possível o meu caminhar neste eterno sossego que é aprender a filosofar? O mestre capaz de anunciar a verdade como algo que se dá junto ao ato de ser belo se chama Luiz Bicca. Por sua causa agora poderemos voltar nossa atenção para o único ser capaz de tornar pleno o pensar: o homem, ou *um* homem posto que em só em um vi realizada plenamente esta arte -- a arte de se ausentar com elegância. Trata-se de uma virtude extraordinária. Mas, afinal, como o ato de se ausentar pôde tornar possível a filosofia?

A fim de tratarmos desta questão vem a ser oportuna uma outra questão fundamental, a saber – o *como e o porquê* de as trajetórias existenciais minha e dele terem chegado a se reunir – convém agora investigarmos este *a priori* mais importante para a filosofia realizar-se, a saber: o *ser-com*. Ser-com é conviver. E devo dizer que somente quando pude conviver com a elegância do professor Bicca pude aprender *o tempo e o lugar* oportunos do verdadeiro filosofar. Sair sem ser notado e chegar sem ser visto, é preciso dizer, teve papel importante neste grande e essencial aprendizado do pensar, mas o mais importante mesmo, a chave por assim dizer, mora, sem dúvida, nesta outra palavra: na arte. Pois mesmo antes de ser filosofia, é uma arte o ato de se ausentar com elegância e nesta medida, somente nesta medida, pode vir quem sabe futuramente o fundamento primeiro de todas as demais artes.

Hegel, em seus *Cursos de Estética* (2014), depreende da arte esta capacidade extraordinária: de nos instalar em um tempo e lugar onde *nos apercebemos de nós mesmos* de modo suave. Por tratar-se do mesmo tempo e lugar onde eu encontro o prof. Bicca, trata-se de uma metáfora conveniente para nossa tarefa de explicitar o fundamento primeiro de um pensar capaz da maior das proezas: reluzir outras épocas, e com isto sinalizar para outras possibilidades de tempo. Hegel nomeia o tempo e o lugar da arte como obra de acontecimentos que são *símiles* aos citados na passagem abaixo e que, não por coincidência, me fazem lembrar o prof. Bicca dando aula:

> "um sorriso que desvanece rapidamente, um rasgo repentino e chistoso em torno da boca, um olhar, um brilho de luz fugaz, bem como traços espirituais na vida dos seres humanos, incidentes, acontecimentos que vem e passam, que *aí* estão e novamente são esquecidos – tudo e cada coisa ela (a arte) arranca da existência momentânea e também neste sentido supera a natureza." (Hegel, 2014, p. 175 – acréscimos nossos entre parênteses)

Apenas quem teve a honra de conhecer o prof. Bicca poderá se recordar de seus aparecimentos como *símiles* a estes "acontecimentos que vêm e que passam" e que trazem "um rasgo repentino e chistoso em torno da boca" "um olhar, um brilho de luz fugaz". Mas raras são as pessoas que conseguem, em nossa época, se deixar tomar por estes acontecimentos.

Gostaria de poder perguntar para ele, pois só ele, creiam, saberia se esquivar da resposta de modo a me deixar pensar por mais tempo... gostaria de perguntar a ele *se* o ato de "superar a natureza" presente na passagem acima pode ser equiparado à superação da metafísica de cepa heideggeriana. Ele sim poderia me deixar pensar se quando Hegel afirma ser possível a superação da natureza ele não viria a sinalizar talvez para o tempo e lugar onde seja possível, além do humano, o além homem, e também o tempo da destruição da metafísica. Na passagem acima é o humano quem, uma vez jogado no tempo, pode vir a ser arrancado "da existência momentânea" em nome de um outro tempo, que talvez possa ser momentânea e dionisiacamente chamado de uma "circular eternidade".

Todos estes acontecimentos – a metafísica e a sua superação, mas sobretudo a elegância do prof. Bicca talvez sejam passíveis de ser e de serem notados somente em meio à superação da metafísica já, bem sabemos. Enquanto *na metafísica a ser superada* o tempo é sempre linear, a possibilidade de ´se deixar ser na circularidade´ ou no tempo circular é já superar a metafísica da presença. Na metafísica a ser superada só há e pode haver tempos onde nos sentimos mal, enquanto na temporalidade circular sempre nos sentimos bem.

Quem com a maestria do prof. Bicca poderá nos fazer nos sentir tão bem como onde, parafraseando Hegel, "o canto é este contentamento e prazer de **se perceber a si**, tal como a cotovia (quando) canta ao ar livre"? (Idem, p. 171 – grifos e acréscimos nossos entre parênteses). Se Hegel confere este poder de ´perceber a si´ da obra de arte à capacidade desta de, em sendo verdadeiro o artista, nos tornar também capazes de ver, admirar e realizar, mesmo em meio a tempos difíceis, o canto ao ar livre *como* e talvez mesmo *enquanto* cotovias, isto é, se o artista pode se perceber e, assim, nos fazer nos percebermos, livre e livres como cotovias no ato de cantar, perguntemos: Como *o filósofo* pode **se perceber a si**? Quando se torna possível a este ente, o ente que somos, ´se ver, se admirar e se realizar´ como filósofo?

Olha o tamanho da angústia: talvez seja impossível esta percepção. No mais provável, permanecerá para sempre impossível se perceber enquanto filósofo. *Sobretudo por conta de o ´se ser filósofo´ requerer a capacidade e a potência de herdar tudo o que de melhor já foi realizado na História da Filosofia em proveito* ***não*** *desta mesma História, mas em proveito de uma outra História, onde o filosofar possa voltar tranquilamente a ser possível, que advir filósofo e se perceber filósofo é, senão impossível, uma tarefa realizada, e sentida como realizada, por apenas um ou dois autores, no máximo.*

A História que fracassa na medida em que não permite uma outra história é a nossa. Para superarmos esta história, esta metafísica onde há apenas presença e quase nunca ausência, deve vir a ser não um *si mesmo*, onde aquela História continua a se repetir, mas um outro ´si´.

Um ´si´ mais dionisíaco talvez. Para que a tão propalada história da metafísica seja superada, para que possamos uma vez mais nos perceber, *símiles* ao prof. Bicca, como cotovias ao ar livre, são precisos, preciosos, **encontros** como o que tornou possível um professor como ele em minha trajetória existencial.

Para que a História da metafísica seja superada, encontros como os de entre duas trajetórias existenciais, eu diria, orgulhosamente "sem *si* mesmo" posto que cônscios da impossibilidade de se dizerem filósofos (ao menos não antes de terem promovido a superação da metafísica) são urgentes. Para tanto, são necessárias mais almas, ou uma só alma, um só *Dasein* capaz de se realizar não tanto por meio de presenças, mas sobretudo por meio de ausências. Diria mais: Para que encontros como aqueles se tornem mais, ou novamente, possíveis são precisos muitos milagres. Neste sentido, para realizar plenamente esta breve Introdução à Filosofia será preciso voltarmos nossa atenção para **o tempo** que tornou possível "milagres" como o aparecimento do prof. Bicca em minha existência quando eu me formava como professora. Trata-se não de qualquer tempo, mas o tempo do mais divino, em outras palavras: o tempo do extraordinário.

Não que outros temas, como a liberdade e o Belo sejam prescindíveis para tornar plena *a práxis* da filosofia, mas porque temas como a *práxis* da liberdade e do Belo, ou da própria filosofia, só virão a ser tematizados *comme il faut* a partir do momento em que nem tanto a questão do extraordinário, mas o *extraordinário* ele mesmo tiver tido lugar, oportunidade de ser. Para tanto, é preciso resgatarmos o tempo onde ele, o extraordinário, vem a ser possível. Ouso dizer que este extraordinário é a causa primeira que nos move. E isto em virtude de um saber singular: de que o tempo do Ser em que viemos a ser livres, belos, pensadores ou mesmo ausentes é o tempo *da espera* do extraordinário. "Se não se espera, não se encontra o inesperado." (Leão, 1997, p. 136). O fragmento 18 de Heráclito é lapidar: Não há caminho de encontro que leve à descoberta do tempo em questão. Por isto mesmo que aprender a esperar, aprender o tempo da espera é tão importante. É na espera, que deve de preferência se dar em meio ao *pathos* do amor que a filosofia se torna possível. E a arte da espera quem alcança é só quem já se realiza em meio ao tempo singular onde o extraordinário é possível. No momento em que ele vem a ser, o extraordinário, o acontecimento mais banal, mais cotidiano, pode se tornar extraordinário. Todo e qualquer "fazer" pode vir a ser pleno, autêntico caso antes tivermos tido tempo e lugar, oportunidade, de aprender a esperar. Neste tempo, o extraordinário sempre virá a ser? Uma coisa é certa: já teremos conseguido realizar uma pequena proeza. Isto porque já teremos superado a metafísica onde "tudo é urgente, tudo é para ontem". Finalmente: o tempo que se dá em virtude de, ou em meio à superação da metafísica da presença quem é capaz de promover? O acontecimento capaz de superar toda mediocridade, toda dialética que teima em nos fazer servis qual é?

O acontecimento em questão, em meio ao cruel niilismo que se alastra em uma época como a nossa, quem pode promover é o filósofo. Em proveito de um si outro que si mesmo **o filósofo é o mestre de** promover o extraordinário no tempo circular que é o dele. É preciso saber, ou poder saber, estar aberto para o âmbito do sagrado, e isto contemporaneamente só o filósofo, cremos, ainda pode ousar saber. A tese é ousada demais? Será mesmo que quem sai do tempo linear já é filósofo? Não: pode ser também artista. Difícil mesmo é ser filósofo e artista ao mesmo tempo: Desempenhar a arte de se ausentar, e se dar ao pensamento com primazia é tarefa realizada por muito poucos. Por isto deverão ser, como o professor Bicca, considerados sagrados.

A nossa História, ou a história que é a nossa, terá fracassado se não tivermos tornado possível a existência destes seres, únicos capazes de conduzir a uma outra época, quem sabe, a uma outra História, onde o sagrado volte a ser, a ter lugar. Para que esta História venha a ser não uma sucessão de fracassos, mas uma época de superação até de traumas indeléveis como os processos de colonização e o Nazismo, o norte deve ser não o acontecimento *do humano*. Isto porque o humano tornou possível somente uma história não de superações, mas de que é preciso se envergonhar. Neste sentido, nossa história terá fracassado se não conseguirmos tornar evidente o único norte capaz de prover e de promover o tempo e o lugar que tornam possível a existência do humano que podemos chamar, sem nenhum receio, de extraordinário, a saber: o filósofo. Em sendo o filósofo o lugar de acontecimento do extraordinário, seremos felizes se tivermos conseguido pontuar como *no* filósofo Bicca, num dia destes, se descortinou o extraordinário. Foi exatamente na medida em que ele é e foi extraordinário que este acontecimento se tornou possível. Sei que posso dizer sem medo de errar também que o filósofo em questão é do âmbito do divino, mas amaria poder dizer mais: amaria poder dizer, em primeiro lugar, *como*, em segundo lugar, *quando* e, em terceiro lugar, o *porquê* de ele ser sagrado.

Goethe chama ´sagrado´ o que une muitas almas (Goethe, *Quatro Estações, apud*. Hegel, 2014b, p. 42). αα) *Primeiramente, como* professor, Luiz Bicca une muitas almas, e por isto já é sagrado. Por ter me despertado para a extraordinária tarefa de despertar os outros para a filosofia, ele é ainda mais sagrado: Ele é duplamente sagrado! ββ) *Em segundo lugar*, o *quando*: Tê-lo tido como professor *no começo de minha vida acadêmica* é extraordinário em função deste acontecimento vir a viabilizar muitos outros acontecimentos a partir dos quais outras almas livres puderam descobrir o prazer de filosofar. Dentre estas, vocês, que me leem agora. Isto é: poder estar escrevendo e pensando, disto vir a poder se realizar, é ou não é o extraordinário? Poder continuar tentando realizar isto -- o pensamento – de modo a aprender a criar *sendo-com* temporalidades circulares, e por muitas vezes ainda, é ou não é extraordinário? Se não é o único modo como a metafísica pode ser superada é por excelência e sem dúvida a razão pela qual existo, resisto. Poder ter certeza que talvez o pensamento venha a ser o motivo de existir de todo um povo é também sagrado, e é o que por hora também nos move. γγ) *Em terceiro lugar* o porquê: o professor Bicca é sagrado, finalmente, *porque* fez tudo isto sem pedir nada em troca. Na condição de aprendiz de filósofa, este sagrado, que une almas, é o próprio extraordinário: causa de meu trabalho e meu material de trabalho. Minha rocha, meu cinzel e minha marreta.

Há ainda que ser citada a potência maior do extraordinário mesmo: por ser ele, e apenas ele, quem pode descortinar uma outra época. Investiguemos: Como à contemporaneidade poderá se suceder uma outra época? Caso consigamos sair do ´si´ que deseja permanecer apenas o mesmo poderemos vislumbrar esta augusta possibilidade: de não apenas a filosofia surgir a partir do extraordinário, mas todas as demais *práxis*.

Para fazer isto plenamente – nos tirar de um ´si´ habituado com a metafísica da presença é preciso muita suavidade. Talvez seja preciso mais:

talvez seja preciso uma elegância que poucos têm. Creio até que só alcança este *poder-ser* quem se tornou mestre na arte de se ausentar. E esta *maestria na arte de se ausentar*, perguntemos: como conquistá-la? É preciso reunir duas capacidades: *ser plenamente quem se é*, de modo que a ausência não seja sentida como uma falta, mas uma culminância; e *superar a metafísica da presença*, onde a ausência é sempre sentida como uma falta. Quem pode ensinar estas duas capacidades? Ninguém, pois é cada um que conquista quem se é. Mas quem se tornou quem se é pode servir de exemplo. No caso da filosofia, apenas quem se tornou filósofo tem este poder. Uma pergunta: Se conquistarmos a nomeada maestria na arte de se ausentar, teremos nos tornados filósofos, ou seja, terá a filosofia se tornado plena em nós – teremos realizado plenamente o pensar?

Sem dúvida. Isto porque quando pensamos o pensamento, que deste modo se tecerá filosófico por excelência, nos ausentamos de um si cuja presença é um arremedo de histórias banais. E caso isto se der em proveito de um todo onde ´quem é´ é tão somente *pelo e em virtude* do pensamento, a filosofia terá chegado ao seu cume. Sim! É preciso agora e sempre voltar a aprender a ser neste *aí*, onde o pensar é capaz de nos tornar livres, e, quem sabe, até belos e elegantes como o professor Bicca. Aliás, *é* não apenas em minhas lembranças, mas também em uma obra reconhecida internacionalmente como, além de rigorosa, bela. Quando me recordo de suas aulas, e, acreditem, trago cada uma delas em meu coração, de nada de específico me recordo senão de um ausentar-se de tudo. Não me lembro de cada aula *porque* fossem poucas, ou raras, mas porque eram, cada uma delas, uma ode que se iluminava à medida que o pensamento se realizava, e exatamente por isto posso dizer uma ode ao aparecimento do extraordinário. Por tudo isto as trago, em minhas lembranças, e em meu coração, como uma espécie de relicário. Quando me recordo dos momentos em que pude compartilhar com este professor o amor em desvelar o rigor do pensamento, sinto de novo o despertar de um poder mágico, a saber: o de criar ausências. Este *ausentar-se* por meio do qual somos levados para uma outra ambiência – onde o divino se revela – é a causa, o motor, o motivo primeiro pelo que ando, converso, dou aulas, e até respiro. Aprender a respeitar o ato de aprender é o que possibilita esta outra ambiência onde moram a *Coisa* de Heidegger e a *Dialética Negativa* de Adorno. Esta ambiência junto a qual vieram a ser as aulas do prof. Bicca não é fácil de se traduzir em palavras.

Hegel, Heidegger e Adorno nas aulas deste professor eram sobretudo pretexto para uma descoberta singular – do pensamento como lugar de sempieternidade. Pudera eu permanecer para sempre nesta descoberta do lugar onde comungam mortais e imortais, céu e terra! Se conseguir nutrir nos outros, em cada um para quem dou aula, ou em quem me lê, o desejo deste tempo *símile* ao dos deuses, ficarei feliz! Se puder se fazer eterno o tempo desta tal descoberta: do pensamento como lugar de sempieternidade, terei me realizado! Que possam se eternizar agora, uma vez mais, na memória deste que me lê os acontecimentos *símiles* aos que vêm e passam" no caminhar a caminho não do mar, mas de Visconde de Mauá; e que sabem trazer "um rasgo chistoso em torno da boca" "um olhar, um brilho de luz fugaz"! Ah, que felicidade! Assim estarei contente, pois é sempre extraordinário cativar para o pensamento. Agora, uma penúltima pergunta: A descoberta do tempo do extraordinário pode realmente sinalizar para uma existência fantástica em que não mais somos? Caso *aí* a morte *seja* no sentido pleno que *Ser e Tempo* (Araújo, 2012, p. 45) lhe confere, e que também confere a quem se dá para o pensamento -- Morte que nos permite advir, e que é, a um só tempo, consequência e a essência do pensar, sim, certamente. Acho que é por isto, por causa da morte, que é *da ausência* que eu me recordo mais quando me lembro das aulas do professor Bicca. Daí também podermos concluir, pela ausência, como a *práxis* mais propícia para uma autêntica introdução à filosofia.

Por tudo isto, se torna possível agora afirmar que devo a este professor não somente a oportunidade de me descobrir como professora de filosofia mas devo agradecer-lhe por tudo que "se torna possível" a partir da *práxis* do amor mais genuíno que há: o que se dá a partir e por meio do ato de se filosofar. Tentemos responder uma última pergunta: Terá sido mais sua ausência ou sua presença quem terá permitido todos estes aprendizados? É *impossível* uma resposta a esta pergunta, mas sei que quando me realizo como professora, e tenho ocasião de me lembrar deste grande mestre, fico feliz. Emociono-me mesmo frente à possibilidade de ter, nem que seja um pouco, podido me assemelhar a ele, não apenas porque o trago no peito, mas porque posso saber que *aí*, no caso de eu me assemelhar a ele, terei aprendido a pensar. Suponho, humildemente, que *aí* terá se realizado a filosofia e, por que não, o belo nele mesmo.

Referências

ARAÚJO, F. A Recepção do Pensamento de Martin Heidegger por parte da Psicanálise de Jacques Lacan – O Inconsciente como Manifestação do Ser. Rio de Janeiro, 2012. TESE.

_____. O ser-aí na analítica existencial de ser e tempo. Rio de Janeiro, 2007. DISSERTAÇÃO.

BICCA, L. E. O.. *Marxismo e Liberdade*. São Paulo: Loyola, 1987.

_____. *O Mesmo e os Outros*. 1. ed. Rio de Janeiro: Sete Letras, 1999.

_____. *Racionalidade Moderna e Subjetividade - Ensaios*. 1. ed. Belo Horizonte: Loyola, 1997.

_____; ADORNO, T. W.. *Minima Moralia* (Tradução). São Paulo: Ática, 1993.

DERRIDA, J. *Gramatologia*. São Paulo: Perspectiva, 2008.

HEGEL, Georg Wilhelm Friedrich. *Cursos de Estética*, Vol. I, trad. Marco Aurélio Werle, Oliver Tolle. 1 ed.; São Paulo: Editora São Paulo, 2014a.

_____. *Cursos de Estética*, Vol. III, trad. Marco Aurélio Werle, Oliver Tolle. 1 ed.; São Paulo: Editora São Paulo, 2014b.

HEIDEGGER, M. A Coisa. In: *Ensaios e Conferências*. Trad. Emmanuel Carneiro Leão, Gilvan Fogel e Marcia Cavalcante. Petrópolis, RJ: Vozes, 2001, p. 143-164.

_____. Tempo e Ser. In: *Conferências e escritos filosóficos*. Trad. Ernildo Stein. São Paulo: Nova Cultural, 1991. (Os Pensadores).

_____. *Ser e Tempo*. Trad. Marcia Cavalcante. Petrópolis (RJ): Vozes, 1986.

LEÃO, Emmanuel Carneiro. "Heráclito e a Aprendizagem do pensamento." *Revista de Filosofia Antiga-Kleos, Rio de Janeiro-IFCSUFRJ* 1.1, 1997, p. 113-142.

Ceticismo e ética em Michel Foucault: uma problematização[1]

FABIANE MARQUES DE CARVALHO SOUZA

Doutora em Filosofia pela PUC-Rio

Luiz Bicca foi meu mestre e amigo durante algum tempo e o livro em que me baseei para estruturar o texto que segue foi ele quem me indicou. Gratidão. Philia e gratidão.

1 Agradecimentos ao Professor Danilo Marcondes pela leitura e aprovação deste texto. Agradeço também as sugestões dos professores Márcio Alves da Fonseca, Plínio Junqueira Smith e Salma Tannus Muchail que supervisionaram em diferentes momentos uma pesquisa mais geral sobre ceticismo e verdade em Michel Foucault. Agradeço ao CNPq, a PUC-Rio, a Capes, a UNIFESP e a PUC-SP por terem me fornecido condições materiais e intelectuais de desenvolver parte da pesquisa. Agradeço aos professores Charles Feitosa, Rafael Haddock Lobo e Rosana Suarez o convite para participar desta homenagem.

Este estudo procura problematizar que o caráter fundamentalmente ético do ceticismo antigo não é um obstáculo para que um vínculo entre este mesmo ceticismo e o pensamento de Michel Foucault seja estabelecido. Formula-se, então, a hipótese de que, em sua análise da constituição histórica das ciências humanas, onde ele toma uma distância crítica das verdades formuladas por essas ciências e procura mostrar a possibilidade de o ser humano se constituir a partir de um modo diferente de relação consigo do que aquele que predomina na modernidade[2], Foucault possa ser aproximado do ceticismo pirrônico. Isso porque ele não associa conhecimento e virtude e critica não apenas a possibilidade, mas também a desejabilidade das ciências humanas. Esse distanciamento crítico com relação às ciências humanas acaba por conferir uma dimensão ética ao seu pensamento, que talvez possa ser aproximada do objetivo moral do ceticismo antigo. Poder-se-ia problematizar, então, o fato de que Foucault formula um pensamento, que se pode articular com o pirronismo, incorporando elementos deste, e elabora, por assim dizer, argumentos ou tropos céticos ausentes dele e que possam dar conta de contestar o dogmatismo na contemporaneidade.[3]

O percurso filosófico de Michel Foucault costuma ser dividido, pelos estudiosos do seu pensamento, em dois momentos: o momento da Arqueologia, o primeiro momento, da década de sessenta, em que predomina a análise dos discursos na história foucaultiana da constituição das ciências humanas; e o momento da Genealogia, que reúne as décadas de setenta e de oitenta, em que Foucault traça uma história do nascimento das ciências humanas relacionando os discursos com determinadas práticas e relações de poder. A questão do sujeito pode ser considerada uma espécie de fio condutor da trajetória filosófica foucaultiana. Na primeira fase, Foucault contesta as ciências humanas a partir da crítica do sujeito constituinte e a-histórico, aponta uma circularidade na filosofia do sujeito que fundamenta essas ciências e faz uso, para isso, de um argumento

2 É importante aqui esclarecer que a modernidade para Michel Foucault compreende um período de tempo que se inicia na virada do século XVIII para o XIX e continua até o momento presente dos seus textos, isto é, até a segunda metade do século XX.

3 Rachman, John. Foucault – a liberdade da filosofia., P. 8

derivado do ceticismo pirrônico. Um argumento que nasceu com o ceticismo pirrônico, embora não seja uma exclusividade desse ceticismo e nem mesmo uma exclusividade de filósofos céticos ao longo da história do pensamento. Já na segunda fase, Foucault questiona as ciências humanas em sua pretensão de verdade, escrevendo uma história da sua constituição a partir da relação entre determinados discursos e práticas e aponta como uma espécie de alternativa ética para a constituição do sujeito moderno, nessas ciências, a constituição do sujeito na Antiguidade. Entretanto, não se trata ali de uma injunção a uma retomada da constituição do sujeito antigo na Atualidade, mas apenas de uma constatação da contingência das formas modernas de objetivação do sujeito pelas ciências humanas. Em ambas as fases de seu pensamento, portanto, Foucault tematiza o sujeito e, além disso, questiona o conhecimento ciências humanas tanto em sua possibilidade quanto em sua desejabilidade. Na arqueologia, Foucault investiga o fundamento filosófico das ciências humanas e constata nele uma circularidade a fim de mostrar o caráter dogmático do que ele chamou de filosofia moderna e a precariedade e a instabilidade das ciências que tomam o homem por objeto E, na genealogia, Foucault investiga a constituição histórica do sujeito objetivado pelas ciências humanas, constatando a contingência da verdade que elas lhe impõem e propondo uma resistência ética a essa objetivação.

Expondo algumas das considerações de David Hiley, no livro *Philosophy in question: essays on a pyrrhonian theme*, pode-se afirmar que, com a alegoria da caverna, Platão uniu a vida racional à vida virtuosa e identificou ignorância e escravidão. Essa identificação conferiu à filosofia um papel libertador no sentido de ela proporcionar um caminho fora da ignorância e dentro da verdade. A ideia de que o conhecimento nos livra da contingência da nossa condição e a ideia de que a crítica e a justificação de nossas crenças e valores são possibilitadas pela autoridade da razão traduzem-se em elementos que atravessam a história da filosofia e acabam por terminar em uma identificação da virtude com a liberdade e em uma confiança de que a expansão do conhecimento e da razão produzem necessariamente autonomia e igualdade social. Tal identificação e confiança caracterizam o Iluminismo e foram transmitidas ao pensamento do século XX. No entanto, há um outro fio a percorrer a história da filosofia, através do qual determinados elementos desfazem a conexão entre razão e virtude por meio da dúvida no tocante à possibilidade e à desejabilidade do conhecimento. A mais antiga forma dessa oposição à filosofia é o ceticismo pirrônico.

Em sua dúvida fundamental sobre o valor do conhecimento para a vida comum, o ceticismo pirrônico constitui uma espécie de moral coerente contra a filosofia. A mais recente modalidade dessa oposição à filosofia é a investida conhecida como "pós-moderna" à imagem tradicional da filosofia, que tomou o conhecimento como representação da realidade, a filosofia como tarefa de fundamentar o *conhecimento* em bases a-históricas e a razão como um tribunal de julgamento de práticas, crenças e valores. A chamada filosofia pós-moderna pretende superar a filosofia ou trazê-la a um fim, afastando-se da ilusão platônica de que a nossa autonomia ou felicidade baseia-se na libertação da finitude de nossas crenças, da falibilidade de nossas práticas e da contingência de nossa condição.

O ceticismo pirrônico dirigiu-se muito mais contra o valor e a desejabilidade do conhecimento do que contra a sua possibilidade. Os argumentos céticos pirrônicos possuiam um propósito fundamentalmente moral. Em sua oposição ao dogmatismo das filosofias, estava em questão se o conhecimento poderia levar à felicidade (*eudaimonia*)[4]. A fim de atingir a *eudaimonia*, os céticos pirrônicos chegavam à tranquilidade (*ataraxia*) através da suspensão do juízo (*epoché*) oposta às afirmações das filosofias que reivindicavam a verdade por detrás das aparências. Não se questionavam, no pirronismo, as aparências e os costumes da vida cotidiana. Questionavam-se sim as tentativas das filosofias de atravessar as aparências a fim de estabelecê-las como algo fundamental e a-histórico. O objetivo dos pirrônicos era viver tranquilamente de acordo com os instintos, os costumes e a tradição, o que recuperava para as aparências da vida comum o estatuto de guias de conduta, de guias para a ação.

4 Segundo os ensinamentos de meu mestre Danilo Marcondes, em seu curso de 2003 sobre a Retomada do Ceticismo Antigo na Modernidade, o que se buscava no Ceticismo Antigo era a Eudaimonia que seria atingida através da Ataraxia.

Com o Iluminismo, a conexão entre expansão do conhecimento e progresso da humanidade e da sociedade constituiu uma resposta à investida pirrônica contra a desejabilidade do conhecimento. A educação no sentido de uma ampliação da racionalidade crítica científica que abrangesse as disciplinas morais libertar-nos-ia da escravidão da ignorância e asseguraria o progresso social. A relação entre desenvolvimento individual e progresso social, entre educação e liberdade, entre pesquisa científica e emancipação, foi formulada, no século XVIII, como a defesa iluminista do progresso, consistindo em uma resposta significativa ao desafio pirrônico, na medida em que estabeleceu a necessidade do conhecimento para a liberdade.

Enquanto os pirrônicos conseguiram romper a conexão socrática entre conhecimento e virtude, alegando que a tranquilidade era atingida através da suspensão do juízo e da aquiescência às aparências, costumes e tradições da vida comum, os iluministas se opuseram aos céticos, apostando na educação, no desenvolvimento da inteligência individual, na liberdade e, com isso, no aperfeiçoamento da humanidade e da sociedade.

O problema da filosofia do século XX é ter herdado a concepção iluminista da conexão entre desenvolvimento do conhecimento e o aperfeiçoamento do ser humano e da sociedade na mesma medida em que rejeitou as concepções iluministas de razão, autonomia e esperança e a estrutura metafísica e a concepção teleológica de história que possibilitaram tais concepções ao pensamento do século XVIII.

Com efeito, a proliferação de poder ao longo do desenvolvimento do conhecimento e a aplicação da racionalidade científica à realidade social, ao longo dos séculos XIX e XX, ocorreram como que às expensas da emancipação. Assim, uma vez que o sucesso da resposta iluminista ao pirronismo dependia da plausibilidade e da coerência da sua conexão entre conhecimento e poder, razão científica e realidade social, autonomia e comunidade, essa resposta passou a ser considerada problemática na ausência de seu suporte metafísico e da sua estrutura histórica e, no século XX, a confiança iluminista na razão e no progresso foi questionada em várias direções. A falência do projeto iluminista no século XX como que reinstalou o desafio do ceticismo pirrônico à filosofia sob novas modalidades.

Michel Foucault argumentou então, entre as décadas de sessenta e oitenta do século XX, que a emergência das ciências humanas no período iluminista produziu formas de poder modernas e perigosas ao mesmo tempo em que foi produzida por elas.[5]

Assim como o ceticismo pirrônico constitui um desafio cujo significado é fundamentalmente, e em última análise, moral à filosofia dita dogmática, a crítica relativamente recente da tradição filosófica, como, por exemplo, aquela presente no pensamento do filósofo francês Michel Foucault, nosso tema neste estudo e por alguns considerado pós-modernista, aponta uma alternativa também essencialmente ética a essa tradição. Foucault, em todo o seu percurso filosófico, critica a contribuição das concepções de seres humanos da filosofia moderna para a emergência de novas formas de poder, coerção e controle e, já no final da sua trajetória, aponta como resistência e alternativa a essas modalidades de poder um movimento ético por meio do qual os seres humanos possam se constituir a si mesmos como sujeitos diferentemente do modo como foram constituídos pelo conhecimento moderno e pelas formas de poder e controle inextrincavelmente ligadas a ele. Pretende-se, aqui, sugerir que a oposição do pensamento foucaultiano à imagem moderna da filosofia compartilha do alvo pirrônico de se opor à filosofia, a fim de retornar aos valores e às tradições da vida ordinária. Como os pirrônicos, Michel Foucault opõe-se a concepções da filosofia e das ciências humanas modernas não apenas por que elas são problemáticas em seus próprios termos, mas porque ele acredita que o fim dessas concepções nos trará de volta a nós mesmos, abrindo a possibilidade de nos reinventarmo-nos numa estilização da existência.

Em *Nietzsche, a genealogia e a história*, ensaio redigido em 1971, Foucault afirma que a genealogia se opõe ao método histórico tradicional, procurando situar a singularidade dos acontecimentos longe de toda finalidade monótona. Ora, assim como a arqueologia, a genealogia procura evidenciar as descontinuidades lá onde foi percebida uma evolução contínua.

5 Hiley, David R. Philosophy in question – essays on a pyrrhonian theme. P.2.

Segundo Foucault, o genealogista não investiga a profundidade, mas os acontecimentos de superfície, os mínimos detalhes, as mudanças imperceptíveis, os limites sutis, descobrindo que as questões tradicionalmente consideradas profundas são de fato superficiais, pois que retiram o seu sentido de práticas de superfície.

Para a genealogia, a profundidade, a verdade e a interioridade da consciência não passam de artifícios na construção histórica de uma unidade. A essência das coisas, para o genealogista, foi construída peça por peça a partir de figuras estrangeiras e o devir de humanidade é como que o resultado de uma série de interpretações, cuja história é descrita pelo genealogista, que revela os universais do pensamento humanista como sendo o produto do aparecimento contingente dessas interpretações.

A história então não se desenrola a partir da vontade de um sujeito, seja individual, seja coletivo, mas a relação de forças de uma dada situação histórica é possibilitada pelo espaço mesmo dessas forças, isto é, pelo espaço definido por elas. Tal espaço, para Foucault, corresponde ao resultado de determinadas práticas e ao seu campo de atuação.

O genealogista escreve a história efetiva, rejeitando a perspectiva supra-histórica, segundo a qual a história se desenvolve internamente numa totalização que assegura a imagem do passado e a da existência de um fim em direção ao qual ela progride. Essa história efetiva procura destruir a crença na identidade e na consistência. Não há constância para o genealogista, nem mesmo o corpo é constante, já que se pode modificar cada um dos seus aspectos desde que se utilizem as técnicas apropriadas. A esse respeito, Foucault observa que: "A história "efetiva" se distingue daquela dos historiadores pelo fato de que ela não se apoia em nenhuma constância: nada no homem – nem mesmo o seu corpo – **é bastante fixo para compreender outros homens e se reconhecer neles."**[6]

Com efeito, em sua genealogia, escrevendo a história efetiva, Foucault vai isolar e conceitualizar o modo como o corpo se tornou um elemento essencial das relações de poder na modernidade. "O corpo também está diretamente mergulhado num campo político; as relações de poder têm

6 Foucault, Michel. Nietzsche, a genealogia e a história. In: Machado, Roberto. Microfísica do poder, p.27.

alcance imediato sobre ele; elas o investem, o marcam, o dirigem, o supliciam, sujeitam-no a trabalhos, obrigam-no a cerimônias, exigem-lhe sinais."[7]

Essa articulação entre poder e saber baseada no corpo constitui um mecanismo geral de poder de grande importância para a sociedade ocidental, a chamada tecnologia política do corpo. Esta não se localiza em uma só instituição ou em um só aparelho de poder como o Estado. Ora, embora Foucault analise algumas instituições, sua investigação se concentra muito mais no desenvolvimento de tecnologias de poder, a fim de isolar os mecanismos tecnológicos por meio dos quais o poder se articula com o corpo. Foucault escreverá, então, a história efetiva do aparecimento e do desenvolvimento dessa tecnologia política do corpo, descrevendo as relações entre essa tecnologia, o Estado e determinadas instituições. Mas essa tecnologia política do corpo não se localiza nem em um tipo definido de instituição, nem em um aparelho estatal, que, no entanto, têm acesso a ela, utilizando os seus procedimentos. O nível da tecnologia política do corpo é o de uma microfísica do poder operada pelo Estado e pelas instituições, mas cujo campo de validade se situa entre os mesmos e o corpo em sua força e materialidade.

Na conclusão de *Nietzsche, a genealogia e a história*, Foucault trata da questão do saber, que, segundo ele, pode ser totalmente apreendido no conflito das relações de dominação. Para Foucault, poder e saber não são estranhos entre si, mas operam, na história, segundo um processo de fecundação recíproca. A esse respeito, Foucault observa que:

> Seria talvez preciso também renunciar a toda uma tradição que deixa imaginar que só pode haver saber onde as relações de poder estão suspensas e que o saber só se pode desenvolver fora de suas injunções, suas exigências, seus interesses. Seria talvez preciso renunciar a crer que o poder enlouquece e que em compensação a renúncia ao poder é uma das condições para que se possa tornar-

7 Foucault, Michel. Vigiar e punir- nascimento da prisão, p.25.

> -se sábio. Temos antes que admitir que o poder produz saber (e não simplesmente favorecendo-o porque o serve ou aplicando-o porque é útil); que poder e saber estão diretamente implicados; que não há relação de poder sem constituição correlata de um campo de saber, nem saber que não suponha e não constitua ao mesmo tempo relações de poder. Essas relações de "poder-saber" não devem então ser analisadas a partir de um sujeito do conhecimento que seria ou não livre em relação ao sistema de poder; mas é preciso considerar ao contrário que o sujeito que conhece, os objetos a conhecer e as modalidades de conhecimentos são outros tantos efeitos dessas implicações fundamentais do poder-saber e de suas transformações históricas. Resumindo, não é a atividade do sujeito de conhecimento que produziria um saber, útil ou arredio ao poder, mas o poder-saber, os processos e as lutas que o atravessam e o constituem, que determinam as formas e os campos possíveis do conhecimento.[8]

No ensaio mencionado, Foucault vincula-se à dimensão anti-metafísica e anti-dogmática do pensamento nietzscheano, para contestar a filosofia e a história iluministas em seus aspectos metafísico e dogmático. Neste procedimento, o filósofo francês parece se aproximar do ceticismo antigo, de que Nietzsche também se aproximava,[9] já que Foucault questiona o dogmatismo presente no pensamento moderno e busca um modo diferente de se pensar e de se escrever a história, procurando escapar do seu aspecto dogmático.

A fonte para o estudo do ceticismo pirrônico são as obras de Sexto Empírico que viveu em Alexandria no século II: as *Hipotiposes Pirrônicas* e *Contra os professores*.

Nas *Hipotiposes Pirrônicas*, Sexto Empírico distingue três tipos de filo-

8 Foucault, Michel. Vigiar e punir-nascimento da prisão, p. 27.

9 Lopes, Rogério Antônio. Ceticismo e vida contemplativa em Nietzsche.

sofia de acordo com a atitude dos filósofos em sua busca ou investigação: a dogmática, cujos representantes afirmam ter descoberto a verdade; a acadêmica, cujos representantes consideram a verdade inapreensível; e a cética, cujos representantes continuam buscando. Para os dois primeiros tipos de filosofia, o resultado da busca é definitivo, enquanto, para a filosofia cética, o resultado da busca não é conclusivo, o que faz com que seus representantes estejam sempre abertos a percorrer novos caminhos em sua busca. Nessa busca, o cético argumenta contra a filosofia dogmática. Esses argumentos pretendem causar um efeito sobre quem os assimila. Eles devem se confrontar e se equilibrar em um espírito particular, provocando, não conclusões válidas, mas os sentimentos de incerteza e de indeterminação. O pirrônico, por exemplo, pode adaptar os seus argumentos e as suas forças ao indivíduo que ele queira fazer experimentar e não compreender a *epochê*. Aquilo que se chama de modos ou tropos céticos define muitas maneiras eficazes de suscitar a suspensão do juízo sobre a natureza das coisas. Sexto Empírico esclarece que o termo "dogma", utilizado quando se diz que o cético não dogmatiza, possui o sentido de "assentimento a objetos não-evidentes de investigação científica". Os pirrônicos não dão assentimento ao não-evidente nem ao enunciar as fórmulas céticas sobre o não-evidente. Isso porque os céticos não empregam dogmaticamente as fórmulas como se elas fossem reais. Ao enunciar, por exemplo, a fórmula "Não mais (isso do que aquilo)", o cético considera que a própria fórmula enunciada deve ser entendida como dizendo que ela também não é mais isso do que aquilo, de modo que elimina a si mesma, não sendo, portanto, enunciada de modo dogmático. A linguagem é, com efeito, espontaneamente dogmática na medida em que ela leva os homens a formular juízos sobre a realidade das coisas em vez de se contentar em descrever as suas impressões. No entanto, essa inadequação da linguagem humana ao discurso cético jamais provocou o silêncio ao qual os céticos deveriam ser conduzidos segundo certos filósofos. Esse problema incitou os filósofos céticos a trabalhar a linguagem para fazê-la exprimir antes a suspensão do que a posição. Tal busca de uma palavra não dogmática está presente nas fórmulas céticas, como "não mais isso do que aquilo" e "eu nada determino", expressões destinadas a descrever a atitude cética e que se encontram disseminadas também na suspensão do juízo historicista praticada por Michel Foucault em toda a sua obra.[10]

Ainda nas *Hipotiposes*, Sexto Empírico esclarece que não quer alcançar nenhuma verdade por detrás das aparências em suas asserções que possuem o caráter de um registro histórico daquilo que aparece:

> ... nossa tarefa presentemente é descrever em linhas gerais a maneira cética de filosofar, esclarecendo inicialmente que as nossas asserções futuras não devem ser entendidas como afirmando positivamente que as coisas são tais como dizemos, mas simplesmente registrando como um cronista (*histórikos*), cada coisa tal como nos aparece no momento.[11]

E Michel Foucault escreveu uma história filosófica do surgimento, na modernidade, de ciências emergentes do Iluminismo que tomaram o ser humano, o sujeito, como objeto. E nessa história, seja a arqueológica, seja a genealógica, ele procurou se afastar criticamente do dogmatismo da filosofia e da história teleológica iluministas, buscando um novo modo de escrever a história, a fim de dar conta do seu projeto de contestar as verdades formuladas por essas ciências, expondo a sua contingência.

Foucault, em sua genealogia, vai procurar apreender as relações que existem entre poder e saber em determinadas ciências, as ciências humanas. Para ele, a genealogia investiga a formação discursiva de uma ciência, sua história, a posição ocupada por ela no contexto do poder, a fim de julgar a sua capacidade de descrever a realidade. Com efeito, com a genealogia, o pesquisador pode se perguntar pelo papel histórico e político das ciências que ele estuda. Para tanto, Foucault propõe uma nova interpretação do poder e do saber, na qual o poder não é mais visto como um privilégio de um grupo determinado e o saber é considerado um elemento da transformação histórica dos diferentes regimes de poder e de verdade.

10 Veyne, Paul. Foucault-sa pensée, sa personne., pp.59 -81.

11 Empírico, Sexto. Hipotiposes Pirrônicas- livro I. Tradução: Danilo Marcondes, in O que nos faz pensar – cadernos do departamento de filosofia da PUC-Rio, n 12, setembro, 1997, p.115.

Em toda sua obra, Foucault se dedicou a determinar a posição do sujeito, do subjetivismo e do indivíduo moderno, o objeto das ciências humanas. A partir da década de setenta, com a genealogia, ou melhor, com a arqueo-genealogia, Foucault passa a investigar o desenvolvimento de técnicas de poder que são aplicadas aos indivíduos, construindo um modo de análise das práticas culturais em que poder e saber se entrecruzam e que constituíram o indivíduo, o sujeito, como objeto de determinados poderes e de determinados saberes, aqueles das ciências humanas.

Na primeira metade da década de setenta, a genealogia de Foucault mostrava como relações de poder, determinadas historicamente, aparecem como matrizes de formas de saber e formas de subjetividades. Com a formulação, em 1978, do conceito de governamentalidade, surge a idéia de uma articulação entre formas de saber, relações de poder e processos de subjetivação, pois um governo é estabelecido sobre sujeitos através de saberes, de modo que as formas de saber e de relação consigo passam a serem pensadas como pontos de articulação do processo de governamentalidade. Com isso, o filósofo chegou à conclusão de que formas determinadas de subjetividade ou de saberes podem funcionar como resistências a procedimentos de governamentalidade, pois é possível a recusa a determinadas formas de governo e a oposição de discursos teóricos e de relações consigo diferentes a formas de saber ou de subjetividade articuladas sobre determinados procedimentos de governamentalidade.

Além disso, a nova noção de governamentalidade permite a Foucault pensar seu próprio trabalho como introdução de pontos de resistência e, na medida em que abole a oposição entre o modelo jurídico e o estratégico, acaba por abrir as relações de poder aos jogos de liberdade.

Além de estudar as formas de governo relativas à submissão de uma população ao Estado, Foucault examina as formas de governo relativas às particularidades individuais. Ele estuda, então, o poder pastoral como uma forma de governo, característica do governo das almas cristão, que procura se ajustar ao indivíduo e na qual o rei é pensado como pastor vigilante e minucioso. A este poder pastoral, opor-se-ão as primeiras grandes resistências que assumirão a forma de direitos da subjetividade à adoção de condutas diferentes, o que é designado por Foucault como atitude crítica. No estudo da governamentalidade cristã das almas, Foucault opõe as relações confessionais entre o monge e o seu diretor de consciência às relações entre o mestre de virtude e seu discípulo no período helenístico. Enquanto, no helenismo, a obediência consistia numa etapa em direção ao domínio de si, no cristianismo, ela se torna um fim em si mesmo, de modo que essas análises de Foucault opõem duas formas de subjetividade, pois, em um caso, o sujeito se estrutura através de um discurso de verdade que depende da obediência a outrem, e, no outro caso, a estruturação do sujeito equivale à liberdade de si mesmo. Desse modo, a partir dessas análises, a noção de governamentalidade tende a se redefinir em relação à dimensão da subjetividade e as práticas de si passarão a se articular com as relações de poder e com os discursos de verdade para compor o que Foucault chamou de experiência histórica.

No prefácio de *O uso dos prazeres*, Foucault afirma que o seu projeto é o de uma história da sexualidade enquanto experiência, entendida como a correlação, numa cultura, entre domínios de saber, tipos de normatividade e formas de subjetividade.[12]

Quando, na arqueologia, Foucault denunciava e criticava o sujeito, visava-se, então, um sujeito a-histórico. Em suas últimas obras, *O uso dos prazeres* e *O cuidado de si*, e no seu curso no *Collège de France*, *A hermenêutica do sujeito*, Foucault faz a genealogia de um sujeito, cujo modo de ser é histórico, e que, enquanto modalidade determinada de uma relação consigo, é pensado como constitutivo de uma das três dimensões de experiência.

Foucault empreende esse estudo das modalidades históricas de subjetivação a partir de uma interrogação sobre a sexualidade. Trata-se de pensar o percurso histórico que faz a ligação entre o sujeito que domina seus prazeres na Grécia clássica, o sujeito helenístico, cujos prazeres se dão numa ética do cuidado de si, o sujeito cristão atento aos movimentos da sua carne e o sujeito moderno de uma sexualidade medicalizada. Ao longo do empreendimento dessa genealogia do sujeito sexual, entretanto, a questão central passa a ser a de um estudo das técnicas da existência, de modo que o estudo da constituição do sujeito em sua experiência da se-

12 Foucault, M. História da sexualidade II- o uso dos prazeres, p.8.

xualidade conduz à problematização de um sujeito ético, entendendo-se por isso o sujeito em sua instância de auto-constituição, isto é, a das técnicas, das práticas por meio das quais se institui uma determinada relação consigo, o que Foucault chamou de práticas de si.

Compreendendo a ética como o domínio das relações que se estabelecem de si para si, Foucault vai traçar uma história da moral, tomando como parâmetro não as regras nem as condutas, mas a maneira como se deve constituir a si mesmo como sujeito moral na ação relacionada à regra, ou seja, a subjetivação em função das práticas de si.

A questão que impulsiona Foucault nesta história da ética como relação a si é a de compreender como o homem ocidental foi levado a se reconhecer como sujeito de desejo, para o que Foucault vai se perguntar o porquê de os atos relacionados ao sexo terem se tornado objeto de uma preocupação moral.

Trata-se ainda, como foi anunciado em meados da década de setenta, de reencontrar as raízes cristãs do sujeito de desejo moderno. No entanto, Foucault retorna meio que contra a corrente aos textos gregos e romanos a fim de evidenciar, em sua dimensão de acontecimento histórico, o sujeito, convocado pela psicologia e pela psicanálise modernas, que medeia sua relação ao sexo pela escuta, pela busca e pela enunciação do discurso de seu desejo. Através desse percurso contra a corrente, Foucault encontra uma experiência da sexualidade estruturada, não por uma hermenêutica do desejo, mas por um domínio dos prazeres, formulando, ao mesmo tempo, um novo pensamento do sujeito como prática de subjetivação

A história da sexualidade traçada por Foucault não trata nem dos comportamentos, nem das representações, mas contempla as modalidades de experiência constitutivas do sujeito ético. Daí que o material privilegiado por Foucault consista em tratados de existência, manuais de conduta, ensaios sobre a arte de viver, em resumo, uma espécie de literatura ética, que propõe estilos de vida e modalidades de experiência, e em cujo domínio se colocava o problema das condutas sexuais. A esse respeito, Foucault continua, ainda no prefácio, definindo o que chamou de “artes de existência” ou de “práticas de si”:

> Mas, ao colocar essa questão muito geral, e ao colocá-la à cultura grega e greco-latina, pareceu-me que essa problematização estava relacionada a um conjunto de práticas que, certamente, tiveram uma importância considerável em nossas sociedades: é o que se poderia chamar de "artes da existência". Devem-se entender, com isso, práticas refletidas e voluntárias através das quais os homens não somente se fixam regras de conduta, como também procuram se transformar, modificar-se em seu ser singular e fazer de sua vida uma obra que seja portadora de certos valores estéticos e responda a certos critérios de estilo.[13]

Embora, segundo Foucault, a problematização das atividades sexuais tenha se diferenciado ao longo do tempo, não se verifica, na história traçada por Foucault, uma oposição entre uma idade dourada da sexualidade grega e o regime repressivo da sexualidade cristã. O fato, constatado por Foucault, é a permanência, desde que se adote o ponto de vista das obrigações e das restrições, de determinados temas, que se fizeram presentes no pensamento clássico grego, no helenismo, na moral cristã e na moral ocidental moderna. A preocupação com os excessos do corpo e a inquietação diante do perigo do ato sexual, com medo do esgotamento decorrente do desgaste sexual; a exaltação da moderação e da fidelidade conjugal, exemplificada pela boa sexualidade do elefante; o estranhamento provocado pelos invertidos sexuais; e o elogio de uma abstinência vinculada ao acesso à verdade. Tais temas atravessam a história ocidental, embora não possuam o mesmo valor e significado nas diferentes formulações morais verificadas ao longo do tempo. Mas o que é mais significativo é que esses temas de austeridade não se vinculam às interdições sociais ou religiosas, no que diz respeito à cultura antiga, em que não se encontra um código de conduta regulamentando a sexualidade de acordo com uma distinção entre o proibido e o permitido. As propostas de austeridade moral dizem respeito

13 Foucault, M. História da sexualidade II- o uso dos prazeres, p.15.

a prazeres não condenados, uma vez que são elaboradas para homens livres que possuem o direito a uma sexualidade ativa. No entanto, é nesse espaço, onde há liberdade de ação, que surgem as restrições, não sob a forma de um código de interditos, mas de uma estilização, onde a escolha relativa à sexualidade se opera de acordo com uma estética da existência no pensamento clássico e de acordo com um cuidado de si no pensamento helenista.

Nesse recuo aos modos de subjetivação por práticas de si característicos da Antiguidade greco-romana, Foucault parece pretender interrogar a nossa modernidade, confrontando essas experiências antigas de subjetivação, nas quais o sujeito é subjetivado por práticas de si, com os processos de constituição da subjetividade no presente, onde o sujeito é objetivado por práticas, em última análise, normalizadoras. Ora, o sujeito moderno, enquanto resultado de uma objetivação normalizadora, diferencia-se do sujeito antigo constituído por práticas de si, isto é, por uma relação consigo que caracteriza o que Foucault chamou de ética, de modo que o sujeito antigo é constituído pela ética e o moderno pela norma em uma modalidade de constituição que o impede de ser ético. Ao privilegiar o cuidado ético e a liberdade do sujeito antigo em sua constituição por práticas de si, Foucault indica uma alternativa para o impasse do sujeito moderno objetivado pelo poder normalizador das ciências humanas, propondo para o sujeito moderno a possibilidade de uma ética, isto é, de uma relação consigo, através da qual, ele se diferencie desse sujeito dotado de uma identidade veraz que resulta da vontade de verdade característica do poder normalizador das ciências humanas e que faz dele, em última instância, um objeto.

Foucault encontra, no pensamento antigo, a ideia de inscrever uma ordem imanente na própria vida, ordem esta que não seja sustentada por valores transcendentais ou condicionada exteriormente por normas sociais. Devido a essa imanência, a existência se torna o lugar de construção de uma ordem coerente, o que Foucault chama de elaboração ética de si mesmo por meio das práticas de si. Segundo Foucault, essa elaboração ética de si, baseada no cuidado de si, nas técnicas de existência e nas práticas de si, pode influenciar e alimentar as lutas atuais contra a normalização individualizante e identificadora, contra a objetivação do sujeito por práticas normalizadoras, enquanto um modo de resistência, através do qual se daria a invenção de uma nova ascese, de uma nova ética, de um novo modo ou estilo de vida.

Pergunta-se aqui, então, se, mesmo não mencionando os pirrônicos em seu recuo à Antiguidade,[14] Foucault não estaria muito próximo deles no questionamento da possibilidade e da desejabilidade das ciências humanas e suas práticas normalizadoras presente nessa sua proposta de uma resistência a elas através da invenção de uma nova ética ou de um novo estilo de vida, onde se volta sobre si mesmo como se volta às tradições da vida cotidiana, à contingência do mundo comum.

Referências Bibliográficas

BENATOUIL, Thomas. Le scepticisme. Paris: Flammarion, 1997.

DREYFUS, H. e RABINOW, P. Michel Foucault - beyond structuralism and hermeneutics. Chicago: Chicago Press, 1982.

EMPIRICO, Sexto. Hipotiposes Pirrônicas – livro I. Tradução: Danilo Marcondes, in O que nos faz pensar – cadernos do Departamento de Filosofia da PUC-Rio. 12, setembro, 1997.

EMPIRICUS, Sextus. Esquisses pyrrhoniennes. Paris: Éditions Du Seil, 1997.

EMPIRICUS, Sextus. Outlines of Pyrrhonism. London: Harvard University Press, 1993.

FOUCAULT, Michel. Surveiller et punir: naissance de la prision. Paris: Gallimard, 1975.

______. Histoire de la sexualité I : la volonté de savoir. Paris: Gallimard, 1976.

______. Histoire de la sexualité II: l'usage des plaisirs. Paris: Gallimard, 1984.

______. Histoire de la sexualité III: le souci de soi. Paris: Gallimard, 1984.

______. L' herméneutique du sujet: cours au Collège de France 1981-1982. Paris: Seul / Gallimard, 2001.

14 Lévy, Carlos. "Michel Foucault et le scepticisme- réflexions sur um silence", in: Gros, Frédéric et Lévy, Carlos (orgs.). Foucault et la philosophie antique. .

______. Dits et écrits 1954-1988. Paris: Quarto/ Gallimard, 2001.

______. A verdade e as formas jurídicas. Rio de Janeiro: NAU, 1999.

______. Vigiar e punir: nascimento da prisão. Petrópolis: Vozes, 2002.

______. História da sexualidade II: o uso dos prazeres. Rio de Janeiro: Graal, 1994.

______. História da sexualidade III: o cuidado de si. Rio de Janeiro: Graal, 1995.

______. Microfísica do poder. Rio de Janeiro: Graal, 1998.

______. A hermenêutica do sujeito. Curso dado ao Collège de France (1981-1982. São Paulo: Martins Fontes, 2006.

GROS, Fréderic. Michel Foucault, Paris: PUF, 1996.

______. "A propos de l' herméneutique du sujet". In: Le Blanc, Guillaume e Terrel, Jean (orgs) Foucault au Collège de France : um itinéraire. Bordeaux: Presses Universitaires de Bordeaux, 2003.

GROS, Fréderic e LÉVY, Carlos (orgs). Foucault et la philosophie antique. Paris, Éditions Kimé, 2003.

HILEY, David R. Philosophy in question: essays on a pyrrhonian theme. Chicago: The University of Chicago Press, 1988.

LOPES, Rogério Antônio. *Ceticismo e vida contemplativa em Nietzsche.* 2008. 573 fls. Tese de Doutorado. UFMG. Belo Horizonte, 2008.

RACHMAN, John. Foucault: a liberdade da filosofia. Rio de Janeiro: Jorge Zahar Editor, 1987.

REVEL, Judith. Michel Foucault: experiences de la pensée. Paris: Bordas, 2005.

SOUZA, F.M.C. *Da arqueologia à genealogia: a questão do sujeito no percurso filosófico de Michel Foucault.* 2008. Tese de Doutorado. PUC-Rio, Rio de Janeiro.

VEYNE, Paul. Foucault: sa pensée, as persone. Paris: Albin Michel, 2008.

A existência pelo ralo

MARILDO MENEGAT

I. Quase um preludio

A relação de Luís Eduardo Bicca com os livros já lidos é emblemática. Como se fosse um argumento que teve um momento numa conversa anterior, passar os livros adiante parece ter para ele o sentido de dar continuidade a conversas interrompidas, ou talvez, produzir um contexto no qual, se estivermos atentos, logo seremos enredados. É um gesto de fazer pensar por suposição. O texto original, para o qual a leitura do livro serviu, sobrevive pela presença das escoras que foram usadas na sua escrita. O tema do texto ainda não conhecido não desaparece da paisagem que, por insistência, provoca a curiosidade em descobrir qual era mesmo o fio do argumento? Ao contrário de Bicca, os livros que dele ganhei sempre guardo, permitem-me mais tarde lê-lo na companhia de outros, não apenas com o objetivo de compreensão mais ampla, mas na convicção de que essa é a melhor forma de fazer com que a fragilidade de pensar com os outros tenha uma permanência mais duradoura. Nenhuma cultura sobreviveu sem subterfúgios, este são os que ele inventou.

Um tema que funciona como um paradoxo entre as preocupações de Bicca, é o desenvolvimento das tecnologias de Inteligência Artificial. Por um lado, não consigo imaginar alguém tão inapropriado para o mundo digital (mas este é apenas um engano meu), de outra parte, os medos que este tema suscita são os mais caros ao seu pensamento. O que segue é uma homenagem a este legado ao qual desde muito me filio.

II. Uma imagem

No seu derradeiro livro, *A metamorfose do mundo*[1], Ulrich Beck retoma a antiquíssima imagem da mudança das formas para explicar a inextrincável passagem entre o passado, que já perdeu sua validez e, portanto, sua capacidade de atuar entre os vivos, e o futuro que parece não mostrar o sentido do seu obrar. A prisão num presente eterno não esconde a sensação sútil de deslizamento para o desconhecido, como se o futuro estivesse ai, insinuado de modo invisível. Em 2013 Snowden adiantou um destroço deste futuro: a agência governamental americana NSA estava fazendo um

1 Um dos livros que me foi dado por Bicca numa de suas recentes visitas ao Rio.

consórcio com Google, Facebook, Whats'app, entre outras, para criar um sistema de espionagem global (Prism) – um gigantesco banco de dados – que promete devassar qualquer intimidade. Como o abraço da anaconda, que envolve sua vítima enquanto dorme, para depois quebrar seus ossos e devorá-la, em nosso cotidiano se prepara um tipo de totalitarismo cuja perda da liberdade não sentiremos anteriormente como um golpe com tempo e hora marcada. A liberdade será uma espécie de esquecimento de uma época vaga em que certas práticas e, principalmente, aspirações fizeram parte de um horizonte de expectativas no qual nos constituímos e, mesmo que falso, dava o caráter de tudo o que se fazia.

Franz Kafka também recorreu a mesma imagem para explicar uma mudança das formas de existência humana na modernidade fordista, que preparava seus passos entre 1910-30. No seu conhecido conto, certo dia Gregor Samsa, ao acordar, descobre que havia sofrido uma incômoda mudança: transformara-se num inseto. A regressão da existência humana à forma animal guardou desde então uma perturbadora antevisão. Como sabemos, no final dos anos 1930, os campos de morte do nazismo reduziram a vida de milhões de judeus às necessidades biológicas mais brutas e os eliminou como se fossem insetos. Na metamorfose do mundo de nossa época a humanidade parece estar diante de um dilema semelhante, porém, dessa feita, não se trata de um recuo à existência das formas animais, mas um salto para uma pós-natureza criada pelo imenso aparato técnico-econômico que é o capital.

III. Outra imagem

A concepção de que a sociedade moderna se estrutura como um autômato que reduz a existência a uma vaga fantasmagoria começou, ao que tudo indica, com o *Discurso sobre a servidão voluntária,* de Etienne La Boétie, ainda no século XVI (1552). O que o preocupava era o absurdo de como seria possível submeter-se servilmente a alguém voluntariamente, abrindo mão de sua liberdade e autonomia? Esta reflexão lhe ocorreu num momento de consolidação do Estado Absolutista francês que, em 1548, após uma acachapante vitória militar, tornou o imposto sobre o sal obrigatório.

Um pouco mais tarde, a filosofia moderna ainda em sua fase originária começou a pressupor Deus apenas como o criador da natureza, e a admitir que ela obedece a um governo impessoal. Em outras palavras, a natureza possui leis objetivas próprias que tornam contingentes as condições das ações humanas, e as razões para o seu sucesso ou fracasso independem da vontade de Deus. Não demorou muito para surgirem reflexões que ampliaram a esfera da influência de estruturas autômatas que atuam na definição do campo de escolhas. Foi mais ou menos isso que Adam Smith descobriu na sua obra *A riqueza das nações*, no século XVIII, com o conceito de 'mão invisível do mercado'. A concorrência produz uma instância oculta que determina o grau de empenho que todos são obrigados a ter para seguir seus propósitos de bem-estar particular. Esta instância atua com leis férreas – que podem ser entendidas como uma espécie de segunda natureza – impondo comportamentos comuns a todos.

IV. Um conceito

Mas ninguém foi mais longo e preciso na definição desta servidão do que Marx. Para ele a imagem deixa de ser algo incerto e ganha nitidez conceitual. Na sociedade moderna todos são obrigados a relações mediadas por dinheiro. Neste sentido, ou se parte de uma posição em que ele já está dado - como é o caso do capital -, ou de uma imposição em que ele deve ser ganho por meio de alguma troca... com o capital. Em geral o que se vende é o tempo de uso da força de trabalho individual (seja manual ou intelectual). Este processo independe dos agentes, não importa quem vende e para quem vende. Contudo, sem esta mediação as relações sociais ficam suspensas. Nada é mais brutal na forma de existência moderna do que o princípio de realidade que obriga qualquer indivíduo, para realizar suas necessidades básicas e manter-se socializado, vender-se.

Tal forma de existência humana incomodou muito os ancestrais da atual classe dos que vivem da venda de sua força de trabalho. A imposição da obrigação de trabalhar, nos séculos XIV-XV, foi um dos períodos mais violentos da história do capitalismo. Ela passou a indicar que o sentido dominante da vida nesta sociedade é submeter-se com sucesso à permanente transformação de dinheiro em mais dinheiro. Nesta relação, as capacidades e necessidades humanas ficam subordinadas a uma lógica de dominação social sem rosto. São as necessidades do dinheiro que exercem um poder coativo diante do qual a imposição de adequação dos indivíduos ganha ares de decisão madura e razoável. No reverso desta medalha, esta coação pressupõe que todos se transformem em coisas (reificação), ou seja, adaptem suas capacidades a este fim: no caso, se tornem por livre escolha uma mercadoria. A servidão voluntária, portanto, é um pouco mais profunda e complexa do que pretendia La Boétie.

V. Técnica e capital

Na busca enlouquecida para reduzir custos, os capitais individuais, submetidos a uma concorrência de mercado cada vez mais avassaladora, encontram no desenvolvimento técnico um meio mais eficiente que o trabalho humano para, num primeiro momento, chegar ao seu fim, que é o lucro. Com o tempo, substituir homens e mulheres na linha de produção por máquinas tornou-se um destino incontornável. A técnica é o melhor meio para os fins do capital – no duplo sentido do termo. A pretensa neutralidade deste meio é quase inexistente. Desde o século XIX, nos modernos sistemas produtores de mercadorias da Europa e EUA, ciência e técnica são um importante ramo de produção[2]. Se produz conhecimento e ferramentas para vendê-las. Nesta perspectiva, a neutralidade da técnica sempre foi um mito, mas isso ficou mais evidente quando a técnica passou a representar um perigo crescente de autodestruição da espécie e do planeta[3].

Inicialmente os paradigmas técnicos são testados pelo capital no processo de produção. Se com a sua adoção é possível reduzir custos, ampliando lucros, eles passam a ser comercializados. Apenas depois do seu uso na inovação de processos de produção, estas técnicas se tornam mobilizáveis para a criação de novos produtos. Nos anos 1960 o capitalismo já havia iniciado a sua mais radical transformação técnica: a revolução microeletrôni-

2 Cf. MARX, K. Elementos fundamentales para la crítica de la economia política [borrador]. Buenos Aires:
Siglo XXI, 1973, vol. 2, p. 227. Este também um presente de Bicca, ainda nos idos do mestrado.

3 Cf. VEIGA, E. da O Antropoceno e a Ciência do Sistema Terra. São Paulo: Editora 34, 2019. Este, um presente recente de Bicca.

ca. A quarta revolução industrial, que ganhou impulso nos anos 2005-6, é o desdobramento catastrófico desta base tecnológica. Ainda nos anos 1980 a microeletrônica havia produzido um desemprego estrutural em massa. No entanto, faltava a esta base tecnológica um sistema de sensores avançados e a capacidade de dar respostas automáticas, que agora, com a quarta revolução, se tornam possíveis e permitem a produção em grande escala de robôs. O hardware já estava em estado adiantado no período anterior, o que permitiu se criar fábricas 'quase automáticas'. Mas somente na atual fase é possível o passo em falso da Inteligência Artificial.

O capital, como a forma de um autômato social – na definição de Marx: o 'sujeito automático do processo social'[4] – está preparando a criação de uma inteligência artificial para governá-lo. Neste sentido, a quarta revolução industrial, que torna a IA viável, é o rabo monstruoso do futuro.

VI. Quarta Revolução Industrial

A questão básica em torno do desenvolvimento da IA, que é uma técnica do capital, portanto, nada tem a ver com as necessidades humanas, é a sua possibilidade real de criação de uma *matrix* autômata que passará a reger a vida de todos de modo mais aplacador do que qualquer pensamento teológico poderia ter imaginado que Deus um dia o tenha pretendido. Uma figura insuspeita como Stephen Hawking dizia que "*o impacto imediato da IA dependia de quem a controlava, e que a longo prazo ela dependerá de se podemos controlá-la*"[5]. Snowden demonstrou que apenas os mais desavisados podem dormir tranquilos hoje. O uso de dados para criar um sistema de controle onisciente (PRISM) já foi acionado pelo único império sobrevivente na atualidade. Além disso, escândalos como o da Cambridge Analytica mostram como um dos aspectos essenciais da IA está avançado, que é a indução do comportamento humano por meio da interação em rede.

Os céticos com este argumento, a esta altura, já deram de ombros e possivelmente tirem do baú dificuldades com prognósticos tão fechados de mundo. Porém, num aviso aos náufragos: é bom lembrar que o elemen-

4 Cf. MARX, K. O Capital. Livro I, v. 2. São Paulo: Nova Cultural, 1985, p. 130.

5 Cf. SCHWAB, K. A quarta Revolução Industrial. São Paulo: Edipro, 2016, p. 101.

to essencial na constituição da IA é a existência de um sistema de máquinas-robôs com sensores avançados que podem fazer melhor do que seres humanos aquelas tarefas necessárias para a continuidade da acumulação de capital e, ato continuo, podem decidir com mais rapidez e precisão do que seres humanos quais os passos a serem dados para isso. A formação deste sistema tem ocupado o centro das preocupações econômicas do momento e está em grande parte bastante adiantado. Outro aspecto – este ainda em atraso – é fazer com que as máquinas robôs se autotransportem e criem a si mesmas segundo decisões alheias a vontade e necessidades humanas. Esperar para ver?

Uma das características do tempo, que exigem uma adesão e identificação positiva com seu sentido, que até parece voluntária, é o uso intensivo de tecnologias. Possuir um androide tornou-se obrigatório. Ele é dotado de sensores que produzem uma captura devastadora de informações sobre seu proprietário. Desde o primeiro momento, todas as conexões se alojam na intimidade, que passa a ser parte do sistema, mesmo que o proprietário não queira. Os rastros digitais são tantos que por meio deste aparelho se pode localizar em poucos minutos qualquer pessoa que o utilize, além de se conhecer com relativa exatidão seus hábitos e preferências. A intimidade, ao que tudo indica, não tem mais muito sentido social ou existencial depois da invenção destes aparelhos. A máquina e o ser humano se fundiram, em favor da máquina, que representa melhor as necessidades do capital. Esta é a teleologia bem-sucedida desta forma social que apenas suportou seres humanos ao preço de transformá-los em supérfluos.

Alan Turing disse que "se as máquinas puderem pensar, elas certamente pensarão de forma mais inteligente que o ser humano"[6]. Ele se referia a capacidade de lidar com uma massa de dados, fazendo cruzamentos e combinações que seriam impossíveis para a inteligência humana. A IA

6 TURING, A. http://turingarchive.org/browse.php/B/6; acesso 18/06/2019.

é justamente esta passagem que, se for concluída[7], tornará inviável a vida voltar a ser o que era antes. A complexidade destrutiva do capitalismo e a base decisória de seu futuro estão nesses dados. As decisões que a IA deve tomar diante de cada impasse, nada tem a ver com o bem-estar da humanidade. Ela como técnica obedece aos princípios da transformação de dinheiro em mais dinheiro, que passam a ser blindados contra as fraquezas decisórias humanas.

Ela aprofunda as tendências totalitárias da sociedade, como pensava Beck, sem que a sociedade demonstre perceber ou se incomodar. Uma metamorfose pode ser uma imagem que ajude a entender este movimento, mas ela merece reparos. Mais acima observava que a passagem regressiva do humano ao animal não será mais, provavelmente, o modo como a mudança de forma se dará desta vez. Paralelo a criação da IA, está em curso também uma revolução biotecnológica, com a promessa de "melhoramento infinito das capacidades físicas, intelectuais e morais dos seres humanos, graças a convergência NBIC (nanotecnologias ou nanociências, biotecnologias, informática e ciências cognitivas)"[8]. Ambas representam o admirável mundo novo do Vale do Silício e seu empenho na defesa do pós-humanismo. O resultado é esta passagem incerta, não mais ao inseto, mas a um pós-humano. O impressionante é que nesta nova modalidade da metamorfose, aquele que não se transforma, por estar impossibilitado de comprar estas novas tecnologias, será eliminado. Deixar de ser humano avizinha-se como uma condição para se continuar vivo, enquanto a condição humana parece se apresentar como um arcaísmo desprezível.

7 "[...] podemos calcular o momento em que as máquinas desbancarão a humanidade. Trata-se da singularidade, cujo conceito foi popularizado por Ray Kurzweil: indica o momento (2045?) em que as máquinas serão capazes de se reprogramar sozinhas – aumentar suas capacidades ao infinito, escapando do controle daqueles (...) que as conceberam". Cf. WOLFF, F Três utopias contemporâneas. São Paulo: Editora Unesp, 2018, p. 21).

8 Cf. WOLFF, p. 25.

Já não se fazem mais faraós como antigamente – Homenagem a Luiz Eduardo Bicca

DIRCE ELEONORA NIGRO SOLIS
Professora titular da Universidade do Estado do Rio de Janeiro/UERJ

É difícil a tarefa de uma homenagem. Difícil, pois, em geral somos tradutores um tanto quanto infiéis da estatura intelectual e humana do homenageado; porém, tarefa prazerosa, principalmente quando se trata de um amigo que mesmo indiretamente (e certamente nunca lhe explicitei isso, mas é agora o momento de fazê-lo) contribuiu de algum modo para a minha trajetória acadêmica e profissional

Há muito, trabalho nos desvios, nos deslocamentos do pensamento e dos conceitos aparentemente tão bem sedimentados, deslocamentos da compreensão epistemológica, estética e ético-política dos domínios da filosofia. Meu amigo Luiz Eduardo Bicca foi importante inicialmente em minha trajetória, pois, mesmo sem querer, me ensinou a desconfiar das certezas aparentemente muito bem fundamentadas e tidas muitas vezes como absolutas, possibilitou-me os caminhos do ceticismo (mas não só) e através de suas obras sempre muito bem cuidadas, bem escritas , de conteúdo impecável, tais como *Questões Pertinentes* (2003), *Ceticismo e Relativismo* (2012), *Ceticismo antigo e dialética (2016)*, pude atestar que afinal a filosofia era a outra...

Inspirou-me à releitura de *Jacques le fataliste* de Diderot, para perceber os caminhos de um pensamento desviante dos postulados sistemáticos da filosofia, à releitura do iluminismo francês, para além de um Kant admirador , o que me fez retomar os trabalhos do editor chefe da Encyclopédie, a utilização dos subterfúgios desviantes da censura do século XVIII em seus famosos verbetes editados em fascículos de certa forma desconstrutores da tradição filosófico -político-teológica da época.

Meu primeiro contato com Bicca se deu na PUC quando ainda éramos colegas de mestrado. Naqueles anos, como professora da PUC, tempos sombrios, lembro que em aulas de Filosofia da Ciência utilizávamos os textos de Bachelard que para facilitar vinham apostilados. Havia toda uma discussão, já há muito, de Marx e sua Crítica da Economia Política, do Capital, de início o primeiro volume, depois todos, da Ideologia Alemã, dos Manuscritos, do Manifesto, do 18 Brumário. Discutíamos a questão da ideologia, a crítica aos ideólogos eminentes e às ideologias sistematizadas (Gramsci), *A filosofia como arma da Revolução* (Althusser), mas nas aulas o que era palatável e epistemologicamente mais aceitável era Bachelard, um modo de nos deixarem em paz. Bachelard teve sua importância pelo que proporcionava trazer sobre o estatuto das ciências, sobre a relação com a história das ciências, porque mostrava para as mentalidades apenas continuístas e que sempre serviam ao status quo da época que compreender a descontinuidade era fundamental.

Começava aí um desvio importante, mesmo assim. Mas a *XI tese sobre Feuerbach* de Marx (os filósofos nada mais fizeram que interpretar o mundo de modo diferente, cabe agora transformá-lo), continuava em nossas cabeças , pois já havia mostrado um caminho que a filosofia talvez pudesse trilhar: em vez de especulação somente, filosofia para a transformação; filosofia aliada à prática; filosofia da práxis; filosofia política. O momento que vivenciávamos no país era propício a essas considerações que implicavam em tomadas de posição. Filosofia e Política são a mesma coisa, diziam alguns, seguindo o caminho apontado por Lenin e Gramsci, isto é, são dois momentos distintos de um mesmo processo, o processo histórico.

O contexto puramente especulativo da filosofia tradicional, o domínio da Ideia, do Espírito, a crítica às ideologias, poderiam ser repensados pela filosofia. Dito de outro modo, não haveria mais lugar para a filosofia tradicional presa aos velhos moldes metafísicos, mas se devêssemos insistir ainda (e como temos hoje em dia que reforçar isso, embora não dessa maneira apontada aqui) em prol da filosofia, que ela não se resumisse mais à pura especulação, mas que pudesse de algum modo se aliar à prática, se converter em filosofia da práxis (que em Gramsci significa o materialismo histórico, designando a filosofia de Marx e Engels).

Para não retrocedermos muito na história das representações da filosofia especulativa tradicional, fiquemos em Hegel. Mesmo Hegel, a quem Marx reconhece como fundador da dialética, conservando da dialética hegeliana seu núcleo fundamental (como movimento interno de produção da realidade histórica cujo motor é a contradição), não escapa à representação especulativa da realidade, incorporando em seu pensamento a ideologia da sociedade burguesa.

E aqui novamente trago minha relação com o Bicca. Líamos Hegel, eu desde a graduação em edição bilingue (alemão/francês ou alemão/inglês, não me lembro bem), a *Fenomenologia do Espírito*, principalmente. Porém, *Filosofia da História*, *A Ciência da Lógica*, *Princípios da Filosofia do Direito*, já faziam parte das nossas investigações. Hegel era um filósofo difícil na graduação, mas um pouco mais tarde, como professora de filosofia, era impossível não passar por ele com os alunos de graduação e de Especialização em Filosofia da Universidade Santa Úrsula, onde nessa ocasião eu dava aulas também. E então, quando fiz prova para o doutorado em Filosofia na UERJ, quem estava na banca? O Bicca, que havia me introduzido aos comentários do Kojève. A UERJ atravessava naquele momento um dos seus períodos muito difíceis, com uma greve que já se arrastava há algum tempo, e eu havia preparado uma série de papers de estudos sobre o autor para o concurso. Na hora do sorteio, Hegel, que deixou para sempre de ser um filósofo difícil.

Para Hegel, recordemos e de modo bastante sucinto, a história é a produção da consciência, é história das realizações do Espírito ou da Ideia. O Espírito Absoluto que é assim, a própria História, é imanente enquanto algo que se conhece nas obras, mas ao mesmo tempo superior, pois não pode como Absoluto ser conhecido, já que a humanidade aparece "individualizada", considerada como soma de indivíduos. A contradição, para Hegel, é contradição do Espírito consigo mesmo enquanto ele se exterioriza em obras (espírito objetivo) e se interioriza em ideias (espírito subjetivo). Trata-se, portanto, e como diria Derrida em *Espectros de Marx* (1993) de uma história sobre espíritos (*Geist*) e fantasmas/espectros (*Gespenst*) que infelizmente não há como desenvolver aqui. Vale, no entanto, a anotação de que a partir de Hegel, antes de Marx, portanto, mas com inspiração mais tarde em Derrida, tenha surgido na filosofia o gosto pelos espectros e por toda a questão da espectralidade.

No entanto, Marx, o que está exaustivamente defendido em suas obras, mais especificamente em *A Ideologia Alemã*, postula esse horror aos fantasmas, denuncia , por exemplo , a fantasmalidade dos propósitos de Max Stirner em São Max, quando este em seu *O único e a propriedade* (1972) tenta se desvencilhar dos espectros e fantasmas. Um Derrida sarcástico aparece em *Espectros de Marx* ao observar um Marx que visa a destruição dos fantasmas, mas que no afã de se colocar como um caçador, tal como São Max pensava fazê-lo, acaba por criar inúmeros outros[1].

Convém salientar que Derrida irá justamente se interessar por uma situação de desvio do texto marxiano, fazendo da questão da espectralidade o fio condutor de seu *Espectros de Marx* e defendendo que talvez Marx não consiga se livrar tão facilmente dos fantasmas como pensa ser possível. Esta postura desviante, o estar sempre no desvio possibilitando que aquilo que é simplesmente suplementar, ou secundário mesmo, tenha lugar de destaque na discussão, é uma das características do pensamento da desconstrução. Um pensamento que não se prende, portanto, a hierarquias.[2]

A XI Tese , voltemos a ela, vem exatamente tentar colocar um ponto final nesta história de espíritos e fantasmas naquele momento tão cara às filosofias idealistas e suas adjacências. A conhecida tese nos indica, visando em primeiro lugar a questão do conhecimento, que para este problema Marx propõe estabelecer a ligação do conhecimento teórico com o processo de produção material, pois o conhecimento, não é algo já dado, pronto ou acabado, tampouco é algo a ser descoberto, mas , sim , é produzido e sua produção depende da prática concreta dos homens.

Do ponto de vista da teoria do conhecimento, portanto, Marx difere dos demais filósofos tradicionais por ter reconhecido exatamente que o conhecimento não é demarcação empírica dos objetos que por si só falam ao sujeito (todas as formas de empirismo), nem tampouco construção formal do sujeito no plano das ideias (idealismos), mas sim, produção de consciência e produção de pensamento a partir da prática social real.

Marx entende ainda, diferentemente de Hegel, que a contradição dialética se estabelece entre homens reais, que produzem em condições históricas e sociais igualmente reais. A História é, então, história do mundo real, de como os homens produzem em determinadas condições históricas e so-

1 A abordagem de Jacques Derrida sobre a espectralidade, a encontramos de modo mais contundente no final do 4º e no 5º Capítulos da obra Espectros de Marx (1993)

2 A esta altura Derrida já assumiu o termo desconstrução para caracterizar, não só o modo como acontecem a inversão dos pares conceituais binários presentes na metafísica ocidental e o deslocamento para uma nova realidade ou situação livre das hierarquias tradicionais, mas também para expressar a possibilidade de que também em Espectros de Marx é possível denotar a desconstrução de inúmeros axiomas filosóficos.

ciais. O reconhecimento de que são os homens produzindo a mola propulsora da história e não as ideias desvinculadas deles, ou seja, a consciência produzida, indica o significado epistemológico da XI Tese: até Hegel inclusive, os filósofos "representaram" a realidade que lhes "aparecia" ou a realidade como lhes parecia ser. Do ponto de vista da investigação científica, porém, e mais especificamente do método do materialismo histórico, não basta contemplar o real, nem medir a sua "realidade" pela coerência lógica do discurso. Há que operar com ele, ingressando concretamente no plano do trabalho. E nos faz também reforçar, a sua dimensão política: o momento da elaboração crítica corresponde à teoria revolucionária. O momento de transformação se faz como *práxis* humana, social, organizada com vistas à transformação política, ou seja, como *práxis* revolucionária.

Era essa uma das motivações para discutir se entram ou saem espectros na filosofia logocêntrica, se permanecem, são deslocados ou mesmo suprimidos os fantasmas.

Na UERJ, como professora dos Cursos de Graduação e Pós- graduação em Filosofia, os melhores encontros com o Bicca , para além de nossa relação acadêmica como colegas em inúmeras reuniões, se davam, digamos assim, nos corredores. A Uerj tem essa característica de ser um espaço constituído por rampas de acesso e infindáveis corredores. O projeto arquitetônico de Flávio Marinho Rego e Luiz Paulo Conde, inaugurado em março de 1976, caracteriza-se por essas rampas suspensas, pelos corredores longos, pela cor cinza que para muitos deixam o espaço lúgubre , mas que para mim e muitos outros, favorecem o trânsito dos espectros. No entanto, o que dá a cor à UERJ é o movimento incessante das pessoas , o fluxo diário de um público que frequenta as suas salas de aula, os seus laboratórios, as suas vinte e sete bibliotecas, os seus restaurantes e lanchonetes, os seus cafés, os seus corredores; além de um público que simplesmente usa o térreo como passagem da rua São Francisco Xavier para o metrô na outra ponta do espaço. Portanto, é nessa UERJ colorida dessa forma, que os bons encontros se realizam. Bicca em suas passagens pelos corredores, dotado da mais fina e elegante ironia, sempre tinha uma palavra potente sobre a filosofia, os filósofos , sobre a megalomania de alguns pensadores apelidados magnanimamente por ele de faraós.

Entretanto, já não se fazem mais faraós como antigamente. O último faraó da filosofia foi para mim Hegel. O autor suábico[3] em sua construção da *Fenomenologia do Espírito*, em suas aulas que se transformaram em lições potentes para a compreensão dos desígnios da filosofia sempre relacionados à história, ou melhor, a uma forma sui generis de enxergar hegelianamente a história, fez de sua filosofia não só o último grande sistema de pensamento, para o qual são vedados atalhos (pensemos no movimento de sua dialética), como também colocaram seu trabalho numa dimensão faraônica. E faraós constroem pirâmides. A obra de Hegel nesse sentido, e Jacques Derrida, pensador argelino, irá demarcar tal conotação muito bem em seu escrito *Le Puis et la Pyramide* publicado em *Marges de la Philosophie* (1972), é uma construção piramidal. Mas não só. Do outro lado existe o poço... um poço sans fond e talvez um abismo... Talvez.

Em *Glas* (1974) , o escrito menos acadêmico de Jacques Derrida, cujo lento movimento é denominado pelo autor *une démarche batarde*[4], são colocados lado a lado, em duas colunas , o texto filosófico, na coluna mais à esquerda , representado por Hegel, e à direita, o texto literário , coluna Jean Genet. De um lado, a ordem do saber absoluto, de outro, o pensamento errante, transgressor. O texto sobre Hegel, onde Derrida explora entre outros, alguns capítulos da obra *Princípios da Filosofia do Direito*, havia sido apresentado num seminário de 1971-1972.

Glas, com seu significativo subtítulo nos traz o resto e a restância: Que reste-t-il du savoir absolu?". "O que resta do saber absoluto", apresenta obliquamente em sua coluna à esquerda a desconstrução da base sobre a qual se ergueu o conhecimento absoluto:

> "O que resta hoje, para nós, aqui , agora, de um Hegel? (...) Seu nome é tão estranho. Da águia (*l'aigle)* ele detém o poder imperial ou histórico. Aqueles que o pronunciam ainda à francesa(...) são ridículos só até certo pon-

3 Da região da Suábia onde se fala suábio (Schwäbisch) , um dos dialetos da Alemanha encontrados em partes de Baden-Württemberg e na Baviera , usado por ampla parte da população com variantes regionais.

4 Derrida, Jacques, 1974, p 12.

> to: a restituição, semanticamente infalível, para quem o leu um pouco, um pouco somente, da frieza magistral e da gravidade imperturbável , a águia aprisionada no gelo (*la glace*) e no gel (*le gel*)". [5]

O nome próprio Hegel transforma-se em águia (*l'Aigle*) tal como o nome é pronunciado por vezes em francês, querendo dizer a águia da filosofia, a águia da verdade filosófica, da Ideia ou Razão Absoluta.

Em *Glas*, a crítica ao fonofalogocentrismo ocidental representado por Hegel, o contexto da *différance* como possibilidade de deslocamento da ideia de *Aufhebung* hegeliana se faz notar. Derrida sugere que, por oscilar entre a superação e a conservação, entre a superação e a anulação, pode estar implícita na *Aufhebung* uma ambivalência indecidível, uma negatividade desconstrutora. O piramidal da filosofia hegeliana opera segundo uma dialética conformada segundo a imagem de uma negatividade absoluta, obsidiada pela espectralidade, afeita à desconstrução, conforme Derrida apresenta em *Le Puits et la Pyramide* publicado em *Marges* (1972).

Trata-se ainda, mas não apenas disso, da crítica ao predomínio do *logos* como detentor da verdade com relação à voz da razão humana ou divina, o logocentrismo; ou ao falo e ao logos , falogocentrismo, termo inventado por Derrida para denotar a primazia do falo e do *logos* na sociedade ocidental , crítica essa que é tarefa prioritária da desconstrução. O pensamento logocêntrico tem como base a metafísica ocidental e a desconstrução- com um movimento de inversão da predominância dos pares metafísicos e um consequente deslocamento para uma realidade imprevisível ainda-, irá propor a decomposição dos pressupostos metafísicos de toda a tradição filosófica institucionalizada. Assim, a desconstrução tentará minar os fundamentos do sistema hegeliano e seu conceito de *Aufhebung* ; incidirá sobre a chamada *metafísica da presença* (termo cunhado por Derrida) e seu conceito de verdade ; desestabilizar, deslocar, mas não

5 Derrida, Jacques, 1974, p.7 . Literalmente "o que de resto" , quoi du reste. Derrida refere-se,- também, ao modo como se pronuncia, às vezes, Hegel em francês: "Aigle". A diferença entre Hegel e "Aigle" é quase inaudível como aquela entre différence e différance.

suprimir. A supressão seria correspondente à *sup(r) eração* dialética, mas a dialética não é estratégia da desconstrução.

A base a ser desconstruída é a metafísica ocidental. O ruir desse saber será anunciado por *Glas*. O significado da palavra em francês é *dobre de finados* , aquilo que dobra e acaba por espelhar a condição de todo valor absoluto que impera no mundo ocidental, especialmente na metafísica. Seu cognato em inglês *glass* (com dois *s*, e cuja sonoridade revela o s), significa *vidro, copo, espelho* e traduz o próprio espelhar do *Espírito* , a transparência racional do *Espírito Absoluto* em Hegel, o reflexo e a reflexão filosófica. E há também *das Glas* em alemão, copo, vidro, espelho.

Em *Le Puits et la Pyramide*[6], Derrida referindo-se ao signo em Hegel, à semiologia hegeliana, aponta para o signo *"monumento-da-vida-na morte"*, *"monumento-da-morte-na vida"*, túmulo, *"o duro texto de pedras cobertas de inscrições"*, que é a pirâmide. *"A pirâmide se torna o semáforo do signo, o significante da significação"*[7], dirá Derrida. Aporias da morte, portanto, como aporias da desconstrução, o que significa que a morte não preconiza um fim, nem o fim da possibilidade metafísica, nem o fim do ser mortal, o homem. A morte, no entender da desconstrução, ao contrário, é uma insistência na vida, um deslocamento ao por vir.

A inteligência, diz Derrida, conserva em Hegel a interioridade da representação pela *Aufhebung* , retendo as imagens interiorizadas *"num abrigo muito sombrio"*, *"como a água de um poço noturno (nächtliche Schacht), não consciente (bewustlose Schacht)."*[8] A pirâmide será erigida para conduzir desse poço escuro, silencioso como a morte, para a exterioridade (onde mora uma certa luz); isto para dar conta da síntese que é a representação, conforme observa Derrida.

Glas, por sua vez, representa o luto pelo que a pirâmide foi erigida e pelo que ela guarda, o signo como tradição metafísica (ocidental). Do lado esquerdo, temos então, Hegel que compreendia a família burguesa como encarnação do Espírito Absoluto, como a família perfeita onde ao pai cabe

6Derrida, Jacques. Le Puits et la Pyramide . in Marges de la Philosophie ,1972, p.96 . trad O Poço e a Pirâmide publicado em Margens da Filosofia (1991).

7 Idem p.96

8 Id.ibid. p.88.

o domínio da razão e à mulher as tarefas secundárias de esposa e mãe. Nada a estranhar vindo de um pensador conservador do início do século XIX. As mesmas noções hierarquizantes e discriminatórias do elemento considerado não predominante e subordinado, tal como a mulher neste exemplo, foram desde sempre abraçadas pela filosofia ocidental e são alvo da crítica desconstrutora de Derrida.

Na coluna Hegel, Derrida enxerta partes das cartas ou documentos pessoais de Hegel ou de seus textos filosóficos e irá criticar o logocentrismo hegeliano com relação à dialética, à conceitualização e à dominação do sujeito e ainda o nível semiótico implícito nesta filosofia. A desconstrução quer revelar a ambivalência do discurso filosófico tradicional e o modo como o objeto ambivalente não pode ser submetido a um conceito dominante, privilegiado, ou a um sujeito dominador. A tradição da moderna dialética encarnada pelo pensamento de Hegel, comporta-se hierarquicamente.

Afirma Derrida: "A dialética hegeliana, mãe da crítica é primeiramente, como toda mãe, uma filha: do cristianismo, em todo o caso da teologia cristã. Ela aí retorna sem cessar como a seu seio. *Aufhebung* é uma filha-mãe cristã. Ou então: a filha-mãe, a santa mãe cristã se chama *Aufhebung*.[9]

A negatividade especulativa ou *Aufhebung* é traduzida por Derrida como *relève* , rendição ou redenção. Derrida colocará sob suspeita a eficácia das sínteses hegelianas viabilizadas pelo conceito de *Aufhebung*. Irá discutir, então, em *Glas*, os limites da *Aufhebung* enquanto esta reproduz o princípio de dominação.

A *Aufhebung* é ainda pensada como contra-força possibilitadora do predomínio da idealização no pensamento ocidental. Temos então que:

> "O homem possui impulsos [*poussées*] como o animal, mas ele também pode inibí- los, retê-los, freá- los, contê-los. Este poder negativo (...) é aquilo que lhe é próprio. É nele que ele se torna consciente e pensante. O processo de idealização, a constituição da idealidade como meio [*milieu*] do pensamento, do universal, do in-

9 Derrida, Jacques., 1974, 1a coluna, p.227-228.

> finito, é a repressão da pulsão [*poussée*] . A *Aufhebung* é, pois, também, uma contra-pulsão repressiva, uma contra-força, uma *Hemmung*, uma inibição, uma espécie de anti-ereção". [10]

Para Hegel o processo de constituição do signo é uma *Aufhebung* : "(...) No signo, o significado(exterior) é superado (*relévé*) pela significação, pelo sentido significado(ideal,) a *Bedeutung*, o conceito. O conceito supera o signo que supera a coisa. O significado supera o significante que supera o referente [coisa]"[11]

> Derrida irá apontar algumas das incoerências que segundo ele, estão presentes no pensamento de Hegel. Este último, iria, em última análise, incriminar uma certa relação da palavra (falada) à escritura.[12] Há , pois uma crítica ao fonocentrismo aqui também.

Já na *Gramatologia* (1967) , Derrida apontava o pensamento hegeliano como uma forma extrema de logocentrismo, redutor da totalidade da filosofia ao logos. Segundo Derrida, Hegel "(...) determinou a ontologia como lógica absoluta; reuniu todas as delimitações do ser como presença; designou à presença a escatologia da parusia; da proximidade a si da subjetividade infinita. E é pelas mesmas razões que teve de rebaixar ou subordinar a escritura."[13]

Para Hegel, diz Derrida, a escritura fonética é a *Aufhebung* de todas as outras formas de escritura. Ela coloca-se numa qualidade superior às escrituras não fonéticas . O momento não -fonético é ameaçador da história e da vida do espírito como presença de si, "ameaça a substancialidade; esse outro nome da metafísica da presença, da *ousía*".[14] Paralisado

10 Id. Ibid. 1ª coluna, p.34.

11 Derrida, Jacques, 1974 , p.15. A tradução de Derrida para réléver , é , entretanto, render.

12 Derrida, Jacques. Gramatologia. trad. port, 1973, p.30

13 Id Ibid, p.30.

14 Id. Ibid,p.32

o espírito, para que ele se coloque novamente em movimento, a escritura fonética seria uma necessidade. Neste sentido, a escritura é para o logocentrismo e o fonocentrismo precisamente uma grande ameaça. Dirá Derrida: "Abre-se, então uma guerra! O "hegelianismo" será a sua mais bela cicatriz!".[15]

No entanto, Hegel é também o pensador da diferença irredutível, segundo Derrida, e foi ainda aquele que reabilitou o pensamento como memória produtora de signos.

Derrida utiliza, como podemos observar, certas estratégias do próprio Hegel para criticar o logocentrismo hegeliano e o que ele chama de metafísica da presença. Chega até a afirmar que Hegel introduz no discurso filosófico (de cunho eminentemente socrático) a "necessidade essencial do rastro escrito", considerando-o "o último filósofo do livro e o primeiro pensador da escritura."[16]

A *Aufhebung* hegeliana é então dotada de uma ambivalência indecidível, oscilando ora entre a rendição (superação) e a conservação, ora entre a rendição (superação) e a anulação (*Tilgen*). Nela pode estar implícita uma negatividade desconstrutora que é preciso revelar.

O "quase-conceito" *différance*, parece ser deduzido em Derrida da *Aufhebung* pensada como ambivalência radical, como unidade de contrários sem síntese, como aporia.

Porém, a meu ver, Derrida não chega a empreender, como muitos esperavam, a desconstrução integral do sistema hegeliano. E não me parece que seja essa a sua pretensão, mesmo. Ele aponta, sim, algumas ambivalências no movimento dialético, no movimento de interiorização e exteriorização do *Espírito* ou da *Ideia*, questiona a ordem do conceito, a articulação conceitual entre *Aufhebung*, verdade, ser, lei etc. Aponta, pois, aporias em alguns movimentos da dialética nas obras *Princípios da Filosofia do Direito*, *Ciência da Lógica*, na *Enciclopédia*. O resultado, porém, é eviden-

15Id. Ibid, p.123.

16 Id.ibid. p.32. O tema do livro é clássico e moderno. Desde Galileu , Hume e Descartes que podemos falar no simbolismo do livro, passando por Rousseau e chegando até à Fenomenologia do Espírito de Hegel. Assim, lembra Rousseau, há o de Deus, a Bíblia, além daquele da Natureza. O Livro da Natureza em Galileu; o Grande livro do mundo em Descartes; o Livro do Coração do Homem (novamente Rousseau), o livro do saber absoluto (Hegel) etc.

ciar onde uma filosofia supostamente "sem atalhos" como a hegeliana, em certos momentos se desconstrói.

Tomemos o exemplo da família em Hegel. A subjetividade individual cumpre sua liberdade na universalidade da *Sittlichkeit* (moralidade) que a nega , sendo a família o primeiro dos três momentos deste movimento (família, sociedade burguesa , Estado) e que se desdobra em três outras instâncias que irão realizá-lo, negando-o (casamento, propriedade, educação das crianças). Sem atalhos, portanto. Mas e o bastardo? Há um lugar para ele nesta dialética onto-teológica, questionará Derrida?

Derrida analisa, também, o caso de Antígona que aparece sugerido em Hegel na *Fenomenologia* e na *Estética*. Na tragédia de Sófocles , a família irá conhecer, o que até então lhe era estranho , "o trabalho produtor da universalidade na cidade"[17]. Antígona representa a transgressão da lei, e é desse modo que Hegel a introduz na *Fenomenologia do Espírito*. Derrida assinala uma desconstrução na escritura hegeliana, a desconstrução do conceito do conceito (*der Begriff des Begriffes*) e o deslocamento para a transgressão, a irmã Antígona.

Quando Polinices é declarado traidor, morto às portas de Tebas, não pode ser sepultado por ordem de Creonte. Este só faz cumprir a lei da cidade. Porém, o pertencimento à família só se faz pela tradição, uma outra lei que neste caso está em contradição com a lei da cidade. O pertencimento à família se faz também através do trabalho de luto, do reconhecimento do morto (instituição da morte, vestuário do morto, velório, arquivo, herança ,genealogia, sepultura etc.). No entanto, a autenticidade do ato de Antígona, ser fiel à tradição familiar, a coloca com uma fora- da- lei. A família figura o luto , a economia da morte, a lei do *oikós* (casa, tumba) . Assim sendo, Polinices não poderia, pelas leis da tradição, permanecer insepulto. Cabe à mulher lhe proporcionar sepultura : a ereção da sepultura seria obra do desejo feminino, diz Derrida. "A operação familiar e feminina do luto transforma o vivente em consciência e arranca da natureza a singularidade. Ela impede o cadáver de retornar à natureza".[18] Daí todo o

17Id Ibid. p.162.

18 Derrida, 1974,163.

ritual de embalsamento, embelezamento, de linguagem e escritura para libertar o espírito da decomposição do corpo. Antígona, irmã, não mulher, e aquela que não terá filhos, terá de sepultar o irmão, mesmo contra a lei e com isso defender a tradição. O desejo de Antígona, para onde é conduzido? Para a sua *soridade*, dirá Derrida. Antígona é a irmã que para defender os laços de irmandade, transgride a lei da cidade. "O limite da relação conjugal é o contrário do limite genealógico". O parentesco, considerando a mulher, é apenas aparente, ela não é do mesmo sangue. Mas, aquele de Antígona é real: o limite genealógico está em contradição com o limite conjugal. Daí, segundo Hegel, a superioridade qualitativa da ligação familiar irmão/irmã, pois ligação sem nenhum desejo. E daí uma ambivalência observada por Derrida no texto hegeliano : " O irmão e a irmã não se desejam um ao outro" (...) "Há pois, aqui uma relação de consanguinidade que rompe com a naturalidade (desejante)." Esta relação irmão/irmã será a única em que o *para si* de um não depende do outro. "São, pois, parece , as duas únicas consciências que, no universo hegeliano, se relacionam sem entrar em guerra."[19] A coerência do sistema seria mantida somente se chegássemos à conclusão de que não há a relação irmão/irmã, pois toda relação é necessariamente dialética, ou então, não há nem o irmão nem a irmã. Haveria contradição com o sistema de Hegel? Mas, por outro lado, dirá Derrida, não é sempre o elemento excluído do sistema que assegura o espaço do sistema?[20]

Revelar a negatividade do texto filosófico, caracterizar a desconstrução como aporia, mostrando suas polissemias e tudo que lhe escapa à conceitualização ou à definição unívoca, tal será o intuito de Derrida: "esta singular aporia que se chama desconstrução."[21]

A verdade absoluta, assim pretende Derrida, apresenta-se como um fantasma. Glas do falogocentrismo faz-nos considerar a verdade como o próprio fantasma: " O saber, verdade (do) fantasma (da) filosofia- religião (absolutos), esta proposição não desenha nenhum limite, é a proposição infinita da dialética especulativa hétero- tautológica. Círculo infinito da

19 Id ibid, 168-169.

20 Derrida, 1974, 183.

21 Derrida, Mémoires : Pour Paul de Man, 1988(a), p.133.

auto -inseminação que implica a *paideia* de todo seminário (séminaire) em seu fantasma. O que pode haver para além de um fantasma absoluto?"[22]

A noção de fantasma é recorrente no texto de Derrida e em *Glas* ele pergunta: "O conceito corrente de fantasma pode, com alguma pertinência, dominar este discurso? Este é de fato determinado por ele, a partir dele. Por exemplo, seria fantasmático o efeito de domínio produzido pela determinação da diferença em oposição (...) , da diferença sexual em oposição sexual da qual cada termo garantiria a dominação e a autonomia absoluta no IC[23]: o efeito- o filho (mais que a filha) me retorna a mim sozinho."[24]

Glas do falogocentrismo atesta que "o fetiche não tem mais estatuto rigorosamente decidível", já que a coisa mesma em sua verdade desvelada, encontra-se engajada, por este mesmo desvelamento, no *jogo da diferença suplementar.*[25] Fetiche é também uma realidade fantasmática. Assim sendo, a *différance* (como quase- conceito) evoca fantasmas e situa-se para Derrida no limite do processo desenvolvido por Hegel:

> Se houvesse uma simples definição de *différance* , ela seria a interrupção, a destruição da rendição (rélève) hegeliana (i.e, *Aufhebung)* onde quer que ela operasse (...). Enfatizo a *Aufhebung* hegeliana, tal como é interpretada por um certo discurso hegeliano, pois ele continua sem dizer que o duplo significado de *Aufhebung* [i.e., aquele de negar e conservar ou / como superação] poderia ser escrito de outra maneira. Donde sua proximidade a todas as operações contra as especulações dialéticas de Hegel.[26]

Porém, diante de uma liquidação geral das conseqüências do pensamento hegeliano tão decisivo para a consolidação das instituições modernas, *Glas* termina, entretanto, por denotar que é impossível congelar Hegel completamente , silenciá-lo ou fazer dele um túmulo.

22 Id. Ibid. 1ª coluna p.252. A palavra seminário (séminaire) utilizada aqui no sentido de seminal (referente a semente ou ao sêmen).

23 Inconsciente tal como abreviado na escrita psicanalítica.

24 Derrida, 1974, 1ª coluna, 250. A realidade fantasmática, a noção de fantasma , utilizada aqui para expressar o domínio da Ideia hegeliana, é trabalhada em vários contextos da obra derridiana em relação questões da psicanálise, da economia política, do edifício da filosofia ocidental, todos eles devedores de uma certa fantasmalidade.

25 2ª coluna p.252.

26 Positions. Trad. ingl. ,l982, p.40-41.

Em uma passagem de *L'Âge de Hegel* , Derrida relembra o episódio em que o suábico , escreve exultante à sua mulher contando que havia sentado no trono de Carlos Magno em *Aix-la-Chapelle*. Derrida refere-se aí à necessidade de que a desconstrução aconteça no terreno da universidade que possui segundo ele a idade de Hegel. Esta mesma universidade, "universal por definição", está sempre comprometida com um espaço da negociação relacionado a um Estado particular (prussiano na época de Hegel, napoleônico, burguês, nazi-fascista, social democrata, socialista etc). Toda universidade segue, segundo Derrida, um modelo de institucionalização hegeliano.[27]

Estas evidências, ainda pensando num Hegel, ainda nos levam a poder afirmar com Derrida: "Carlos Magno morreu uma segunda vez, mas isso dura e há sempre um Hegel a ocupar seu trono."[28]

Pensando em nossos potentes encontros nos corredores da UERJ e novamente lembrando o Bicca : tem sempre um faraó da filosofia disposto a sentar novamente no trono de Carlos Magno.

Glas enquanto dobre de finados remete à morte, morte do pensamento ocidental enquanto metafísica da presença, remete ao luto e então ao fantasma e ao espectro do que representou o peso do pensamento hierarquizado, a binariedade hierarquizante do pensamento ocidental.

Pensar os desvios, o que era anteriormente considerado simplesmente subsidiário, escondido no suplementar ou na hierarquização subordinante , dar voz e lugar ao que era sempre segundo ou último, desconstrói todas as assertivas e certezas a respeito de tudo que existe e nos faz afirmar que não há mais espaço para o faraônico. Os faraós da megalomania que ainda persistem ou se apresentam, os faraós da pandemia, não quebram a força dos espectros, pois são maus espectros de um mundo que lentamente se esvai.

Fiquemos, portanto, com tudo o que potencializa a vida. Sugiro que os leitores se debrucem sobre o livro mais recente de Luiz Eduardo Bicca: *Vida cotidiana e pensamento ecológico.*

27 Derrida, L'Âge de Hegel 1990, p. 226.

28 "Charlemagne est mort une deuxiéme fois, mais ça dure et on trouve toujours un Hegel pour occuper son trône". Derrida, Jacques. "L'Âge de Hegel. In Du Droit à la Philosophie , l990, p.227.

Derrida, L'Âge de Hegel,1990, p. 226.

Referências Bibliográficas:

DERRIDA, Jacques. *De la Grammatologie.* Paris: Minuit, 1967.trad Míriam Schnaiderman e Renato Janine Ribeiro. *Gramatologia.* São Paulo: Perspectiva, 1973.

______. *Marges de la Philosophie.* Paris: Minuit, 1972 . trad Joaquim Torres Costa e Antonio Magalhães. *Margens da filosofia.* Campinas: Papirus, 1991.

______.*Glas: que reste-t-il du savoir absolu?* Paris: Galilée, 1974

______. *Positions: Entretiens.* Paris: Minuit, 1973. trad. ingl. Alan Bass, Chicago: Univ. of Chicago, 1982.

______ L'Âge de Hegel. In *Du Droit à la Philosophie.* Paris : Galilée, 1990.

______*Spectres de Marx- L'État de la dette, le travail du deuil et la nouvelle* Internationale. Paris: Galilée, 1993. Trad. port. Anamaria Skinner. Rio de Janeiro: Relume Dumará,1994.

HEGEL, F. Princípios da Filosofia do Direito. Trad. Orlando Vitorino. São Paulo: Martins Fontes, 1997.

______ Enciclopédia das Ciências Filosóficas vol I e III. Trad Paulo Meneses. : Edições Loyola, 1997

______ Enciclopédia das Ciências Filosóficas vol II. Trad Pde José Machado. Ediçoes Loyola, 1997.

______ *Fenomenologia do espírito.* Tradução de Paulo Menezes, com a colaboração de Karl-Heiz Efken e José Nogueira Machado. 9ª edição. Petrópolis, RJ: Vozes; Bragança Paulista, SP: São Francisco, 2014

______. *Ciência da lógica, 1. A doutrina do ser.*Tradutores: Christian G. Iber, Marloren L. Miranda e Federico Orsini. Petrópolis, RJ: Vozes; Bragança Paulista, SP: São Francisco, 2016.

______. *Ciência da lógica, 2. A doutrina da essência.* Tradutores: Christian G. Iber e Federico Orsini. Petrópolis, RJ: Vozes; Bragança Paulista, SP: São Francisco, 2016.

MARX, Karl. ______. *Das Kapital. Kritik der politischen Ökonomie.* Erster Band. Berlin: Dietz Verlag: 1965. trad port Reginaldo Sant'Anna .*O Capital. Crítica da Economia Política. Livro I: O processo de produção Capitalista. Volume I.* Rio de Janeiro: Ed. Civilização Brasileira,1968

_____.Ökonomisch-philosophische Manuskripte in Marx-Engels Werke. Erster teil. Berlim: Dietz Verlag,1968, 530-588

_____. *O 18 Brumário de Luís Bonaparte*. in O 18 Brumário e Carta a Kugelmann trad. Leandro Konder (rev) e Renato Guimarães .Rio de Janeiro: Ed. Paz e Terra, 1969 .

_____*Contribuição para a Crítica da Economia Política*. trad. Maria Helena Barreiro Alves. Lisboa: Editorial Estampa, 1971.

_____. *Teses sobre Feurbach*. trad. José Arthur Giannotti. São Paulo: Abril Cultural, 1974.1ª.ed. Colec. Os Pensadores.vol XXXV.

MARX, Karl e **ENGELS,** Friedrich. *Die Deutsche Ideologie, 1845-1846*. Marx & Engels Werke. Berlin: Dietz Verlag, 1958. Band 3. trad. port. Rubens Enderle, Luciano Martorano, Nelio Schneider. *A Ideologia Alemã.*. Edit. Boitempo, 2007.

MARX, Karl , **ENGELS**, Friedrich. *Manifesto do Partido Comunista*. trad. Victor Hugo Klagsbrunn. in Carlos Nelson Coutinho et alli O Manifesto Comunista 150 anos depois. Rio de Janeiro: Contraponto. São Paulo: Fundação Perseu Abramo, 1998.

PEETERS, Benoît. *Derrida*. trad André Telles. Rio de Janeiro: Civilização Brasileira,

2013. 1ª edição.

STIRNER, Max. *Der Einzige und sein Eigentun*. Stuttgart: Philip Reclam ed., 1972. trad. port. João Barrento. O Único e sua Propriedade. São Paulo: Martins Fontes, 2009

Acerca do pensamento ecológico

ANA LUCIA DE JESUS DUARTE,
FÁBIO DUARTE DA CUNHA,
FLAVIANO LEITE,
MARIA MANUELA P. M. LAMPERT,
MAURÍCIO VIEIRA TENÓRIO,
ROSANA SUAREZ,
SARAH VIVIAN CELESTINO SANTOS
Universidade Federal do Estado do Rio de Janeiro, UNIRIO

INTRODUÇÃO: PARA LUIZ EDUARDO, AMIZADE MAIOR

por Rosana Suarez

Este escrito nasceu dos encontros realizados acerca do livro de Luiz Bicca, *Vida cotidiana e pensamento ecológico*, para a disciplina Tópicos Especiais de Pesquisa em Ontologia, no primeiro semestre de 2019, na Universidade Federal do Estado do Rio de Janeiro (UNIRIO). Antes de tudo, é preciso agradecer aos autores e às autoras a cessão dos trechos dos seus estudos apresentados à turma ao longo das reuniões. Igual gratidão deve-se à sua companhia calorosa na pesquisa dos temas relevantes aos estudos filosóficos contemporâneos. Foi como se conversássemos à noite, em torno de uma fogueira, sobre assuntos estimulantes.

Para uma breve introdução, são dignas de destaque algumas linhas de convergência, no fluxo da obra do autor homenageado, em direção ao livro recente, que marcou o supracitado curso de outono-inverno de 2019.

Vida cotidiana e pensamento ecológico (Rio de Janeiro: PUC-Rio/7Letras, 2018) congrega e avança alguns dos principais temas elaborados por Luís Bicca no seu caminho frutífero de filósofo e educador. A obra sucede imediatamente aos estudos do autor sobre ceticismo antigo e moderno – igualmente pertinentes, hoje, face não apenas à intensificação da crise ambiental e social, mas à ameaça do ressurgimento dos dogmatismos dos mais variados formatos[1].

O livro de 2018 encontra-se em ressonância, ademais, com o estimulante *Questões persistentes* (BICCA, L., Rio de Janeiro: 7 Letras, 2003). Desta obra de título sugestivo, cumpre citar as "Preliminares" com as quais ela se nos apresenta, num (pró) diagnóstico sem meias-palavras – e espantosamente clarividente – do que seria a entrada em cena do século XXI:

> O medo pertence aos sintomas de nossa época. Tempo de multiplicação de paradoxos, nele colidem de modo assombroso as luzes herdadas de uma modernidade

1 BICCA, Luiz: Ceticismo e relativismo (Rio de Janeiro: 7 Letras, 2012); Ceticismo antigo e dialética (Rio de Janeiro: Ed. PUC-Rio/7 Letras, 2016). Ver ainda: BICCA, Luiz; PEREIRA, Rômulo Martins, Ceticismos modernos (Rio de Janeiro: 7 Letras, 2018).

> autoconfiante e as sombras que teimam em acompanhá-la. Nele alinham-se, em pares, a *hybris* do progresso técnico com o pânico, o conforto crescente com a confusão, a automatização maquinal com a catástrofe (BICCA, 2003, p. 9[2]).

No mesmo livro, *Questões persistentes*, são de igual importância as considerações especialmente voltadas ao pensamento ético; sobretudo, à temática da *amizade*, nunca banalizada pelo autor ("A difícil amizade"). Talvez à guisa de esperança para com um mundo que, ao cair enamorado do abismo, torna-se tão abissal quanto este, oferece-se aqui "um pouco de edificação" – sem descontar a fina ironia do escritor. Nessa *Bildung* peculiar, destaque-se que as expressões em que ela é vertida – como "Coexistência ética e conversação como experiência" – assinalam algumas diretrizes a serem retomadas e redimensionadas em *Vida cotidiana e pensamento ecológico*. Pode-se dizer, aliás, que um dos subtítulos do livro de 2003, "Condensação de uma vida ética", provê um mote adequado ao próprio percurso de Luiz Bicca.

Propõe-se ainda uma breve remissão ao livro *O mesmo e os outros* (BICCA, L., Rio de Janeiro: Sette Letras, 1999). Também neste, a tomada de pulso do tempo em que vivemos está presente. Em "Notas sobre a situação espiritual de nossa época", a escuta é modulada no diapasão da tensão entre a satisfação transbordante – prometida ao ser contemporâneo habitante dos bolsões de prosperidade material e eficácia tecnológica nunca dantes frequentados – e a anticlimática constatação da incapacidade de sequer fruí-la conforme o esperado. Diz Bicca: "Simplesmente gozar ou usufruir do que está ao alcance parece ser uma arte ou habilidade para a qual manifestamos cada vez menos talento e energia" (BICCA, 1999, p. 55). Não tarda que esse descompasso paradoxal – e ultra-ansiogênico – seja deslindado em direção ao justo cerne a ser interrogado, a temática central de *O mesmo e os outros*:

2 O autor habilita-se a tais considerações enquanto notório debatedor da modernidade iluminista; tanto no livro de 2003, no capítulo "O esclarecimento pessimista", especialmente dedicado a essa temática, quanto no histórico da sua obra; por exemplo, em Racionalidade moderna e subjetividade (BICCA, L. São Paulo: Loyola, 1997).

> Mas, e se ao contrário do habitual ou normal, o indivíduo não mais fosse visto como algo à parte? Assinala-se deste modo *a importância de um pensamento que ultrapasse aquela crença numa ipseidade separada*, o qual não deve ser confundido com nenhum altruísmo, que é o esforço para se identificar com outras pessoas e suas necessidades enquanto ainda se vive sob a forte influência daquela representação de não sermos mais que um "eu" contido e definido pelo limite de nossa pele. Aliás, tal altruísmo tem a capacidade de transformar-se subitamente num egoísmo altamente refinado, enquanto o amor na verdade demanda conhecimento e não um sentimento de culpa ou débito (ibid., pp. 56-57; grifos meus).

Essas palavras dificilmente evocam – bem ao contrário – qualquer passividade. Por hora, podem estimular o retorno à obra aqui adotada como ponto de partida, *Vida cotidiana e pensamento ecológico*. Em especial na última seção do livro, intitulada "Pensamento ecológico", é possível ver uma expansão no tratamento da questão da ipseidade, já formulada com tanto vigor no livro de 1999. Ela agora renasce no arco do pensamento ecológico enquanto visada ético-ontológica sumamente alargada. Um exemplo reside no diálogo do autor com Arne Naess e Warwick Fox, em que Bicca propõe uma leitura da chamada "ecologia profunda" versada nos seguintes termos – nos quais não seria demais reconhecer o seu compromisso pessoal; a melhor dizer, "transpessoal":

> Uma ecologia assim 'transpessoal' tem em vista uma abertura, uma consciência ecológica ampla, o mais longe possível em sua mirada, em seu alcance. (...) Trata-se de desenvolver e fortalecer essa consciência de interconexão com o ente que eventualmente se manifeste, qualquer que seja sua espécie, classificação ou lugar. Tem-se aqui diante dos olhos uma ideia acerca da pessoa ou da personalidade de alguém que torna dispensável todo o moralismo, todo

> o aspecto de pregação, de litania moral. Enfatiza-se desse modo o conceito de *identificação* – identificar-se com as mais diversas formas de vida, identificação como processo por meio do qual alguém compreende e desenvolve um expansivo sentido de si (BICCA, 2018, p. 175[3]).

Após essa breve coletânea, cabe renovar o convite ao exercício de reflexão e engajamento proposto por nosso homenageado. Convite ao qual responderam os autores e as autoras que ouviremos a seguir.

A FILOSOFIA E O LUGAR DO SER HUMANO NA NATUREZA

por Fábio Duarte da Cunha

Há cerca de setenta mil anos, uma grande erupção vulcânica acontecida na Indonésia – a do Monte Toba – resultou num "inverno vulcânico" que tornou mais severo o início da Era do Gelo. O agrupamento humano que começava a espalhar-se pelo mundo, saído da África, sofreu sérias perdas com o rápido congelamento do planeta. Estima-se que a população humana sofreu uma redução de cerca de noventa por cento do seu contingente. O Grande Gargalo – como é conhecido – foi a maior ameaça à existência da espécie humana, que levou cerca de vinte mil anos para se recuperar. Pela primeira vez na sua história, a humanidade enfrentou a extinção iminente[4].

Por volta de dois mil e quinhentos anos atrás, a temperatura do planeta voltou a diminuir, dando início a um processo que levaria a outra Era do Gelo. Há cerca de dois séculos, todavia, esse processo de resfriamento começou a desacelerar, sendo revertido até o início do século XX. Nos dias atuais, a temperatura global tem aumentado vertiginosamente, num processo nunca testemunhado na história natural do planeta.

3 Bicca faz menção aqui ao título do livro de Warwick Fox, Toward a Transpersonal Ecology (Boston: Shambala, 1990).

4 Cf. AMBROSE, Stanley H. "Late Pleistocene human population bottlenecks, volcanic winter and differentiation of modern humans". Journal of Human Evolution, vol. 34, n. 6, 1998, p. 623-651.

Diferentemente da Era do Gelo de setenta mil anos atrás, o catalisador dessa mudança brusca no clima não é um processo natural, mas a ação humana. A partir da Revolução Industrial, um grande excedente de dióxido de carbono (CO_2) vem a ser adicionado à atmosfera, enquanto a cobertura de vegetação ancestral tem sido substituída por pastos e plantações. O resultado da cada vez mais acelerada ação humana é um processo de alteração climática que se agrava a cada dia, levando grande parte da vida no planeta às portas da extinção. Responsável por essas mudanças, a espécie humana está entre as diretamente ameaçadas, apresar do grande número da sua população atual.

O modo como nos relacionamos com a natureza sofreu várias mudanças ao longo da história. Passamos da veneração para o medo respeitoso; deste, para o desejo de dominação. Na contemporaneidade, consideramos a nós mesmos senhores do planeta. Ao tomar a natureza como matéria-prima, assumimos o poder de destruir ou preservar. O vigente sistema econômico demanda uma constante e acelerada exploração dos recursos naturais, o que tem sido feito à exaustão. O resultado é a poluição, o esgotamento da terra, a morte de diversas espécies naturais – entre animais e plantas –, sendo poucas as escolhidas para serem poupadas. Antes venerada ou temida, a natureza agora é alvo da ambição controladora. Ela foi "desencantada", "dessacralizada". O natural passou a ter valor por sua utilidade econômica. Ser poupado da destruição significa ter potencial para o lucro quando vivo e ativo. Do contrário, há de perecer.

Em *Vida cotidiana e pensamento ecológico*, Luiz Bicca lembra a análise de H. Caygill sobre a forma como a definição física de energia como "capacidade para o trabalho" foi transposta da ciência física para o âmbito da economia política. Esta começava a florescer com os trabalhos de Adam Smith e de David Ricardo (cf. BICCA, 2018, p. 233). Tal noção fez parte da grande mudança no modo de enxergar a natureza e o lugar, nela, do ser humano. O valor tomou uma forma utilitarista e intimamente ligada ao modo de produção capitalista. "Ser ou não ser" útil passou a ser dado pela capacidade para o trabalho, entendido aqui como "produtor de valor". Quando não se pode trabalhar ou não há artigo a ser trabalhado, não há lugar na hierarquia do valor e da importância; pode-se desvanecer e abrir espaço para o progresso econômico e técnico-científico.

Na contramão do modo capitalista de pensar a natureza, começam a surgir movimentos de preservação em diferentes graus. Demandando desde pequenas alterações de hábitos e costumes até uma mudança radical no próprio sistema econômico, os movimentos ecológicos têm por objetivo "consertar o estrago" feito até aqui, evitando que se torne crítico, irreversível. Para tal, a própria maneira do ser humano de relacionar-se com o mundo deve ser mudada. Os adeptos da ecologia radical advogam o completo abandono do modo de vida atual, alterando profundamente não apenas o modo como produzimos e consumimos, mas também a maneira como vemos a natureza e interagimos com ela – estabelecidos principalmente com o Iluminismo, que a "desencantou".

A MUDANÇA EM RELAÇÃO À NATUREZA EXIGE UMA RECONFIGURAÇÃO SISTÊMICA

por Sarah Vivian Celestino Santos

O "Pensamento ecológico" apresentado por Luiz Bicca no último capítulo do seu livro *Vida cotidiana e pensamento ecológico* é, antes de tudo, uma proposta de modo de viver, para além da teorização do que seria um ecologismo ou um ambientalismo.

A preocupação ecológica surge imersa em geral em questões econômicas, sociais e culturais. Face a essas problemáticas, pretende mobilizar alternativas e incentivar a práxis de um modo de vida menos prejudicial ao meio ambiente. Nos anos 70, em meio aos ativismos e movimentos populares que se posicionavam contra a exploração e a predação ambiental, nasce a chamada "ecologia profunda" (*deep echology*). Um dos principais idealizadores desse movimento é o filósofo e ativista norueguês Arne Naess. Fortemente influenciado pelo ceticismo de viés pirrônico, a partir dele assume uma postura exploradora, mais aberta e questionadora diante da problemática ambiental (cf. BICCA, 2018, pp. 161-162). Isto posto, o norueguês pretende opor-se ao que considera um ambientalismo localizado e conformista, que não visa a uma revolução estrutural, mas apenas a sanar determinados problemas com soluções básicas. Entre elas, o processo de limpeza de um rio, a diminuição da emissão de gases de determinada companhia ou recolhimento de materiais plásticos da praia.

Vista pelo próprio Naess como radical e revolucionária, a ecologia profunda estaria diretamente ligada à crítica ao *antropocentrismo* exacerbado: uma vez que todas as tentativas "ambientais" seriam única e exclusivamente voltadas, na sua maioria, ao bem-estar e interesses humanos. Tal crítica ao antropocentrismo abre-se num questionamento aos dualismos comuns, como *humano* e *não humano*, *civilização* e *natureza*; e propõe uma questão central: *por que e como ampliar valores e princípios morais à esfera do não humano?* Essa pergunta, no âmbito do pensamento designado, tende a ser respondida por meio de uma "horizontalidade" entre o humano e o não humano – em vez da hierarquização sustentada pelo antropocentrismo – e do reconhecimento do valor intrínseco da natureza. Ademais, os adeptos do movimento e o próprio Naess não enxergam essa posição como uma *imposição*, mas como uma sugestão de prática contínua de atitudes e de mudanças comportamentais, sem que se espere a teorização ou o suporte dos especialistas e organizações "ambientalistas":

> na óptica de uma filosofia da vida ou de um vitalismo filosófico, a ecologia espera encontrar o fundamento de uma ética da relação entre o ser humano e o meio ambiente. O cuidado de preservar a natureza tal como é e de restaurá-la onde isso for possível, de modo a transmiti-la às futuras gerações, torna-se um princípio fundador de todo um posicionamento político (BICCA, 2018, p. 176).

Apesar de avançar no debate contra o ambientalismo superficial e localizado, a proposta de Naess também é alvo de objeções, acusada de insuficiência diante do problema. Bicca apresenta as ressalvas feitas por teóricos à ecologia profunda de Naess e dos seus seguidores. Essas críticas e reformulações partem da afirmação de que mesmo aquela proposta seria insuficiente, social e politicamente. As oposições partem da premissa de que há um desequilíbrio insustentável entre os danos causados ao planeta e a sua capacidade de restauração: é neste sentido que surge a *ecologia social* de Murray Bookchin.

O seu principal objetivo é a radicalização do pensamento ecológico de modo a atrelar necessariamente os problemas ecológicos aos sociais, uma vez que, segundo Bookchin, a maneira como se domina a natureza é uma consequência direta da dominação dos homens pelos próprios homens. Desta forma, os problemas que se restringiam a uma ecologia natural passam a ser também de uma ecologia social. "Antes de tudo é uma corrente de pensamento ecológico que considera as abordagens que separam problemas ecológicos e sociais como condenadas a construir de maneira errônea as fontes da crise ambiental." (BICCA, 2018, p. 211)

Fortemente marcado por elementos utópicos e de tendências anarquistas emancipatórias, esse posicionamento objetiva uma reconciliação entre a natureza e a sociedade humana baseada numa redefinição das relações entre o homem e natureza e entre os próprios homens. A teoria de ecologia baseada em premissas anarquistas de Bookchin se funda num materialismo naturalista que pretende compreender quais forças bloqueariam uma técnica de caráter libertador e que impediriam a internalização das preocupações ecológicas. Em suma, a sua posição tende a um *holismo* social.

Bookchin é crítico do *determinismo biológico* de Edward Wilson, por considerar as posições deste como reacionárias, ao tentar justificar as hierarquias vigentes e as suas implicações a partir de uma ordem biológica, reduzindo assim as esferas social e cultural. Ele também faz ressalvas à *ecologia profunda*; para ele, esta pode gerar mistificações que impedem a potência transformadora da consciência ecológica, além de ocultar as raízes históricas, sociais e econômicas da crise ecológica. Desta forma, ele percebe que o próprio movimento ecológico tornou-se problemático e multifacetado, precisando reconhecer que não se trata mais das "maneiras de se ver a natureza, mas de que modo propomos mudar a sociedade e por quais meios" (cf. BICCA, 2018, p. 210).

De acordo com Bookchin, a ecologia social seria o contraponto emancipatório do capitalismo tardio, ao renegar um ambientalismo suave, soluções tecnocráticas e o "capitalismo verde" – alternativas sem ligação alguma com movimentos antissistêmicos e, assim, inexoravelmente, absorvidas pelo mercado.

Há aqui uma anomalia ou contradição no próprio movimento ecológico: na tentativa de propiciar alternativas saudáveis e "sustentáveis", por meio do consumo de produtos orgânicos, *cruelty free* e com redução de danos à natureza, acaba-se por movimentar mercados de altos preços e inacessíveis às camadas não abastadas. Ou seja, em vez de se tornar uma alternativa disponível a todos, o que talvez fosse a intenção inicial (propiciar ao maior número de pessoas a opção de viver uma vida com menos exploração e de consumo consciente), essas iniciativas são engolidas pelo mercado. Tornam-se um produto a mais a alimentar a indústria, agora distante do que seria "ecologicamente correto"; além de reproduzir as hierarquias e princípios capitalistas: itens de consumo voltados a uma parcela com classe social definida e para a reprodução de lucro que alimenta a mesma estrutura exploratória.

SOBRE A MULTIPLICIDADE DAS POSIÇÕES ECOLÓGICAS

por Maria Manuela P. M. Lambert

Não há certamente apenas um pensamento ecológico ou uma posição ecopolítica, mas uma multiplicidade delas. Todavia, numa perspectiva geral, Bill Deval, aluno de Arne Naess, afirmava haver duas grandes correntes ecológicas preponderantes na segunda metade do século XX. Seriam elas a corrente "reformista", mais focada no controle de poluição, demarcação das áreas de preservação e programas localizados de conservação do ambiente; e a "revolucionária", que envolveria metafísica, epistemologia e cosmologia novas, bem como uma nova ética ambiental (cf. BICCA, 2018, p. 190).

Um bom exemplo dessa nova ética residiria na formulação do Princípio de Responsabilidade, por Hans Jonas, com forte repercussão no contexto dos debates ecofilosóficos. Conforme esse princípio, a ética da relação com a natureza deve voltar-se para o autocontrole e a renúncia, mas no sentido de *renunciar ao conhecido em favor do desconhecido*. Trata-se da translação para uma ética da *incerteza*, em que se amplia a importância do *cuidado*. Nela, a projeção de longo prazo constitui fator essencial; e o *medo* – como disposição afetiva – tem a função de convidar a agir (cf. BICCA, 2018, p. 193-194). Segundo Jonas, o novo imperativo categórico é: "Aja de modo que os efeitos da sua ação sejam compatíveis com a permanência de uma autêntica vida humana". De acordo com isso, o ecologista tampouco alimenta uma expectativa de soluções milagrosas ligadas à crença na onipotência da ciência (cf. ibid., p. 194).

Quanto às tendências *reformistas*, objeções foram feitas à sua limitação a uma ecologia de viés *ambientalista*. Nesta, a almejada demarcação e a conservação de pedaços isolados de terra pressuporiam ademais ser possível "separar" espaços – como se os ciclos maiores na atmosfera não estivessem interligados; enquanto hoje já se sabe ser impraticável isolar o ambiente em "amostras". Conforme Bicca,

> os ambientalismos limitados ou localizados parecem contentar-se em conservar pequenos pedaços de terra ou das águas, supostamente "não desenvolvidos", de modo a preservar estreitos e minúsculos habitats como reservas preciosas da biodiversidade – e que acabam, cedo ou tarde, tornando-se alvo de outra forma de devastação: a curiosidade turística, esse modo capitalista de colonização do "lazer", do "tempo livre" (BICCA, 2018, p. 195).

O chamado "desenvolvimento sustentável" representaria outra insuficiência da corrente reformista. Aqui, em aliança com o "*big business*", as organizações ambientais parecem mostrar de que modo as formas radicais da crítica ecológica podem ser reconstruídas pelo capitalismo das grandes corporações, aliado à indústria do lazer ou aos "parques temáticos da tecnociência". A captura e a domesticação de correntes de radicalismo ecológico em "desenvolvimento sustentável" resultariam, no máximo, em “crescimento verde” e modernização “técnico-ecológica”, compatíveis com os negócios (cf. BICA, 2018, p. 195).

O “consumismo verde” – “adquirir o correto em termos verdes” –, espécie de fetiche no plano econômico, não constituiria, portanto, base sólida para uma verdadeira transformação da sociedade de consumo tal como ela se dá no presente. Sobretudo porque o discurso da sustentabilidade resulta, por norma, *antropocêntrico*: “É a sustentabilidade das populações humanas e o bem-estar delas que está em jogo” – diz Bicca –, antes que o de qualquer outro ente natural.

A ECOLOGIA E A RELAÇÃO HUMANO-NATUREZA

por Maurício Vieira Tenório

Pensadores sintonizados com as ideias da ecologia profunda designaram as suas linhas de pensamento de maneira diversa, como *ecocentrismo* ou como *biocentrismo*. No tocante aos termos *biosfera* e *ecosfera*, Arne Naess, segundo Bicca, recomenda o último em preferência ao primeiro, pois o termo apontado (ecosfera) contempla todo o universo de elementos e de seres existentes no ambiente natural, não apenas os animais e vegetais (seres vivos no sentido estrito):

> O termo “vida” é usado aqui de modo vago e extenso, não como termo técnico, para referir-se também a algo que biólogos classificariam como não vivo: rios (águas), paisagens, culturas, ecossistemas, a vida da Terra. *Slogans* como “Deixem o rio viver” ilustram o uso mais amplo, tão comum em muitas culturas diferentes. Somente em nossas escolas ocidentais é o termo “vivo” firmemente associado à ciência da biologia.” (NAESS, 2008, p. 112; apud. BICCA, 2018, p. 162[5]).

5 DREGSON, A; Devall, B. The Ecology of Wisdom (Writting by Arne Næss). Berkeley: Counterpoint, 2008, p. 112.

O cuidado com a semântica dos termos usados para exprimir a filosofia ecológica visa afastar quaisquer noções de relações verticais, nas quais há dois lados, sendo um subordinado ao outro. É pacificado entre os ecofilósofos que os sistemas de sustentação da vida estão a enfraquecer devido às atividades intensas e frequentes de degradação realizadas pelos humanos. A perspectiva biocêntrica, nesse sentido, traz a noção de horizontalidade e igualdade qualitativa entre todos os membros componentes da comunidade biótica. Essa visão, portanto, contesta a pretensa "superioridade" do ser humano na sua relação com os demais seres; reforça, igualmente, a interdependência de todas as coisas vivas, organizadas sob uma ordem unificada organicamente, de cuja harmonia e equilíbrio dependem as comunidades bióticas para a realização de seu bem (cf. BICCA, 2018, p. 164). A respeito dessa concepção, Paul W. Taylor afirma:

> Quando se vê o reino da natureza na perspectiva biocêntrica, a pessoa nunca esquece que, no longo prazo, a integridade de toda a biosfera de nosso planeta é essencial para a realização do bem de suas constituintes comunidades de vida, tanto humanas quanto não humanas (TAYLOR, 2005, p. 68; apud BICCA, 2018, p. 163[6]).

Naess é um duro crítico contra o modo de produção capitalista e contra as sociedades "desenvolvidas" que procuram expandir e intensificar esse modelo de exploração da natureza. Naess apresenta um futuro desolador, caso não haja transformações significativas no modo de vida consumista ocidental. Nesse sentido, embora saiba que não há como retomarmos o modo de vida das sociedades tradicionais do passado, afirma que é possível voltar à sustentabilidade, cuja realização não está restrita a um único caminho viável, pois existem diferentes culturas sustentáveis possíveis. Todavia, Naess usa o conceito de "sustentabilidade"

6 TAYLOR, P. W. The Ethics of Respect for Nature. In: ZIMMERMAN, M., et. Al. (eds.), Environmental Philosophy. Prentice Hall, 2005.

num sentido bastante estrito. Para ele, o desenvolvimento sustentável se apresenta muito mais do que como uma simples alternativa ecológica, e sim como necessidade imperativa, em contrapartida ao *modus operandi* do sistema adotado atualmente:

> Há desenvolvimento sustentável *se e somente se* ele vem ao encontro das necessidades da população humana atual, sem comprometer a capacidade das futuras gerações de dar respostas às necessidades vitais delas. O termo "vital", conquanto seja vago e ambíguo, é um bom ponto de partida para uma abordagem crítica do termo "necessidade". Se postularmos que os seres humanos têm uma obrigação ética especial em relação aos seus semelhantes, então tudo que servir a essas necessidades vitais da humanidade tem prioridade (NAESS, 2008, p. 112; apud BICCA, 2018, p. 169).

A proposta de Naess vai além de projetos de sustentabilidade de caráter meramente pragmático. A proposição do desenvolvimento sustentável tem amplitude holística e extemporânea, com apelos éticos, ambientais e de interdependência existencial. Embora a assertiva tenha destacado o cenário humano das relações, ela se estende ao conjunto universal dos seres humanos e não humanos, apontando para as "sérias obrigações relacionadas com as consequências destrutivas de nossa exponencialmente crescente interferência nos ecossistemas".

A aceitação do valor intrínseco da natureza como superação do valor unicamente instrumental é fundamental para construção de uma ética ambiental não antropocêntrica, pois rompe com a representação relacional pragmática de meios para fins através da qual o homem se impõe como senhor sobre a natureza. Dentro desta visão sistêmica as partes compõem uma estrutura cuja ordem prima pela harmonia do todo, assim, a *parte-humano* deve se ver e orientar enquanto tal, respeitando os espaços das demais partes constituintes, e interagindo sem prejuízo à unidade orgânica do conjunto. A adoção desta perspectiva implica identificação com os entes constituintes do meio ambiente no qual se está inserido, seja o dito civilizado ou o natural. "Se os humanos são vistos como membros de uma comunidade biótica, evoluindo conjuntamente com outros membros, os limites da comunidade ética estendem-se até o ponto de abranger a comunidade biótica como um todo." (NAESS, 2008, p. 112; apud BICCA, 2018, p. 169)

Naess introduz a ideia do *ecologicamente próprio* (*Self*), ou seja, tudo aquilo com que a pessoa se identifica. Nesse sentido, Naess procura transmitir o conceito de que o nosso "eu" possui uma capacidade elástica, por assim dizer, abrangendo os membros das nossas relações com humanos e não humanos. Ainda na mesma linha, a empatia possui um papel determinante, pois é por meio dela que ampliamos a noção do nosso "si próprio". Expressões do tipo "esse lugar faz parte de mim" refletem o que o autor pretende exprimir na noção de "eu ampliado". "A senha, então, é encontrar o eu ampliado, para além do mero 'eu' ou 'ego'. É com esse pressuposto que ele advoga uma ética de 'bons exemplos' ou de 'belas ações'; no seu entender, mais relevantes do que normas abstratas e juízos universais" (cf. BICCA, 2018, p. 173). A esse respeito, vale a pena citar também Fritjof Capra em *A teia da vida* (São Paulo, Cultrix, 1996):

> O que isto implica é o fato de que o vínculo entre uma percepção ecológica do mundo e o comportamento correspondente não é uma conexão lógica, mas psicológica. A lógica não nos persuade de que deveríamos viver respeitando certas normas, uma vez que somos parte integral da teia da vida. No entanto, se temos a percepção, ou a experiência, ecológica profunda de sermos parte da teia da vida, então *estaremos* (em oposição a *deveríamos estar*) inclinados a cuidar de toda a natureza viva. De fato, mal podemos deixar de responder dessa maneira.

A importância dada a um *ethos* no qual a afetividade ganha papel fundamental não deve ser encarado como um simples romantismo. A sociedade contemporânea erigiu as suas bases sobre um mentalismo e tecnicismo impulsionados pelo pensamento lógico-analítico, mas os rumos tomados a partir dessas concepções não advogam contra o progresso em si, num tipo de condenação de todos os avanços adquiridos até hoje. Alcançamos conquistas consideráveis e importantíssimas ao longo dos séculos, e isso deve ser considerado. Lançar anátemas contra a história humana é querer apagar todos os esforços sinceros de inúmeros homens e mulheres que dedicaram as suas vidas para que tivéssemos um mundo melhor atualmente. Esse não é o caminho e nem parece ser o que o autor nos procura transmitir.

Ocorre que assistimos, já há algumas décadas, às consequências da insuficiência dos paradigmas vigentes para contornar problemas sérios oriundos do modelo de civilização que prima, sobretudo, pela cultura do usufruto insustentável dos recursos naturais. E de tal forma que se tornou insensível aos resultados advindos daí, muitos deles já visíveis, como incidentes gravíssimos que tornaram parte do ecossistema um local estéril. A era digital – de robôs cidadãos e da internet (atual sistema límbico do homem) – reflete a cristalização e a subutilização da dimensão sensitiva da nossa estrutura cognitiva.

A inteligência por muito tempo foi associada quase que exclusivamente às estruturas intelectuais. Nos anos mais recentes, a inteligência emocional vem a ganhar destaque nas reflexões pertinentes aos desafios cotidianos hodiernos. Com a ecologia filosófica, poderíamos pensar num tipo de inteligência cuja principal qualidade é a capacidade de perceber, compreender e lidar com questões de caráter holístico. Trabalhar a inteligência ecológica, nesse sentido, implicaria aprimorar a capacidade perceptiva em nível sistêmico; isto é, considerando as relações gerais envolvidas nos problemas encontrados, objetiva e subjetivamente, extensiva e intensivamente; em suma, ecologicamente.

A COMPREENSÃO DA "EMERGÊNCIA PARA A SOBREVIVÊNCIA" CONTEMPORÂNEA NO OBJETO ESTÉTICO

por Flaviano Leite

Vamos brincar perto da usina /
Deixa pra lá, a Angra é dos Reis /
Por que se explicar /
Se não existe perigo?
RENATO RUSSO, "ANGRA DOS REIS"

Poderiam ser tantos os objetos desta reflexão sobre o pensamento ontológico: a mata, o rio, o mangue; mas escolhemos a usina. Tampouco apreciamos os termos utilizados via de regra para caracterizar certas contingências: "emergência ambiental" ou "emergência ecológica". Preferimos dizer "emergência para sobrevivência"...

Heráclito de Éfeso, pensador originário, observava com profundeza e amplidão o que parecia ser mistério para ele: a Natureza, a *Physis*. Era fascinado pelo "fogo", que a ela, no seu entendimento, parecia pertencer; o fogo, uma energia eterna e harmoniosa:

> Este mundo, igual para todos, nenhum dos deuses e nenhum dos homens o fez; sempre foi, é e será um fogo eternamente vivo, acendendo-se e apagando-se conforme a medida (HERÁCLITO, fragmento 30).

A energia do fogo ainda nos fascina, como foi para os homens primitivos, que desde os primeiros passos da humanidade investigavam como criá-lo e conservá-lo sob o seu controle. Dos tempos remotos de Heráclito até agora, muito conhecimento foi produzido na procura dessa energia tão necessária e preciosa para a "modernidade circundante" – para utilizar uma expressão de Luiz Bicca em *Vida cotidiana e pensamento ecológico*. Energia é tema específico, pauta constante, no fórum dos poderosos, o "G7".

Percorrendo essa ponte no tempo até os dias atuais, chegamos ao objeto do nosso estudo. Ele não é conhecido ou compreendido por muitos;

os seus riscos – porque sigilosos – são ainda mais perigosos. Sobre esse objeto, apresentamos o que segue. O texto foi extraído da pesquisa em sítios que se dedicam a falar – a favor e contra – o projeto, a construção e a operação da *usina nuclear de Angra dos Reis*.

A usina:

"Uma usina nuclear (conhecida também como central nuclear) é uma instalação que produz energia elétrica através de reações nucleares de elementos radioativos. Essas usinas funcionam a partir da fissão (separação) nuclear, controlada dentro dos reatores. A fissão gera calor que aquece a água e a transforma em vapor. A energia nuclear é uma alternativa às limitações de fontes naturais, como rios (energia hidrelétrica), carvão, gás e petróleo. É chamada de energia nuclear ou termonuclear aquela baseada na fissão de átomos de um determinado elemento químico. Ao serem separados, os átomos liberam uma determinada energia. Para a produção de energia elétrica destinada ao consumo, ficou convencionado que os melhores átomos a serem divididos seriam os dos elementos urânio e o plutônio, com maior preferência para o primeiro. A liberação de energia dos átomos desses elementos é de grandeza maior, dentre as conhecidas, podendo assim ter aproveitamento máximo.

A usina de Angra dos Reis localiza-se às margens da rodovia BR-101, na praia de Itaorna, em Angra dos Reis, no Estado do Rio de Janeiro, Brasil. As razões determinantes dessa localização foram a proximidade dos três principais centros de carga do Sistema Elétrico Brasileiro (São Paulo, Belo Horizonte e Rio de Janeiro), a necessária proximidade do mar e a facilidade de acesso para os componentes pesados. A central nuclear é formada pelo conjunto das usinas nucleares: Angra 1, Angra 2 e Angra 3 (em construção), de propriedade da Eletronuclear, subsidiária das Centrais Elétricas Brasileiras – Eletrobras. São o resultado de um longo programa nuclear brasileiro, patrocinado pelas Forças Militares, que remonta à década de 1950, e liderado, à época principalmente pela figura do Almirante Álvaro Alberto da Mota e Silva, que lhe empresta o nome. A potência total das usinas é de 2007 MW, dos quais 657MW em Angra 1 e 1350MW em Angra 2. Adicionalmente, está em construção a usina nuclear Angra 3, com capacidade maior que a Angra 2, e a entrada em operação tinha sido prevista para 2018. Em 1985, após longo período de construção, teve início a operação comercial da Usina Angra 1, com 657 MW.

O início da vida da usina foi marcado por diversos problemas, que levavam a constantes interrupções na operação. Houve mesmo longo litígio entre as Furnas Centrais Elétricas, então operadora da usina, e a Westinghouse, sua fornecedora. A partir de 1995, com a solução dos problemas técnicos e com o aprendizado das equipes de operação e manutenção, o desempenho da usina, medido pelo seu fator de capacidade, melhorou substancialmente. Em 2000, entrou em operação a Usina Angra 2 com 1350 MW. Essa usina foi construída com tecnologia alemã Siemens/KWU, ainda no âmbito do Acordo Nuclear Brasil-Alemanha. Em seu primeiro ano de operação, Angra 2 atingiu um fator de capacidade de quase noventa por cento (2001). Em 2010, foram produzidos, na Central Nuclear Almirante Álvaro Alberto, 14.415 gigawatts-hora (GWh), correspondendo a três por cento do consumo de energia elétrica do Sistema Interligado Nacional.

As usinas operam normalmente a plena capacidade, ou seja, em cem por cento do tempo, sendo desligadas uma vez por ano para recarga do reator. As paradas programadas para recarga duram cerca de trinta dias e, além da recarga, são feitos diversos testes nos sistemas normais e de segurança, além de manutenções programadas. O planejamento de paradas programadas das usinas é comandado pelo Operador Nacional do Sistema Elétrico (ONS). De 1985, quando entrou em operação comercial a usina Angra 1, até 2005, a produção acumulada de energia das usinas nucleares Angra 1 e Angra 2 soma 100.000 GWh. Isso equivale à produção anual da usina hidrelétrica Itaipu Binacional, ou à iluminação do estádio Mário Filho (Maracanã) por 150 mil anos ou ainda essa quantidade de energia seria suficiente para iluminar o Cristo Redentor por um milhão e 800 mil anos. A Central Nuclear Almirante Álvaro Alberto gera dois mil empregos diretos e cerca de dez mil indiretos no estado do Rio de Janeiro.

Uma das alternativas energéticas disponíveis no mundo, a energia nuclear levantou diversas questões ao longo das últimas décadas com relação à sua utilização de forma segura. Ainda hoje a inauguração de centrais energéticas que se utilizam da energia termonuclear é cercada de protestos e polêmica vinda de diversas correntes da sociedade, devido ao risco, sempre presente, deste tipo de energia escapar ao controle dos operadores e causar destruição e morte ao seu redor. As tragédias de Three Mile Island, no estado da Pensilvânia, nos EUA, em 1979; Chernobyl, na Ucrânia, então parte da antiga União Soviética, em 1986; e mais recentemente, em 2011, o ocorrido na usina de Fukushima, cidade japonesa, receberam ampla cobertura, e causaram uma crescente rejeição por essa forma de geração de energia.

O desastre de Chernobyl é o pior acidente nuclear da história em termos de custo e de mortes resultantes, além de ser um dos dois únicos classificados como um evento de nível 7 (classificação máxima) na Escala Internacional de Acidentes Nucleares, sendo o outro o acidente nuclear da usina de Fukushima. Para a Comissão Nacional de Energia Nuclear (CNEN), não há risco de contaminação depois de um raio de quinze quilômetros em torno da CNAAA: "Estudos realizados nos Estados Unidos depois do acidente na usina de Three Mile Island, em 1979, mostraram que o risco de exposição a radiações severas situa-se no raio de quinze quilômetros ao redor de um reator a água pressurizada, como os de Angra 1 e 2. Ou seja, não dá para fazer qualquer comparação com o reator que provocou o acidente de Chernobyl, na Ucrânia, em 1986", diz o físico Raul dos Santos, da CNEN. Na opinião dos críticos, a área coberta pelo plano de emergência é pequena. "Há outras pesquisas que indicam efeitos sérios da radiação num raio de trinta quilômetros em torno de Three Mile Island e 450 quilômetros em Chernobyl. Há, portanto, reflexões e vozes discordantes, pois o limite é considerado pequeno. Uma destas vozes é o Greenpeace, que diz que a área de proteção deveria ter, no mínimo, noventa quilômetros. Se houver vazamento, deve-se realizar a remoção imediata da população e das pessoas contaminadas pela radiação, que devem ser transferidas para centros médicos capazes de tratar emergências radiológicas.

Na região de Angra dos Reis, dois hospitais estão preparados para a tarefa conforme os planos antigos de segurança pública: um localizado na vila de Mambucaba, entre a usina e a cidade de Parati, e outro no centro de Angra dos Reis. O Greenpeace diz, porém, que podem faltar leitos se ocorrer um acidente grave e que outros hospitais, como as Santas Casas de Parati e de Cunha, não têm estrutura para lidar com a situação." (...)

A arte como sirene:

A arte, enquanto experiência estética, permite viver o conhecimento ao grau e modo da sensibilidade e não privilegia o conhecimento da ciência, nem da linguagem erudita, mas se apropria da diversidade de modos da manifestação artística humana. No prefácio dedicado a Wagner, no livro *O nascimento da tragédia* (1872), Nietzsche já dizia que é a arte, e não a moral, que deve ser apresentada como a atividade fundamentalmente metafísica do homem: "Só como fenômeno estético podem a existência e o mundo justificar-se eternamente". A linguagem expressiva e sensível da arte tem a força de interrogar dogmas, valores, concepções, normas, padrões, conduta e até a própria razão; enquanto exige desta a reflexão. Uma vez vivida, a experiência estética pergunta para a razão sobre a condição humana, sobre "o si mesmo de cada um" e sobre "o si para o outro e com o outro". Essa vivência, nos parece que "abre" (ou possibilita) uma compreensão mais elaborada da ética.

Foi assim que nasceu este diálogo: com a proposta de ouvirmos o trecho de uma canção brasileira, "Angra dos Reis", de Renato Russo. Pareceu-nos importante que a estética impregnasse a nossa expressão para expor o pensamento ecológico, já que este deveria ser uma espécie de *sirene* para todos.

Concluímos esta parte do escrito com a previsão de Arne Naess, que declara que "a atual interferência humana no mundo não humano é excessiva e a situação piora rapidamente" (cf. BICCA, 2018, p. 168).

O que importa ao trabalho, ao seu término – trabalho que se quis prático –, é reiterar a escolha de um objeto estético. Dele evidenciamos a beleza ao refletir e imaginar, em conformidade com o pensamento ecológico, na direção de denunciar os objetos da sua mútua preocupação. O escrito finaliza aqui: o tempo termina-o; mas o mistério continua – ao som das sirenes.

MELANCOLIA

por Ana Lúcia de Jesus Duarte

Quando olhei para essa árvore com o seu tronco oco, os seus galhos murchos, refleti o quanto pensamos que somos superiores à natureza. O quanto esse vazio nos bate e não percebemos, por estarmos hiperconectados o tempo todo, com o pensamento nos empurrando para: "precisamos de mais tempo!". Que melancólico estarmos presentes e vermos que a imagem dessa árvore reflete a nossa natureza, a passagem normal pela vida, com o buraco feito pelas marcas das penetrações das dores causadas pelo simples fato de existirmos. Tronco vazio, mas com raízes ainda se apegando às forças que a terra lentamente sustenta, para sentirmos os dias que jamais serão realmente como os outros. Porque pertencemos ao presente – ao aqui e agora, onde tudo é purgado, exageradamente puxado; como no oco da noite, na maior perdição – sentimos o medo que o tempo provoca. Medo de estarmos a ser levados para o nada, sem a certeza de nada, nem da presença da dor; de sentirmos o que é a verdadeira negação.

[Aforismo inspirado no escrito de Michel Foucault: "No oco da noite, aquele da maior perdição ou, ao contrário, aquele em que o sol triunfa, não é um dia como os outros, ou melhor, é um dia que jamais é realmente como os outros [7]"].

7 FOUCAULT, Michel. "Estruturalismo". In: MOTA, M. (org.), Ditos e escritos II: arqueologia das ciências e história dos sistemas de pensamento. Tradução de Elisa Monteiro. Rio de Janeiro: Forense Universitária, 2005.

Por uma filosofia das matas

RAFAEL HADDOCK-LOBO

Professor do Departamento de Filosofia da UFRJ.

Para Luiz Bicca, filósofo das matas

É decisivo agora enfatizar as contribuições
das forças ou dos poderes não humanos.
(Luiz Bicca)

Pedrinha miudinha, pedrinha de Aruanda ê,
lajedo tão grande, tão grande de Aruanda ê.
(Domínio popular)[1]

Eu sou maravilhado pelas pedrinhas miudinhas,
nelas me vejo e delas faço meu pertencimento.
(Luiz Antonio Simas)

1 Ponto dos caboclos boiadeiros na Umbanda, a música foi gravada por Lirinha e por seu grupo, Cordel do Fogo Encantado, em seu disco homônimo de estreia, de 2001.

Começar falando das trilhas por entre as árvores da floresta, das clareiras que se abrem e que permitem alguma orientação, e mesmo sobre os rios povoados por sereias, tudo isso poderia, imediatamente, situar-nos em certo lugar e, mesmo, em certo momento. Para qualquer estudante de filosofia, seria quase seguro afirmar que o texto se ambienta em certa Alemanha e em determinado momento do pensamento europeu, e que as alegorias trazidas pelo Grande Filósofo apenas entram em cena para ilustrar algo *maior*, universalmente compartilhado, e que seria a figura mesma do pensar.

Assim é, e assim deve ser tudo que é digno de ser pensado: deve ser pensado *grande, enorme,* para transbordar as fronteiras geográficas daquilo que é explanado e, assim, permanecer visível para *qualquer um* (para todos e para ninguém, portanto). É desse modo que, nunca regional, a filosofia universaliza. Contudo, como escrevo sob o impacto dos gestos de Luiz Simas e de Lirinha, de um historiador e de um poeta, ou seja, como escrevo tentando perseguir a miudeza e não a enormidade[2], é por esse caminho mesmo que aparentemente de modo paradoxal começarei: por ele, por Heidegger, que de enorme não tem nada e que, por ser um pensador miúdo, pode nos ajudar bastante.

Heidegger então, esse *ser-da-floresta*, nos traz algumas das pedrinhas mais lindas e miúdas da filosofia ocidental, *Ser e tempo*, *A origem da obra de arte*, *A questão da técnica*, e tantas outras sobre as quais já me debrucei tanto. Mas, agora, acho que esse filósofo sertanejo tem muito mais a nos ensinar do que ele próprio e, sobretudo, os orgulhosamente autoproclamados heideggerianos podem supor. Com pequenas alterações, eu diria que seu filosofema mais significativo para nós, pensadores do hemisfério sul, é aquele ao qual muitos parecem ter de se opor: para ele, Heidegger, era impossível não filosofar em alemão. Isso quer dizer, em minha interpretação miudista e contragrandiosa, que ele, Heidegger, nascido na floresta negra, só poderia filosofar desde e a partir da língua e da cultura alemã; que, para ele, em seu nome próprio, só fazem sentido as alegorias da floresta negra, do caminho dos lenhadores, da sereia Loreley e assim por diante.

2 Luiz Antonio Simas. Pedrinhas miudinhas. Ensaios sobre ruas, aldeias e terreiros. Rio de Janeiro: Mórula editorial, 2013, pág. 13.

Posto dessa maneira, parece não haver como alguém se contrapor a este pensamento que, de tal modo regional, geográfica e historicamente localizado, nos oferece a linda tese de que, sob a mesma perspectiva, João Cabral de Melo Neto, Guimarães Rosa e Euclides da Cunha, só para tomar alguns como exemplos, podem ser, eles também, considerados autores de Grandes Obras filosóficas.

Entretanto, eu gostaria de arriscar a minha hipótese ainda mais um pouco, levando-a a um transbordamento radical que cada vez mais me interessa rumo a uma *filosofia popular brasileira*: mais do que um grande autor proveniente da elite, Heidegger é um pensador *com os pés no chão*, de pés descalços, talvez muito mais próximo a Davi Kopenawa e Abdias do Nascimento do que a Jorge Amado e Clarice Lispector.

E esgarçando ainda mais a hipótese, para finalizar: se Heidegger baixasse por essas bandas, e não na Grande Europa (há também a Europa miudinha, claro, que nunca ousaria fazer "grandes filosofias"), talvez como um caboclo de Umbanda, *Seu Floresta Negra*, ele, ao invés de escrever seus *Holzwege*, possivelmente cantaria:

> Caboclo não tem caminho para caminhar,
> Caboclo não tem caminho para caminhar,
> Caminha por cima das folhas,
> Por baixo das folhas, por todo lugar. [3]

Contudo, uma ressalva: Jacques Derrida não era da floresta e parece se lamentar tanto por isso, por ser do *povo do Magrebe*, que teve toda a sua

3 Ponto de Umbanda. Agradeço a Guilherme Cadaval, que me chamou a atenção para esse lindo ponto.

cultura e língua destituídas pelo processo colonial que, por sua crueldade, ao longo das gerações, não deixou a ele senão uma língua, que não lhe pertence [4]. Ele, Derrida, com a cabeça voltada ao Mediterrâneo para empreender sua desconstrução da colonialidade, parece nos dizer: Heidegger ainda pode se sentir em casa em sua língua, pode estar confortável com sua cultura, pois ele consegue acreditar que elas lhe pertencem ou que ele pertence a elas. Mas *nós* não.

Para *nós*, nascidos abaixo da linha do equador, não há pertencimento possível, nem nenhum tipo de propriedade, só tentativa de reapropriação. A língua e a cultura são como as invasões aéreas, bombardeios, avanços bandeirantes, epidemias, estupros, escravização e extermínio. Por isso é necessário o *jogo da invenção* de uma língua e uma cultura que esgarce e arrombe o europeísmo por dentro, cravando em seu seio as flechas beduínas que marcam aquele deserto tão celebrado por Nietzsche.

Cruzando o Deserto, chegando à terra de Ketu, Derrida poderia, ao invés do filósofo da Floresta Negra, ter conhecido Òsóòsì, filósofo de uma flecha só e, quem sabe, ter se tornado, ele também, um *odé*. Pois, se concebermos a desconstrução como uma tarefa que se aprende com *Esù* e Ògùn, ou seja, uma estratégia de luta que se dá no interior do pensamento europeu e que, para tal guerra tecnológica, como ensina Ògùn, precisamos empreender uma ressignificação disseminante, como ensina *Esù*, poderíamos pensá-la, daqui e em diante, também como uma herdeira do terceiro irmão desse clã, cuja tarefa é a arte do caçador, a ser aprendida e ensinada.

Aliás, segundo Reginaldo Prandi, é com o irmão guerreiro que Òsóòsì aprende a caçar: "Quando por fim venceu os invasores, [Ogum] sentou-

4 Cf. Jacques Derrida. O monolinguismo do outro ou a prótese de origem. Belo Horizonte: Chão da feira, 2016.

-se com o irmão e o tranquilizou com sua proteção. Sempre que houvesse necessidade ele iria até seu encontro para auxiliá-lo. Ogum então ensinou Oxóssi a caçar, a abrir caminhos pela floresta e matas cerradas"[5]. Mas quem seria esse filósofo das flechas? O que ele ensina? Em diversas de suas estórias, *Odé* (que nada mais quer dizer que "caçador") só possui uma flecha. Ou seja, traz sempre ele consigo a ideia do tiro certeiro. Pensar com uma flecha só é, nesse sentido, saber o momento para o lance, nem na pressa nem no atraso, mas sim a *demora* necessária para que o momento seja aproveitado em sua máxima potência.

O pensador que acerta com uma flecha só, Oxó (Òsó), é aquele que se torna popular, Ossi (Òsì), pois passa a ser não apenas o provedor como também o protetor e que, nesse sentido, tornado Oxóssi, possibilita as grandes festas e comemorações. É interessante sublinhar esse caráter comunitário sempre ligado ao pensador-caçador: nunca os *itans* se referem a uma caça para consumo próprio, sempre contam a história da chegada com a comida para toda a tribo, para os festejos, e mesmo os caçadores mais solitários, como aqueles que se escondem nas profundeza dos rios, como Ibualamo, precisam desses significativos momentos de encontro.

O ní dá wó / O ní dá wó ní ma lè / O ní dá wó lè mimó (ele nasceu para caçar / ele tem o poder do caçador / ele tem o poder sagrado do caçador)

Ofà mo lò si / Abo wá / Abo wá là abó (ele usa seu arco e flecha / para nos proteger / para nos proteger e abrir nossos caminhos)

Siré, siré / Odé ma ta òrè òrè / Siré, siré / jà bè lè okè ílò rò odè ma ta àgo lónam (festa, festa / o caçador sempre confraterniza com os amigos / festa, festa / com sua licença cantamos e pedimos que confraternize conosco e que sua paz nos alcance)

5 Reginaldo Prandi. Mitologia dos orixás. São Paulo: Companhia das Letras, 2005, pág. 112.

Quero sublinhar o caráter comunitário do saber-flecheiro, pois, ainda que a *tarefa* da caça seja individual ou não necessariamente coletiva, existe o momento fundamental da partilha desse saber conquistado, quando a caça é trazida à tribo. Ousaria dizer, por isso, que o pensamento que tem como instrumento a flecha configura uma espécie não de *ethos* mas de *odu* do caçador[6]. E a tal *Odu*, caminho ou destinação, respondem um certo número de indivíduos que poderiam ser chamados de pensadores das flechas ou *odés*. Sabemos que, no panteão iorubano, esses não se limitariam à figura de Oxóssi, incluindo também Erinlé, Ibualama, Logum Edé, Otim e todo aquele que, com ou como Oxóssi, aprende a caçar, como Omolú e Ewá. Porém, acredito que há uma coletividade ainda mais ampla a ser aqui pensada, e que inclui e ultrapassa a destinação do caçador, o que, para mim, é extremamente importante, já que diversas populações ameríndias têm seu saber-viver como coletores ou plantadores.

Lydia Cabrera, em seu livro *A mata*, diz que "persiste no negro cubano, com assombrosa tenacidade, a crença na espiritualidade da mata"[7]. Com essa obra, ela acaba por delinear algo muito importante, a meu ver, para pensarmos uma coletividade inclusiva como essa que chega ao novo continente e que, trazidas à força de tantas Áfricas, se encontra com os saberes desse chão. "Tudo se encontra na mata", "a vida saiu da mata", "somos filhos da mata", escreve a estudiosa cubana que batiza, com seu livro, algo como um "povo da mata", do qual os odés fazem certamente parte, mas

6 Devo essa referência ao uso do termo odu como substituto do ethos a Renato Noguera. Em "Sambando para não sambar: afroperspectivas filosóficas sobre a musicidade do samba e a origem da filosofia", Noguera apresenta o objetivo do texto, que consiste em "descortinar sua ética, um tipo de odu (destino no idioma iorubá), isto é, um tipo de envio, trajetória, caminho que se faz nas encruzilhadas da existência (Renato Noguera. "Sambando para não sambar: afroperspectivas filosóficas sobre a musicidade do samba e a origem da filosofia". In: Wallace Lopes Silva (org.). Sambo, logo penso. Afroperspectivas filosóficas para pensar o samba. Rio de Janeiro: Hexis Editora, 2015, pág. 48).
Aliás, na esteira das provocações, será que a melhor tradução para o *ethos antropos daimon* de Heráclito não seria "O odu do homem é o orixá" ou "o caminho do homem é exu"?

7 Lydia Cabrera. A mata. São Paulo: Edusp, 2012, pág. 23.

também Ossaim, Aroni, Iroko, Ocô e todo o povo que tem como elemento de seu poder tudo aquilo que se encontra nas matas: pedras, cachoeiras, plantas, vento, chuva etc.

No Brasil, a chegada dos Bantos e seu encontro com os habitantes originários de nossas terras gerou uma identificação quase imediata, por serem povos que tinham pensamentos profundamente enraizados em uma espacialidade e toda sua espiritualidade constituída a partir de seu entorno. Nesse sentido, a *macumba* brasileira, o único nome possível para esse pensamento de encontros e encruzilhadas, nasce desse povo das matas que, agora, além de caçadores, curandeiros e agricultores, passam, nas tribos e nos quilombos, a contar com a presença de sacis, sereias-índias, botos. E a cada figura que se soma a esse panteão infinito como as trilhas nas matas, uma pedrinha a mais é lançada nesse lajedo, potencializando ainda mais nossas possibilidades filosóficas.

É por essa razão que, como canta o ponto, Oxóssi, aqui no Brasil, é um caboclo morador lá do sertão, pois quando baixa nessas terras, ele traz toda a força dos odés de África, não só os de Ketu, mas também os Bantos Mukumbe, Gongo Mukongo, Kabila, Mutalambo, Nkongo Mbila, o Jeje Agué, todos esses que se encontram, aqui, com os caciques, pajés, caboclos e índias flecheiras. O encontro dos bantos com os indígenas, ressignificado pela chegada dos jeje-nagô, criam o solo não apenas de desenvolvimento da religiosidade brasileira, como os catimbós, as juremas, os candomblés e as umbandas, mas também a potência de um *pensamento popular brasileiro* que, como antropofagizaram o catolicismo popular português, dando tanta cor e vida às nossas festividades, podem nos ajudar a fazer o mesmo com a filosofia europeia.

Simas e Rufino, no brilhante *Fogo no mato: a ciência encantada das macumbas*[8], falam da atividade do encantamento como tarefa do caboclo, como potência filosófica diante do mundo desencantado pela Modernidade Ocidental, como descreveu Weber[9]. Eles mostram, com isso, como a potência de uma filosofia popular brasileira tem a contribuir com as questões mais prementes do mundo atual, com as ervas incandescentes que defumam a velha filosofia e abrem caminhos para muitas outras perspectivas, sem propriedade, sem pertencimento autêntico e sem nação, pois esfumaçam apenas saberes localizados por essa ou aquela tribo, saberes por vezes contraditórios, por vezes coincidentes, por vezes concorrentes, mas que apontam sempre num mesmo sentido: o chão.

Ousaria aqui dizer que, não apenas das mãos se retiram os saberes das matas. É certo que as mãos, sejam as que manejam as flechas, as lanças ou as folhas, são fundamentais à filosofia das matas, mas não podemos deixar de afirmar que, tal pensamento, e é de onde provém todo seu poder, é criado a partir dos pés.

"Pisa na minha aldeia, caboclo, pisa mas não bambeia", cantam. A pisada deve ser certeira, sem bambear, mas também ser leve quando precisa. O controle dos pés no chão, esta estranha medida da pisada, talvez seja o que de mais importante o ocidente tenha a aprender, pois, como diz outro ponto, "pra pisar na folha da macaia tem que saber pisar! Se não pisar direito você pode escorregar. Caboclo pisa, sabe como está pisando. Ele pisa firme, balanceia e sai andando".

8 Luiz Antonio Simas e Luiz Rufino. Fogo no mato: a ciência encantada das macumbas. Rio de Janeiro: Mórula editorial, 2018. Cf. em especial, os capítulos "Cadê Viramundo, pemba?" e "Caboclo: supravivente e antinomia da civilidade".

9 Se o projeto colonial construiu uma igreja para cada população dizimada, nós encantamos o chão dando de comer a ele, louvamos as matas, rios e mares, invocamos nossos antepassados para a lida cotidiana e nos encantamos para dobrar a morte". E mais à frente: "A perspectiva do encantamento é elemento e prática indispensável nas produções de conhecimento" (Luiz Antonio Simas e Luiz Rufino. Fogo no mato: a ciência encantada das macumbas, págs. 12 e 13).

Nietzsche disse que "falar a verdade e *atirar bem com flechas*, eis a virtude persa"[10]. Talvez, se conhecesse o hemisfério sul, teria dito que aqui, a essa virtude da verdade e das flechas, soma-se a *sabedoria dos pés*, do equilíbrio, do balanço, que inaugura uma outra epistemologia, a dos pés descalços, e outra ética e outra política, que vai desde o "pisar no chão devagarinho"[11] de Dona Ivone Lara até a ginga e a malandragem de uma ético-política pilíntrica[12]. E tudo aqui se abre com a pisada no chão do caboclo, que pisa porque sabe como está pisando e que, por pisar firme, consegue balançar o corpo para não cair, sair andando e encontrar outros caminhos para caminhar, pois, diferente das trilhas da floresta negra, que guardam sempre certo segredo abismal, que acaba sempre por requisitar uma certeira (e portanto obrigatória) orientação, o caboclo daqui não tem caminho para caminhar, ele precisa, a cada vez, de modo singular e único, inventar um novo caminho.

No entanto, para isso, para que isso aconteça, para que estejamos abertos às condições de impossibilidade do acontecimento, como preconiza Luiz Bicca ao final de seu grande livro sobre a Terra, sua filosofia de pés no chão, "é decisivo agora enfatizar as contribuições das forças ou dos poderes não humanos"[13].

10 Friedrich Nietzsche. Ecce homo: como alguém se torna o que é. São Paulo: Companhia das Letras, 1995, pág. 111.

11 Dona Ivone Lara. "Alguém me avisou" (em Sorriso negro, 1980): "Foram me chamar, eu estou aqui, o que é que há. Foram me chamar, eu estou aqui, o que é que há. Eu vim de lá, eu vim de lá pequenininho. Mas eu vim de lá pequenininho. Alguém me avisou pra pisar nesse chão devagarinho. Alguém me avisou pra pisar nesse chão devagarinho".

12 Sobre isso, remeto não apenas ao já citado "Sambando para não sambar", de Renato Noguera, mas também ao capítulo "Zé Pelintra: juremeiro do catimbó e malandro carioca", do Fogo no mato de Simas e Rufino e ao lindo texto de Marcelo José Derzi Moraes e Adriano Negris "Escrituras da cidade: ordem e desordem a partir de Derrida", que trata, entre outras figuras, de Madame Satã (Marcelo José Derzi Moraes e Adriano Negris. "Escrituras da cidade: ordem e desordem a partir de Derrida". In: Dirce Eleonora Solis e Marcelo José Derzi Moraes. Políticas da cidade (Coleção Querências de Derrida, moradas da arquitetura e filosofia, vol. 4). Porto Alegre: UFRGS, 2016). Antes da finalização desse texto, é lançado o Pedagogia das encruzilhadas, de Luiz Rufino, cuja leitura recomento fortemente (Luiz Rufino. Pedagogia das encruzilhadas. Rio de Janeiro: Mórula, 2019). .

13 Luiz Bicca. Vida cotidiana e pensamento ecológico. Rio de Janeiro: Editora PUC-Rio / 7Letras, 2018, pág. 267.

Por fim, sem pretender nenhum fechamento, sabemos que é sempre preciso encerrar a gira. Ainda que provisório, todo texto tem que cantar para subir. E, mesmo nesse momento, ao contrário de grande parte dos filósofos ocidentais, que, não cantando para subir, querem dar seu ponto final, a sabedoria doa caboclos ainda têm muito a nos ensinar.

Caboclo, pega a sua flecha, pega o seu bodoque, o galo já cantou.

Acabar um texto não é, de modo algum, comprovar uma teoria, finalizar uma dedução, uma análise ou terminar uma argumentação de modo total. Precisa-se de acabar simplesmente porque o galo canta ou porque já está na hora de baixar em outros terreiros, jogar outras flechas, pisar sem bambear ou encantar com as ervas da jurema.

> Assim, as flechas atiradas, que só os caboclos sabem aonde caíram, apontam outros caminhos. Seguindo as setas do mateiro adentramos em uma floresta de signos versada no encante que nos permite o transe, o movimento e cruzo por outras perspectivas de mundo, outros princípios ônticos e epistêmicos.
>
> (...)
>
> Dessa forma, camaradas, o caminho do caboclo é em todo lugar, é incontrolável, anda por cima, por baixo, escreve o segredo da existência nas folhas. Para nós, assombrados pelo desencanto de um projeto de mundo

concebido, a partir da morte, como perda de potência, nos caberá romper mato, banhar-se na areia, vestir-se na samambaia, trazer na cinta a cobra coral, virar onça, sucuri, arara e atravessar o mar a nado. Só transgredindo a morte, física e do desvio existencial, como também a vida, sem potência e desencatada, nos arriscaremos a ver a juremeira e ouvir o bradar dos caboclos no cair da tarde. [14]

14 Luiz Antonio Simas e Luiz Rufino. Fogo no mato: a ciência encantada das macumbas, págs. 102 e 103. Uma última observação diz respeito à escrita desse texto anteceder ao lançamento de Flecha no tempo, o qual indico a leitura em sua totalidade (Luiz Antonio Simas e Luiz Rufino. Flecha no tempo. Rio de Janeiro: Mórula, 2019).

Posfácio - Luiz Bicca, um amigo

ROSA DIAS

Para este livro que homenageia o filósofo Luiz Bicca, gostaria de trazer algumas recordações. Conheci Luiz Bicca por volta de 1976-1977 nos pilotis da Pontifícia Universidade Católica do Rio de Janeiro. Ele já estava no mestrado. Sempre com uma postura introspectiva, ele perambulava entre os estudantes com seus dois amigos mais próximos, Danilo Marcondes e Marcelo Catan. Eu, recém-chegada à universidade, desconfiada do meio acadêmico, ainda sem saber se continuaria meus estudos de Filosofia na academia, admirava aqueles três amigos, acreditava que eles desenvolviam uma conversa filosófica que extrapolava os bancos da universidade.

Em 1979, Luiz foi fazer doutorado na Alemanha, casou-se com minha querida amiga Rosana Suarez. Só fui revê-lo no IFCS (Universidade Federal do Rio de Janeiro) depois de 1985-1986, quando eu cursava o doutorado nessa instituição. Luiz Bicca chegou ali como professor substituto.

Em 1996, entrei como professora de Filosofia na Universidade do Estado do Rio de Janeiro, lá já estava Luiz Bicca, fazendo parte do corpo docente. Frequentemente encontrava-me com ele nos corredores da UERJ. Bem-humorado e sempre afetuoso, gostava de fazer, com muita sagacidade, retratos filosóficos dos professores do Departamento de Filosofia. "Filosofices". Divertia-me com suas construções inteligentes.

Conversávamos muitas vezes sobre Visconde de Mauá, lugar que ele havia escolhido para morar. Todas as vezes que eu lhe perguntava sobre o povoado, que também amo muito, ele respondia com satisfação: Maravilhoso! Vibrava com a escolha daquele lugar no coração das montanhas da serra da Mantiqueira.

Não faz muito tempo, recebi das mãos de Rafael Haddock-Lobo o último livro de Bicca: *Vida cotidiana e pensamento ecológico*. O título me remeteu imediatamente àquelas montanhas onde continua morando o filósofo. Nesse livro, ele amplia seus interesses sempre dedicados aos temas éticos e políticos para pensar filosoficamente o cotidiano e o ecológico. Como ele mesmo revela, o pensamento acadêmico tradicional ignorou durante muito tempo o cotidiano; ele propõe nesse livro uma volta ao cotidiano, e revela que com esse retorno ainda seria possível articular a questão da busca da felicidade e trazer para a reflexão o pensamento ecológico, assunto que suscita muitos debates nas últimas quatro décadas.

Sobre Luiz Bicca

Luiz Bicca, nascido e crescido na Ipanema dos anos 50-60, inicia a vida acadêmica na PUC-Rio. Ali realiza a dissertação de mestrado com o hoje saudoso professor Olinto Pegoraro, que o orienta sobre temas da Filosofia Política no Brasil. Não seria demais dizer que, mesmo no período da graduação e do mestrado, os seus professores o consideram um colega, pela seriedade da vocação e a capacidade de realização.

Determinado a aprofundar os conhecimentos da Filosofia Política de inspiração marxiana por intermédio dos estudos hegelianos, Luiz Bicca cursa o doutorado na Alemanha – ali mesmo, no Seminário de Tübingen, onde o grande filósofo suábio estudara. Uma inflexão pertinente direciona o seu interesse para a obra do pensador contemporâneo Ernst Bloch. Daí resulta a tese de doutoramento, "*Marxismus und Freiheit*", sob a orientação do professor Helmut Fahrenbach, trabalho que origina o livro de mesmo nome, publicado na Alemanha em 1984 e no Brasil em 1987 (BICCA, L. *Marxismo e liberdade*; São Paulo: Loyola).

De volta ao Rio de Janeiro, o nosso homenageado elege temas da história do pensamento moderno e contemporâneo no livro *Racionalidade moderna e subjetividade* (BICCA, L. São Paulo: Loyola, 1997). Ali, três blocos temáticos ganham destaque, articulados por questões comunicantes. Um deles, os capítulos que retomam as filosofias de Hegel e de Marx ("O conceito de liberdade em Hegel"; "O metafísico marxista da utopia"). Ao lado destes, os estudos dedicados à unidade entre ética e política na filosofia prática de Kant, e ao estatuto da "liberdade" nas *Críticas*. Vale notar que, a este viés, sintetizado em "O Esclarecimento e a moral da história", pertencem os cursos e demais artigos críticos de Bicca sobre *Aufklärung*, que o tornam reconhecido também nesta área. Não se deve perder de vista, neste ponto, a sua proximidade com a filosofia da Escola de Frankfurt, a qual está consignada exemplarmente na *Dialética do Esclarecimento* (de Theodor Adorno e Max Horkheimer) e na adorniana *Minima Moralia*, que nosso autor traduz para o português (São Paulo: Ática, 1992). Da ampla conjunção dessas temáticas emanam, ainda em *Racionalidade moderna e subjetividade*, os capítulos que assinalam tônicas das reflexões subsequentes do pensador: "O alcance da crítica da racionalidade instrumental", "Subjetividade, existência e auto-realização" e "Alteridade e reconhecimento".

Este último artigo, inclusive, marcará um certo percurso do pensamento de Luiz Bicca nas chamadas filosofias da alteridade. O livro *O mesmo e os outros*, de 1999 (BICCA, L. Rio de Janeiro: Sette Letras), parte sobretudo do pensamento heideggeriano e dos diálogos que Bicca estabelece entre este, o existencialismo de Kierkegaard, Ortega y Gasset e Martin Buber, e autores da chamada pós-modernidade, como Lévinas e Derrida. Tal motivação permanece em *Questões persistentes* (BICCA, L. *Questões persistentes*. Rio de Janeiro: 7Letras, 2003), porém abandonando o ambiente mais propriamente ontológico para um enfoque mais ético-político, no qual, às questões em torno do outro, se somam tanto uma retomada de discussões com a filosofia frankfurtiana como a tematização de questões como amizade e felicidade, delineando a facilidade com a qual Luiz Bicca transita pelos autores da História da Filosofia, desde a Antiguidade até o mundo contemporâneo.

Ceticismo e relativismo (BICCA, L. *Ceticismo e relativismo*, Rio de Janeiro: 7Letras, 2012) é um livro que marca a incursão de Luiz Bicca como pesquisador respeitado nos temas relacionados às questões céticas. O livro, que transita desde os problemas do ceticismo antigo até as questões mais atuais, pensa a questão da ética através de um estudo comparativo entre o ceticismo moderno e o antigo, levando o autor a concentrar suas pesquisas, a partir daí, nos problemas da Antiguidade. É a partir dessas pesquisas mais focadas no ceticismo grego que, em 2016, é publicado *Ceticismo antigo e dialética* (BICCA, L. *Ceticismo antigo e dialética*, Rio de Janeiro: 7Letras). Neste livro, a primeira parte é dedicada a pensar o ceticismo pirrônico e suas influências, incluindo o interessante capítulo sobre a influência da filosofia hindu no ceticismo; a segunda parte apresenta as diferentes dialéticas na Grécia Antiga, desde a socrática à da Nova Academia, passando por Platão, Parmênides e Aristóteles.

Alguns artigos escritos ao longo desta década de pesquisas sobre o ceticismo, que foram elaborados ao longo de uma pesquisa de pós-doutorado, dedicados especificamente ao ceticismo moderno e que se encontram apenas em periódicos, foram publicados na obra *Ceticismos modernos*, em autoria com Rômulo Martins Pereira (BICCA, L., PEREIRA, R. M. *Ceticismos modernos*. Rio de Janeiro: 7Letras, 2018). Além de um capítulo em coautoria sobre o ceticismo de Montaigne, Bicca também apresenta nesse livro os principais aspectos do ceticismo nas filosofias de Descartes, Schulze e Hegel).

Entretanto, talvez seja em *Vida cotidiana e pensamento ecológico* (BICCA, L. *Vida cotidiana e pensamento ecológico*. Rio de Janeiro: 7Letras / EdiPUCRio, 2018) que a filosofia de Luiz Bicca tenha alcançado sua máxima potência, como se, dialeticamente, num processo de *Aufhebung*, retornasse a si, negasse alguns de seus pressupostos anteriores, conservando-os todavia e partindo para uma nova figura de pensamento.

A "virada ecológica" do pensamento de Bicca marca-se pela retomada de questões prementes em seu percurso filosófico, seja através de debates com autores sobre os quais o autor sempre se debruçou, como Hegel, Marx, Buber, Heidegger e a Escola de Frankfurt, ou com autores menos trabalhados, como Schopenhauer e Nietzsche. Marca também a entrada em cena de questões referentes à literatura e ao anarquismo (transitando por autores como Hume, Emerson, Thoreau, Cavell, Witgenstein, Coetzee e Machado de Assis) até alcançar a vasta discussão ecológica de nossos dias. Dialogando com Marcuse, Adorno, Derrida, Donna Haraway, Schelling, a ecosofia radical, o ecofeminismo, o ecoanarquismo, o ecocomunismo, o ecossocialismo e a ecologia social, este livro não apenas mostra o quão atual é a filosofia de Bicca, mas o quanto também ainda podemos esperar dos novos rumos desse pensamento.

Tendo lecionado na PUC-Rio, no IUPERJ, na UFRJ e na UERJ, Luiz Bicca formou várias gerações de pesquisadores, alguns aqui reunidos nesta homenagem. Se aposenta na UERJ, em 2018, e passa a se deixar exclusivamente à pesquisa, inspirado pelos ares da Serra da Mantiqueira.

LIVROS DE LUIZ BICCA

BICCA, L. *Marxismo e liberdade*. São Paulo: Loyola, 1987.

BICCA, L. *Racionalidade moderna e subjetividade*. São Paulo: Loyola, 1997.

BICCA, L. *O mesmo e os outros*. Rio de Janeiro: Sette Letras, 1999.

BICCA, L. *Questões persistentes*. Rio de Janeiro: 7Letras, 2003.

BICCA, L. *Ceticismo e relativismo*. Rio de Janeiro: 7Letras, 2012.

BICCA, L. *Ceticismo antigo e dialética*. Rio de Janeiro: 7Letras / EdiPUCRio, 2016.

BICCA, L., PEREIRA, R. M. *Ceticismos modernos*. Rio de Janeiro: 7Letras, 2018.

BICCA, L. *Vida cotidiana e pensamento ecológico*. Rio dc Janeiro: 7Letras / EdiPUCRio, 2018.